Cuaderno de actividades

Dos mundos

Comunicación y comunidad

Tracy D. Terrell
Late, University of California, San Diego

Magdalena Andrade
Irvine Valley College

Jeanne Egasse
Irvine Valley College

Elías Miguel Muñoz

 **Higher Education**

Boston   Burr Ridge, IL   Dubuque, IA   New York   San Francisco   St. Louis
Bangkok   Bogotá   Caracas   Kuala Lumpur   Lisbon   London   Madrid   Mexico City
Milan   Montreal   New Delhi   Santiago   Seoul   Singapore   Sydney   Taipei   Toronto

The McGraw·Hill Companies

Mc Graw Hill Higher Education

Published by McGraw-Hill, an imprint of The McGraw-Hill Companies, Inc., 1221 Avenue of the Americas, New York, NY 10020.

2 3 4 5 6 7 8 9 0 WDQ WDQ 1 0

ISBN: 978-0-07-730465-2 (Combined)
MHID: 0-07-730465-9
ISBN: 978-0-07-730473-7 (Part A)
MHID: 0-07-730473-X
ISBN: 978-0-07-730475-1 (Part B)
MHID: 0-07-730475-6
ISBN: 978-0-07-730484-3 (En breve)
MHID: 0-07-730484-5

Editor-in-chief: *Michael Ryan*
Editorial director: *William R. Glass*
Director of development: *Scott Tinetti*
Development editor: *Misha MacLaird*
Marketing manager: *Jorge Arbujas*
Photo researcher: *Nora Agbayani*
Production supervisor: *Louis Swaim*
Production editor: *Christina Gimlin*
Production service: *The Left Coast Group, Inc.*
Compositor: *10/12 Palatino by Aptara®, Inc.*
Printer and binder: *Worldcolor, Dubuque*

CREDITS
Photos:
200 (*top*) D. Fischer and P. Lyons/Cole Group/Getty Images; *201* © Benjamin F. Fink, Jr./PictureArts/FoodPix; *221* © Alberto E. Rodriguez/Getty Images; *242* The Newberry Library/Stock Montage; *245* © Claudia Daut/ Reuters/Corbis; *279* © ML Sinibaldi/Corbis; *266* (*bottom*) © Corbis; *268* © SuperStock; *269* (*bottom*) © Beryl Goldberg; *314* © Jeff Greenberg/PhotoEdit.

Readings:
294 "La prueba" by Nancy Alonso. Used by permission of the author.

www.mhhe.com

Contents

Preface

To the Instructor

Welcome to the Seventh Edition of our workbook/laboratory manual. This *Cuaderno de actividades* provides a wealth of activities and readings, and is intended for use outside the classroom. Its primary goal is to give students additional practice reading, writing, and listening to Spanish in a variety of meaningful contexts.

The general organization of the *Cuaderno* follows that of the student textbook: It is divided into three preliminary **Pasos** (**A, B,** and **C**) and fifteen regular chapters. Each chapter contains the same thematic divisions as the corresponding chapter in the main text. We provide **Actividades escritas** (written activities) and **Actividades auditivas** (listening comprehension activities) for every topic in the **Actividades de comunicación y lecturas** sections of the textbook. Each chapter has the following sequence.

> **Actividades escritas:** two to four activities per chapter theme
>
> **Resumen cultural:** questions that review the cultural content of the main text chapter
>
> **Actividades auditivas:** one or more listening comprehension activities per chapter theme
>
> **Pronunciación y ortografía:** recorded pronunciation and spelling exercises
>
> **Videoteca:** written activities coordinated with the *Video to accompany Dos mundos*
>
> **Lecturas:** Reading selections that include short stories and poetry

Students should work the **Actividades escritas** and the **Resumen cultural** first; then, once familiar with the themes, vocabulary, culture, and grammar in the chapter, they should do the **Actividades auditivas.** The written activities will give students practice and confidence before they listen to the recorded segments on their own.

The *Cuaderno* Sections: A Closer Look

Actividades escritas. Two types of activities are included in this section: those that focus on grammar, and those that allow students to write creatively. Each **Actividades escritas** section begins with a reference (**Lea Gramática...**) to the corresponding grammar point(s) in the textbook. This reference will remind students which grammar topic(s) to review before doing the activities and where to look for help while working. Most of these activities can be done outside of class, but in-class follow-up of the creative writing assignments can prove beneficial.

Resumen cultural. The written activities in the **Resumen cultural** section allow students to verify their knowledge and understanding of Hispanic cultures. These activities draw on the cultural material in each chapter of the main text: **Sobre el artista** and the new **¡Conozca!** feature on the chapter opener page; **¡OJO!, Ventanas culturales, Ventanas al pasado, Enlaces** and **Lecturas** in the **Actividades de comunicación y lecturas** section.

Actividades auditivas. The activities in this section consist of conversations, narratives, and advertisements recorded on audio CD. Since the focus is on listening comprehension, the scripts of these passages are not included in the *Cuaderno de actividades*. Instead, each recorded passage has a corresponding activity, which always contains:

- A list of new or unfamiliar vocabulary with English translations
- A drawing that illustrates the theme
- A short introduction to the recorded passage
- Verification questions of several types

Starting with **Paso B**, each **Actividades auditivas** section closes with a segment called **¡A repasar!** There are cumulative activities that focus on the general theme of the chapter. Their purpose is to review chapter topics, vocabulary, and grammar.

Additionally, there are a series of skill building guidelines for working with the **Actividades auditivas.** These guides are included in **Paso A, Capítulo 2,** and **Capítulo 7.**

Pronunciación y ortografía. This section provides explanations and exercises that help students work with the sound system of Spanish and its correspondence with spelling. Spanish sound-letter correspondences are relatively simple, and many students become good spellers in Spanish without explicit instruction. Note that these exercises generally include only words that students have already encountered in oral class activities.

Videoteca. Correlated with the *Video to accompany Dos mundos*, this section helps students work with the content of the chapter's video segments. The **Videoteca** activities include two components:

- **Los amigos animados:** animated segments with activities that review vocabulary, themes, and grammar from each chapter.

- **Escenas en contexto:** short thematic vignettes correlated with the chapter theme that include post-viewing activities.

We suggest you do the first video segment, **Paso C,** and corresponding activities with your students. Then the rest may be assigned as homework or done in class as time permits. Note that the audio program is available for free on the *Dos mundos* Online Learning Center.

Lecturas. There are two categories of readings in the *Cuaderno:* **Lecturas** and **Notas culturales.** The **Notas culturales** are usually short and focus on some aspect of Hispanic culture, such as music or education. Some **Lecturas** feature the *Dos mundos* cast of characters and others include readings on cultural and historical topics such as Mexican cities and Hispanic cuisine.

- **Literature:** The Seventh Edition offers several literary selections: poetry, a song, excerpts from the Maya book *Popol Vuh* and from a novel by Mexican writer José Emilio Pacheco, and four short stories. The **Cuentos** include "La prueba" by Cuban writer Nancy Alonso.

All the **Lecturas** and **Notas culturales** are preceded by a list of useful vocabulary and a **Pistas para leer** box. The **Pistas** box presents questions, clues, and useful reading strategies such as scanning, visualization, and cognate recognition. All readings feature optional comprehension questions and creative writing activities:

- **Comprensión:** brief verification questions

- **Un paso más… ¡a escribir!:** creative writing activities

The readings can be assigned as homework or as makeup work, or used as springboards for class discussion and oral group presentations. In the *Instructor's Manual,* you will find helpful notes and suggestions for teaching the readings in the *Cuaderno de actividades,* and more ideas for post-reading activities.

Expansión gramatical. Some additional grammar concepts, with verification exercises, appear in a section called **Expansión gramatical** at the end of the *Cuaderno.* If you wish to present more grammar concepts than those included in the main text, the **Expansión** section will be very helpful. (There are additional grammar concepts presented in the *Dos mundos* Online Learning Center.)

Answer Key. At the end of the *Cuaderno* are answers to all **Actividades escritas** including the **Resumen cultural,** to all **Actividades auditivas, Ejercicios de ortografía, Videoteca** activities and **Comprensión** questions of the **Lecturas.** This Answer Key provides instant feedback, allowing students to check their own work and to learn from their errors.

You will find many open-ended and communicative activities in the *Cuaderno de actividades.* Answers to questions for which there is more than one correct response and for personalized activities are identified by the symbol ▲ or by the phrase *answers should be original.* In those cases we usually provide guidelines and suggestions, rather than specific answers. Students must allow for differences in content when checking answers to open-ended questions and activities. They should correct errors in form only.

The *Cuaderno*: Useful Suggestions

A Low-Stress Classroom Environment: Letting It Happen Naturally

Avoid placing undue stress on students over the *Cuaderno de actividades* assignments. Help students to understand that the listening component is primarily a source of additional comprehensible input. Encourage them to consult you when problems arise. Remind them that they may listen multiple times but that, even so, it is not realistic to expect to comprehend everything they hear. Emphasize that it is not necessary for students to comprehend everything in order to answer every question correctly.

The *Actividades auditivas*: Helping Students to Listen

The listening comprehension activities are intended primarily for use as homework, but they can also be done in class. Students will need some training in order to work confidently with this component. We have added listening guides that will train them to approach these activities in a systematic way. This new feature provides steps for creating a context and for coming up with useful strategies to help students complete the comprehension activities successfully.

The first guiding session appears with **Paso A,** and students should be able to learn the procedure easily by following directions recorded on the CD. However, you should provide similar instruction before starting **Paso B** and try to do at least part of each **Paso** in class before you assign the remaining activities as homework. The following section, To the Student, introduces students to the *Cuaderno* materials and gives them general guidelines for working with the listening comprehension component. We also recommend that you add a "training session" at some point between **Capítulos 2** and **7** and at the beginning of a new semester or quarter. Additionally, it is a good idea to review the procedure and listening techniques whenever you feel that segments have started to become more complicated.

Please note that although the speakers on the audio program will not speak at normal native speed, students often have the impression that the rate of speech is too fast. One reason for this is the lack of visual cues. Furthermore, the level of input in some segments is slightly above the students' current level of comprehension, which may cause some anxiety. To avoid concern, make sure students understand that the *Cuaderno* materials are a set of learning tools and that they need to know how to use them effectively. We recommend that you finish most of the **Actividades de comunicación** of a given textbook chapter before assigning students to work independently on the **Actividades escritas** and then on the **Actividades auditivas.**

Pronunciation: Do Not Repeat After Me!

Students' pronunciation depends upon factors largely beyond the instructors' control, but with classroom experience students will generally develop pronunciation that is acceptable to most native speakers. We suggest that students at first concentrate on listening comprehension, rather than on pronunciation. The purpose of pronunciation exercises is not to provide rules for students but to present a set of exercises in which certain problematic sounds are isolated.

Some instructors find it useful to assign a review of the **Pronunciación y ortografía** sections when starting the second semester (or second or third quarter). A few even recommend that students listen to the audio program for all previous chapters as a review. This experience is rewarding, since students who have covered five or six chapters find the texts from the initial chapters easy the second time around and are excited about their progress.

Measuring Students' Performance: That Is the Question . . . and the Answer

Since the answers are included in the Answer Key of the *Cuaderno*, there remains the problem of how to keep students from copying. In our experience, the majority of students will not cheat unless the assignment proves excessively difficult. In spite of this, and since there is always a need to measure performance in an academic environment, we suggest that you use two or three of the items from each chapter in a short listening comprehension quiz. You could photocopy the corresponding worksheets from the *Cuaderno*, leaving out the vocabulary section, or you may write your own questions. Play each selection two or three times during the quiz. You will find that students who have done their homework honestly will do well on the quizzes and those who merely copied the answers will not.

To the Student

The *Cuaderno de actividades* (workbook/laboratory manual) is intended for use outside the classroom. It is designed to give you additional practice reading, writing, and listening to Spanish in a variety of meaningful contexts. The organization of the *Cuaderno* follows that of your textbook: three preliminary **Pasos** (*steps*) and fifteen chapters. Each chapter provides **Actividades escritas** (*written activities*) and **Actividades auditivas** (*listening comprehension activities*) for every topic in the **Actividades de comunicación y lecturas** sections of *Dos mundos*, Seventh Edition.

   The following chart highlights all features of the *Cuaderno de actividades*.

	WHAT IS IT?	HOW WILL IT HELP?
Actividades escritas	Written activities usually done outside of class. Coordinated with the chapter theme, vocabulary, and grammar.	Allow you to express yourself in writing and let your instructor see your progress.
Resumen cultural	Written activities that review the cultural content in the main text. One activity per chapter.	Allow you to verify your knowledge and understanding of Hispanic culture.
Actividades auditivas	Listening activities for use outside of class. All activities have comprehension questions.	Provide you with opportunities to listen to and acquire Spanish outside the classroom.
Ejercicios de pronunciación y ortografía	Recorded pronunciation and spelling exercises.	A simple introduction to Spanish spelling and pronunciation.
Videoteca	Written activities to accompany the video program.	Provide you with opportunities to work with and react to the video segments.
Lecturas	Additional readings (**Lecturas** and **Notas culturales**); may be done in class, as homework, or read for pleasure.	Allow you to acquire more Spanish through additional reading.
Expansión gramatical	Additional grammar points with verification exercises, in the Appendix of the combined edition and of Part B of the split edition.	For reference or further study.
Answer Key	Answers to most of the **Actividades escritas,** the **Resumen cultural,** the recorded **Actividades auditivas,** the **Ejercicios de ortografía,** the **Videoteca** activities, and the **Comprensión** questions of the **Lecturas.**	Give you quick feedback on comprehension and written activities.

How to Get the Most Out of the *Cuaderno*

Actividades escritas. This section gives you the opportunity to express your ideas in written Spanish on the topics presented in each chapter. When doing each activity, try to use the vocabulary and structures that you have acquired in the current chapter as well as those from previous chapters. The **Lea Gramática** note will refer you to the specific grammar points that you need to study in the main text.

You may also want to remember the following basic guidelines related specifically to the mechanics of the Spanish language.

- Include accent marks whenever they are needed. Accent marks are written directly over vowels: **á, é, í, ó, ú.** Note that when **i** has an accent it doesn't have a dot.
- Don't forget the tilde on the **ñ.** The **ñ** is a different letter from **n.**
- Include question marks (**¿** and **?**) to open and close questions.
- Include exclamation points (**¡** and **!**) before and after exclamations.

When you've finished the assignment, check your answers against the Answer Key in the back of the *Cuaderno.* Bear in mind that in many cases your answers should reflect your own life and experiences. Use the Answer Key to correct errors in form, not differences in content.

Resumen cultural. This section presents questions that review the cultural content from each chapter in the main text: **Sobre el artista** and the new **¡Conozca!** feature on the chapter opener pages, **¡OJO!, Ventanas culturales, Ventanas al pasado, Lecturas,** and **Enlaces.** Use the Answer Key to correct your answers.

Actividades auditivas. This section consists of listening activities that help you check your comprehension of recorded passages. These passages include conversations and advertisements, and give you more opportunities to listen to and understand spoken Spanish outside the classroom. They simulate real-life experiences, giving you exposure to authentic speech in a variety of contexts and to the different accents of the Spanish-speaking world.

The listening activities for each passage consist of the following:

- A list of new or unfamiliar words, followed by their English translation, to aid comprehension
- A drawing and a short introduction to the passage to help you create a context
- Tasks to help you verify whether you have understood the main ideas

Beginning with **Paso B,** each **Actividades auditivas** section closes with a segment called **¡A repasar!** (*Let's review!*), a cumulative activity that focuses on the central theme of the chapter.

The topics of the recorded segments are the same as those of the corresponding chapter of your textbook. You should try to work on a section of the *Cuaderno* activities after most of the textbook activities for that section have been done in class, that is, when you feel comfortable with the topics and vocabulary of the chapter.

Ejercicios de pronunciación. The *Cuaderno* includes a series of pronunciation exercises starting in **Paso A** and continuing through **Capítulo 10.** These exercises are designed to attune your ear to the differences between English and Spanish and to improve your Spanish pronunciation. The **Ejercicios** group familiar or easily recognizable words so you can practice the pronunciation of a particular sound that those words have in common. First, an explanation of the pronunciation of the sound is given, followed by examples for you to repeat aloud.

Keep the following suggestions and facts in mind when doing these exercises:

- Your goal is to develop a feel for good pronunciation in Spanish, not to memorize pronunciation rules.
- Most people achieve good pronunciation in a new language by interacting in a normal communicative situation with native speakers of that language.
- The more spoken Spanish you hear, the more you will become used to the rhythm, intonation, and sound of the language.
- Do not attempt to pay close attention to details of pronunciation when you are speaking Spanish; it is far more important to pay attention to what you are trying to express.

Ejercicios de ortografía. These exercises consist of spelling rules and examples, followed by dictation exercises. You will be familiar with the words in these dictation exercises from the communicative activities done in class. Again, the idea is not to memorize a large number of spelling rules but rather to concentrate on items that may be a problem for you. These spelling exercises continue through **Capítulo 14.** Remember to check the answers in the back of the *Cuaderno* when you have completed the exercises.

Lecturas. Starting with **Capítulo 1,** each chapter of the *Cuaderno de actividades* contains a section called **Lecturas.** This section features two types of readings: **Lecturas** and **Notas culturales.** The **Notas culturales** are usually short and focus on some aspect of Hispanic culture; some **Lecturas** feature the *Dos mundos* cast of characters and others include fiction and poetry selections. We recommend that you read as many of these **Lecturas** and **Notas** as possible. The more Spanish you read, the more Spanish you will be able to understand and speak.

Keep in mind that reading is not translation. If you are translating into English as you go, you are not really reading. Many of the words and phrases in these readings have appeared in classroom activities. Some words are included in the **Vocabulario útil** list and bolded in the text. You do not need to learn these; just use them to help you understand what you're reading. There will also be some words that you will not know and that are not part of the vocabulary list. Try to understand the main idea of the reading without looking up such words. More often than not, you will be able to get the main idea by using context.

Your instructor will ask you to do some of the **Lecturas** at home so you can discuss them in class. The better you prepare yourself, the more you will learn from these discussions and the more Spanish you will acquire. The following suggestions will help you work with the readings.

- **Cues.** Look at the title, photos, illustrations, and any other cues outside the main text for an introduction to what the reading is about.

- **Familiar words.** Scan the text for familiar words and cognates. Cognates are words that are similar in English and Spanish. Use them to make predictions about content, and to help you anticipate.

- **Main idea.** Pay attention to the first paragraph: it will present the main idea of the reading. The remaining paragraphs develop the main idea with more details.

- **Context.** Use context to make intelligent guesses regarding unfamiliar words.

- **Read with a purpose.** The first time, read to get the main idea; the second, to clarify the main idea and notice important details; the third, to answer questions and relate content to your own experiences.

- **Visualize.** If you are reading a story, picture it in your mind instead of trying to translate as you go.

- **Be an active reader.** Anticipate, predict. An active reader asks him- or herself questions: Why is this said? Who says it? An active reader predicts the outcome and incorporates clues to reformulate predictions as he or she continues to read.

- **Be adventurous.** Try your hand at the different types of questions and post-reading activities. Let your reading be an enjoyable experience!

Videoteca. Correlated with the *Video to accompany Dos mundos*, this section will help you work with the chapter's video segments. There is a variety of viewing activities in the **Videoteca** sections of the *Cuaderno*:

- **Los amigos animados:** animated segments that review vocabulary, themes, and grammar from each chapter. View the animation and answer the questions in the **Videoteca** section of the *Cuaderno*.

- **Escenas en contexto:** short thematic vignettes correlated with the chapter theme. Review the **Vocabulario útil,** read the synopsis of the action and use the questions to see how much you understood.

The Cast of Characters. Many activities and exercises in *Dos mundos* and the *Cuaderno de actividades* feature a cast of characters from different parts of the Spanish-speaking world. There are two main groups: **Los amigos norteamericanos** and **Los amigos hispanos.** Please refer to the preface in your textbook for a presentation of these characters.

Helpful Symbols. We have included three icons to identify each section of the *Cuaderno de actividades.*

 This icon appears at the beginning of the written activities section. It also appears next to activities that require you to write an essay on a separate sheet of paper.

 This icon indicates that it is time to listen to the audio program.

This icon identifies activities for the *Video to accompany Dos mundos.*

Strategies for the *Actividades auditivas*

When working with the **Actividades auditivas,** your goal should be to reach an acceptable—not perfect—level of comprehension. You should not listen to the audio program over and over until you understand every single word. Listening to the segments several times can be helpful, but if you listen repeatedly when you're not ready, you will be frustrated. Here are some strategies that will minimize that frustration and maximize your comprehension.

- Before you listen, look at the drawing, the vocabulary words included, the introduction and the questions. When listening: listen for key words. Key words are those you are acquiring or have acquired in class up to this point, plus those given in the vocabulary list at the beginning of each segment to which you will be listening.
- Pay close attention to the context.
- Make educated guesses whenever possible.

 Pressure is your worst enemy when doing these assignments. Whenever you are stressed, if a problem arises, you will tend to think that the speakers go too fast, that the material is too difficult or that you are not as good a student as you should be; more often than not, however, extraneous factors are to blame. Here are some frequent causes of frustration:

- Poor planning: waiting to do the assignment until just before it is due, or not allowing sufficient time to complete it without rushing.
- Listening to a segment without adequate preparation.
- Listening over and over, even when you have followed the right procedure. If you are feeling lost, a more effective remedy is to stop the audio program and go over the particular topic as well as the related vocabulary in your textbook.
- Unrealistic expectations. Often students expect to understand everything after listening to a segment once or twice. Don't forget that listening to an audio program is different from listening to a person. When you listen to a radio talk show or to a song for the first time, even in your own language, you don't always grasp everything you hear.

In order to help you derive the most benefit from the **Actividades auditivas,** we have included listening strategies for specific activities in **Paso A, Capítulo 2,** and **Capítulo 7.** Your instructor may play several of the recorded segments in the classroom to give you an idea of the recommended procedure. He or she will go over the directions you have just read, to make sure you've grasped the steps you need to follow.

- First, find a comfortable, well-lit place where you can listen and write comfortably, without interruptions. Have the audio controls as well as the *Cuaderno* within easy reach.
- Do not start until you are familiar with the audio player and feel comfortable using it.
- Open your *Cuaderno* and find the segment you will be listening to. Look at the accompanying drawing(s) and make a mental note of what's depicted, then read everything that is printed for the segment. In addition to helping you determine what is expected of you, this procedure will aid you in creating a context.

- Relax while listening. Let your mind create scenes that correspond to what you're hearing, and listen just to enjoy the exposure to the spoken language. This additional exposure will result in increased confidence in real-life situations.

Once you have done several assignments, you will notice that you feel more comfortable with them. At that point it will be a good idea to go back and listen to the audio program for chapters you've completed. You will realize how much progress you have made.

We hope that this section has made you aware of the importance of planning ahead when working with the **Actividades auditivas.** After some practice you will be so familiar with the process that it will become automatic. We encourage you to follow the suggestions included in **Paso A, Capítulo 2,** and **Capítulo 7.** Use them as models to create strategies for working with the other listening segments. Let the *Cuaderno de actividades* work for you. It will help you in your real-life interactions with native speakers of Spanish!

Tracy D. Terrell (*late*) received his Ph.D. in Spanish linguistics from the University of Texas at Austin and published extensively in the areas of Spanish dialectology, specializing in the sociolinguistics of Caribbean Spanish. Professor Terrell's publications on second language acquisition and on the Natural Approach are widely known in the United States and abroad.

Magdalena Andrade received her first B.A. in Spanish/French and a second B.A. in English from San Diego University. After teaching in the Calexico Unified School District Bilingual Program for several years, she taught elementary and intermediate Spanish at both San Diego State and the University of California, Irvine, where she also taught Spanish for Heritage Speakers and Humanities Core Courses. Upon receiving her Ph.D. from the University of California, Irvine, she continued to teach there for several years and also at California State University, Long Beach. Currently an instructor at Irvine Valley College, Professor Andrade has co-authored *Mundos de fantasía: Fábulas, cuentos de hadas y leyendas* and *Cocina y comidas hispanas* (McGraw-Hill) and is developing two other language books.

Jeanne Egasse received her B.A. and M.A. in Spanish linguistics from the University of California, Irvine. She has taught linguistics and foreign language methodology courses and also supervised foreign language and ESL teachers in training at the University of California, Irvine. Currently, she is an instructor of Spanish and coordinates the Spanish Language Program at Irvine Valley College. In addition, she serves as a consultant for local schools and universities on implementing the Natural Approach in the language classroom. Professor Egasse is co-author of *Cocina y comidas hispanas* and *Mundos de fantasía: Fábulas, cuentos de hadas y leyendas* (McGraw-Hill).

Elías Miguel Muñoz is a Cuban American poet and prose writer. He has a Ph.D. in Spanish from the University of California, Irvine, and he has taught language and literature at the university level. Dr. Muñoz is the author of *Viajes fantásticos, Ladrón de la mente,* and *Isla de luz,* titles in the Storyteller's Series by McGraw-Hill. He has published five other novels, two books of literary criticism, and two poetry collections. His creative work has been featured in numerous anthologies and sourcebooks, including *Herencia: The Anthology of Hispanic Literature of the United States, The Encyclopedia of American Literature,* and *The Scribner Writers Series: Latino and Latina Writers.*

La comida

CAPÍTULO

8

Actividades escritas ✏

Las comidas, las bebidas y la nutrición

✴ Lea Gramática 8.1.

A. Hoy la profesora Martínez va a dar una fiesta en su clase de español. Mónica y Esteban están viendo si ya tienen todo lo que necesitan. Complete las oraciones lógicamente con los pronombres **lo, la, los** o **las.**

MÓNICA: ¡Va a ser una fiesta muy divertida!

ESTEBAN: Sí, y vamos a comer muchas cosas buenas. Mira qué *pastel de chocolate* más rico.

MÓNICA: Sí, ¿quién _lo_ [1] trajo?

ESTEBAN: Creo que _lo_ [2] trajo Luis. Mi amigo Raúl trajo *las enchiladas.*

MÓNICA: Sí, están deliciosas. Ya _las_ [3] probé.

ESTEBAN: ¡Ay, Mónica! Oye, ¿dónde están *los refrescos*?

MÓNICA: No sé; tú _los_ [4] trajiste. ¿No recuerdas dónde _los_ [5] pusiste?

ESTEBAN: Yo no _los_ [6] traje. A mí no me gustan los refrescos.

MÓNICA: ¿Cómo? ¡¡¡¿No hay refrescos porque a ti no te gustan los refrescos?!!! A todos nos gusta beber algo con la comida.

ESTEBAN: No traje refrescos, pero sí traje *horchata.*[a]

MÓNICA: ¡Bromista![b] ¿Dónde _la_ [7] pusiste?

ESTEBAN: _La_ [8] puse aquí al lado del flan.

(Continúa.)

_____
[a]*refreshing drink made out of rice and water with lemon, sugar, and cinnamon*   [b]*Joker!*

MÓNICA: Hmmm, *flan.* ¡Me gusta mucho! ¿_el_ _lo_ ⁹ preparaste tú?

ESTEBAN: No, yo no _lo_ ¹⁰ preparé. El flan tampoco me gusta; además no sé cocinar. Oye, Mónica, ¿tú qué trajiste?

MÓNICA: ¿Yo? Pues *los tacos.* ¿No _los_ ¹¹ viste?

ESTEBAN: Sí, _los_ ¹² puse al lado de la sandía.

MÓNICA: Ah, pues entonces ya está todo listo.

AMBOS: ¡¡¡¡¡¡MÚSICA!!!!!! ¡¡¡¡¡FIESTAAAA!!!!!!

✳ Lea Gramática 8.2.

B. Piense en lo que le gustaba comer en su niñez y lo que le gusta comer ahora. Escoja las frases apropiadas para expresar sus gustos.

- Me encantaba(n) (*I used to love them*) y todavía (*still*) me gusta(n) mucho.
- Me encantaba(n), pero ya no (*no longer*) me gusta(n).
- No me gustaba(n), pero ahora sí me gusta(n).
- No me gustaba(n) y todavía no me gusta(n).

1. los dulces y los chocolates: _____

2. la langosta: _____

3. la avena: _____

4. el jugo de toronja: _____

5. el apio: _____

6. el queso: _____

7. los albaricoques: _____

8. ¿ ? _____

C. Escriba una composición de 10 a 15 oraciones sobre las comidas que le gustan y las comidas que no le gustan. ¿Qué comidas le encantan? ¿Hay platos de países hispanos que le gustan? ¿Hay algunas comidas que no le gustan pero que come porque son saludables? ¿Cuáles detesta y nunca come? Mencione platos, legumbres, frutas, postres y bebidas que le gustan o que no le gustan. ¿Por qué (no) le gustan estas comidas?

La compra y la preparación de la comida

✳ Lea Gramática 8.3.

D. Escriba las comidas que corresponden a cada sección y marque el precio por libra (lb.), por paquete (pqte.) o por cada una (c/u). Si puede, vaya al supermercado para verificar los precios de cada una.

COMIDAS NUTRITIVAS QUE COMPRO CON FRECUENCIA.	PRECIOS:
_____	$ _____ por _____
_____	$ _____ por _____
_____	$ _____ por _____
_____	$ _____ por _____

COMIDAS NUTRITIVAS QUE NUNCA COMPRO.	PRECIOS:
_____	$ _____ por _____
_____	$ _____ por _____
_____	$ _____ por _____
_____	$ _____ por _____

COMIDAS SIN VALOR NUTRITIVO QUE COMPRO CON FRECUENCIA.	PRECIOS:
_____	$ _____ por _____
_____	$ _____ por _____
_____	$ _____ por _____
_____	$ _____ por _____

E. Conteste las preguntas con información personal. Si es posible, use palabras como **algo/nada, alguien/nadie, alguno/ninguno, siempre/nunca, también/tampoco.**

1. ¿Va usted al supermercado siempre por la noche? ¿Por qué?

   _____

2. ¿Compra mucha carne? ¿Por qué?

   _____

3. ¿Usa cupones? ¿Por qué?

   _____

4. ¿Le gusta preparar postres? ¿Los prepara con frecuencia?

   _____

5. ¿Alguien en su casa come hígado con frecuencia? ¿Y usted?

   _____

6. ¿A alguien en su casa le gusta comer comida japonesa?

   _____

★ Lea Gramática 8.4.

F. Ponga en orden los pasos para la preparación de los chiles rellenos. Aquí tiene algunas palabras útiles que puede usar: **primero, luego, después, finalmente.**

Los Pasos

then
later

✓ • Se baten los huevos.
 • Se pelan los chiles.
 • Se mojan los chiles en el huevo batido.
✓ • Se asan los chiles.

✓ • Se cortan varias rebanadas de queso.
✓ • Se les quitan las semillas.
✓ • Se pone una rebanada de queso en cada chile.
✓ • Se fríen.

1. _Primero se asan los chiles_
2. _Luego se pelan los chiles._
3. _Se les quitan las semillas._
4. _Luego Se cortan varias rebanadas de queso._

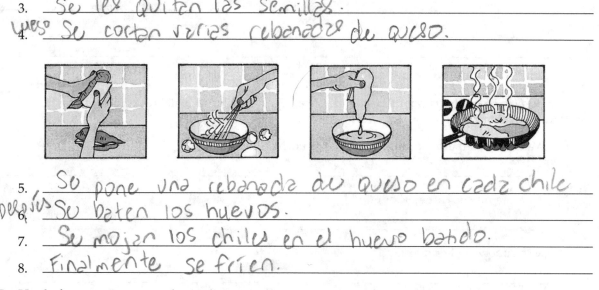

5. _Se pone una rebanada de queso en cada chile_
6. _Después Se baten los huevos._
7. _Se mojan los chiles en el huevo batido._
8. _Finalmente se fríen._

G. Use la forma **se** impersonal y explique cómo se preparan tres de las siguientes comidas: **el pastel de chocolate, la sopa de legumbres, la lasaña, las papas fritas, una ensalada de frutas, un sándwich de atún, una quesadilla, un burrito, el arroz con pollo, una tortilla española.** Escriba un mínimo de cuatro oraciones por comida.

MODELO: *la hamburguesa* → Primero se forma una bola de carne molida y luego se aplana. Se calienta la sartén y se fríe la carne. Se cortan varias rebanadas de tomate, lechuga y cebolla. Luego se le pone mostaza, mayonesa y salsa de tomate al pan. Se le agregan la carne, una o dos rebanadas de tomate, una rebanada de cebolla y un poco de lechuga. Se sirve con un refresco frío y se come.

Los restaurantes

pedir = to ask for / to request
servir = to serve

★ Lea Gramática 8.5.

H. Pilar y Ricardo están en un restaurante mexicano en Madrid. Complete el diálogo usando las formas correctas de **pedir** o **servir,** en tiempo presente o infinitivo.

RICARDO: Pilar, ¿vas a ___pedir___[1] paella?
(pedir)

PILAR: No, aquí no ___sirven___[2] comida española, solamente ___sirven___[3]
(servir: ellos)   (servir: ellos)
comida mexicana.

RICARDO: Hmmm… ¿Qué te parece si ___pides___[4] cervezas para los dos mientras
(pedir)
decidimos?

PILAR: No, no podemos ___pedir___[5] cervezas porque vamos a manejar…
(pedir)

RICARDO: Sí, es verdad. Entonces voy a ___pedir___[6] dos limonadas.
(pedir)

PILAR: No, tampoco ___sirven___[7] limonada aquí.
(servir)

RICARDO: A ver… Entonces, ¿por qué no ___pedimos___[8] dos horchatas?
(pedir)

PILAR: Buena idea. Yo siempre ___pido___[9] café, pero ¡hace tanto calor hoy!
(pedir)

RICARDO: Mesero, dos horchatas, por favor.

PILAR: Bueno, ahora a ver el menú. Mira, tienen enchiladas. La semana pasada las pedí y me
gustaron mucho. Pero no sé… También ___sirven___[10] unos tacos deliciosos aquí.
(servir)

RICARDO: Pilar, ¿qué te parece si ahora yo ___pido___[11] las enchiladas y tú
(pedir)
___pides___[12] los tacos?
(pedir)

PILAR: ¡Estupendo! Yo ___pido___[13] tacos y te doy uno. Tú
(pedir)
___pides___[14] enchiladas y me das una.
(pedir)

RICARDO: Hmmm. ¿Los meseros ___sirven___[15] pronto aquí? ¡Tengo hambre! ¡Mesero!
(servir)

PILAR: Espera, ¿qué vas a ___pedir___[16] de postre?
(pedir)

I. Supongamos que usted está en estas situaciones. Reaccione de manera apropiada.

1. Tiene un examen dentro de veinte minutos, pero tiene mucha hambre. Entra en la cafetería de la universidad. ¿Qué pide?

_____

_____

2. Hoy es el cumpleaños de su hermano/a mayor. Para celebrar su cumpleaños, usted lo/la invita a un restaurante muy elegante. Ahora usted va a pedir para los/las dos.

_____

_____

_____

3. Su familia va a tener una fiesta de Navidad (Año Nuevo, Día de Acción de Gracias, 4 de julio, ¿ ?). Usted va a preparar la comida (varios platillos). ¿Qué va a preparar? ¿Por qué?

_____

_____

_____

J. Escriba un diálogo de 12 a 16 líneas entre usted, su amigo/a y un mesero / una mesera en un restaurante. Aquí tiene algunas palabras y expresiones útiles: **desear, pedir, querer, recomendar, tráigame (tráiganos); la cuenta, la especialidad, la propina; de postre, en seguida, para beber, para empezar.**

Resumen cultural

Complete con la información cultural del **Capítulo 8.**

1. ¿Cómo se llaman a sí mismos (*call themselves*) los salvadoreños? _____

2. ¿Cómo se dice **un helado** en Honduras? _____

3. Nombre otras dos palabras para legumbres. _____ y

_____

4. ¿Qué palabras para comida provienen del náhuatl? Mencione cinco.

_____

5. En su poema «Jitomates risueños», Francisco X. Alarcón dice que las plantas de tomates son

como _____ en primavera. ¿Por qué dice eso?

_____

6. ¿De qué país son los anticuchos? Describa el anticucho. _____

_____

7. ¿Qué es el cebiche? ¿De dónde proviene? _____

_____

8. ¿Cómo se dice *helado* en México? _____ Y, ¿cómo se dice *jugo* en España?

_____

9. ¿Qué quiere decir la expresión: **¡Estoy como agua para chocolate!**? _____

_____

10. El tamal tiene diferentes nombres en varios países. En Venezuela y Colombia es una

_____ y en Ecuador, Perú y Chile es una _____.

11. ¿En qué país son típicas las pupusas? Describa una pupusa. _____

_____

12. ¿Cuál es el Día de la Independencia en El Salvador y Honduras?

_____

Actividades auditivas

Las comidas, las bebidas y la nutrición

A. Anuncio comercial: Queso Sinaloa

VOCABULARIO ÚTIL

pura	*pure*
los manantiales	*springs (of water)*

Lugar mencionado

Sinaloa   *state on the west coast of Mexico*

Escuchemos un anuncio comercial en su estación favorita, KSUN, Radio Sol de California.

❖ ❖ ❖

(Continúa.)

¿Con qué asocia usted esta información, con el estado de Sinaloa (**S**) o con el Queso Sinaloa (**Q**)?

1. _____ Tiene el océano más azul y el agua de sus manantiales es muy pura.

2. _____ Es muy rico con frutas o con su postre favorito.

3. _____ Es delicioso y nutritivo.

4. _____ Siempre hay brisa.

5. _____ Se vende en los mercados hispanos.

B. ¡Qué buena manera de celebrar!

VOCABULARIO ÚTIL

llena	*full*
¡Para reventar!	*About to burst!*
las tortas	*type of Mexican sandwich*
me escondo	*I hide*

Restaurante mencionado

La Torta Ahogada

Hoy, lunes, Graciela Herrero conversa con su novio, Rafael Quesada, en el colegio.

❖ ❖ ❖

¿Cierto (**C**) o falso (**F**)? Si la oración es falsa, escriba una correcta.

1. _____ Graciela no quiere ir a comer con Rafael porque está muy llena.

_____

2. _____ Ayer fue el cumpleaños de la mamá de Graciela.

_____

3. _____ Para el desayuno comieron pan, cereal, frijoles, tortillas y otros platillos más.

_____

4. _____ En el restaurante La Torta Ahogada, Graciela pidió dos tortas de pollo.

_____

5. _____ La familia de Graciela no comió nada para la cena porque comieron mucho durante el almuerzo en el restaurante.

_____

6. _____ Rafael quiere celebrar el próximo cumpleaños del padre de Graciela.

_____

La compra y la preparación de la comida

C. Los supermercados Calimax

VOCABULARIO ÚTIL

el surtido	*assortment, selection*
la calidad	*quality*
las superofertas	*super specials*
la sección	*section*
la canasta	*basket*

Y ahora, aquí en KSUN, un mensaje importante de los supermercados Calimax.

❖ ❖ ❖

Escuche el anuncio y escriba los precios al lado izquierdo de cada superoferta de Calimax. **¡OJO!** No todas las cosas de su lista están en superoferta.

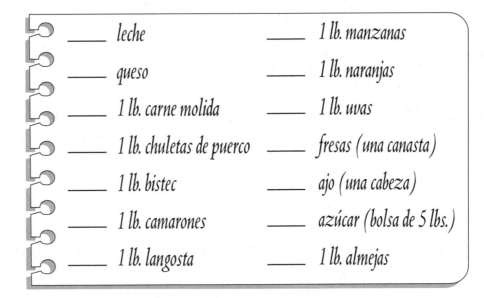

____	*leche*	____	*1 lb. manzanas*
____	*queso*	____	*1 lb. naranjas*
____	*1 lb. carne molida*	____	*1 lb. uvas*
____	*1 lb. chuletas de puerco*	____	*fresas (una canasta)*
____	*1 lb. bistec*	____	*ajo (una cabeza)*
____	*1 lb. camarones*	____	*azúcar (bolsa de 5 lbs.)*
____	*1 lb. langosta*	____	*1 lb. almejas*

D. ¡Es fácil cocinar!

VOCABULARIO ÚTIL

Sigue leyendo	*Keep reading*
Se calienta	*Is heated*
mientras	*while*
¡qué bien huele!	*how good it smells!*

Ernestito está de visita en casa de sus primas Clarisa y Marisa. Las niñas tienen hambre y quieren preparar algo de comer.

❖ ❖ ❖

Conteste brevemente las preguntas.

1. ¿Qué quieren preparar las niñas y por qué?

   _____

2. ¿Quién lee el libro de recetas?

   _____

3. ¿Por qué no preparan enchiladas o chiles rellenos?

   _____

4. ¿Qué ingredientes necesitan para preparar quesadillas?

   _____

5. ¿Cómo se prepara una quesadilla?

   Se pone _____

   Se pone _____

   Se dobla _____

   Se tapa y _____

Los restaurantes

E.   La broma de la abuela

¡Bienvenido a la casa de tu abuela!

VOCABULARIO ÚTIL

la broma	*joke*
¡Dame un abrazo!	*Give me a hug!*
¿De qué se ríe?	*What are you laughing about?*
tomarme el pelo	*to tease me, pull my leg*
Ya	*Already*

Raúl llega a Guanajuato para pasar las vacaciones de Navidad con su abuela.

❖ ❖ ❖

Estas afirmaciones son incorrectas. Corríjalas.

1. La abuela está contenta porque su hijo y sus nietos llegaron a pasar la Navidad con ella.

   _____

   _____

2. A Raúl no le gusta la comida que prepara su abuela; prefiere comer en un restaurante.

   _____

   _____

3. La abuela dice que después de estudiar tanto, Raúl debe divertirse y hacer ejercicio.

_____

_____

4. La abuela dice que preparar los platos favoritos de Raúl es difícil y toma mucho tiempo.

_____

_____

5. Raúl y su abuela van a cenar en un restaurante.

_____

F. ¡No quiero lavar platos!

VOCABULARIO ÚTIL

Dos Equis	*brand of Mexican beer*
en seguida	*right away*
he comido	*I've eaten*

Silvia Bustamante y su novio, Ignacio Padilla, están cenando en un restaurante en la Ciudad de México.

Escoja la respuesta más lógica según el diálogo.

1. Antes de pedir la comida en el restaurante, Nacho y Silvia…

   a. leen el menú y piden las bebidas.
   b. dejan una propina.
   c. salen, pero vuelven en seguida.
   d. comen muy bien.

2. Silvia y Nacho piden… para los dos.

   a. sopa y langosta
   b. langosta y ensalada
   c. coctel, langosta y sopa
   d. coctel de camarones y langosta

3. Según Nacho y Silvia…

   a. la comida del restaurante no es muy buena.
   b. la comida cuesta mucho.
   c. la comida estuvo deliciosa.
   d. el mesero nunca les trajo la cuenta.

4. Nacho está preocupado porque…

   a. la comida estuvo deliciosa.
   b. ve que no tiene suficiente dinero para pagar.
   c. Silvia le dice que ella no quiere pagar.
   d. Silvia le dice que él es muy bromista.

5. Al final sabemos que Silvia y Nacho…

   a. tuvieron que lavar muchos platos.
   b. llevaban bastante dinero para la propina.
   c. salieron del restaurante sin pagar.
   d. pagaron con la tarjeta de crédito de Silvia.

¡A repasar!

G. El restaurante francés

¡Tengo cinco diplomas!

VOCABULARIO ÚTIL

la salsa blanca	*white sauce*
el chef	*chef*
el bife	*steak* (*Arg.*)

Víctor Ginarte invitó a Adriana Bolini a cenar en un restaurante francés que está en una zona elegante de Buenos Aires.

❖ ❖ ❖

Conteste las preguntas correctamente.

1. ¿Cómo es el restaurante donde están comiendo Adriana y Víctor?

   _____

2. ¿Qué van a tomar Adriana y Víctor antes de pedir la cena?

   _____

3. ¿Qué piden Adriana y Víctor para comenzar?

   _____

4. Adriana dice que no puede comer el bistec. ¿Qué le dice el mesero sobre la carne?

   _____

5. El mesero llama al chef. ¿Qué le dice él?

   _____

6. Por fin, cuando le permiten hablar, ¿qué dice Adriana? ¿Por qué no puede comer la carne?

   _____

Pronunciación y ortografía

Ejercicios de pronunciación

I. PRONUNCIACIÓN: d

The pronunciation of the letter **d** in Spanish is very similar to the soft pronunciation of the letters *th* in English *father*.

A. Listen and repeat the following words with a soft **d.**

> cua<u>d</u>erno, casa<u>d</u>o, na<u>d</u>a, parti<u>d</u>o, estu<u>d</u>iar, na<u>d</u>ar, salu<u>d</u>ar, me<u>d</u>io<u>d</u>ía, pasa<u>d</u>o, apelli<u>d</u>o, merca<u>d</u>o, ocupa<u>d</u>a

In Spanish if the **d** is preceded by **n** or **l,** it is pronounced as a hard **d,** as in English.

B. Listen and then pronounce the following words with a hard **d.**

> gran<u>d</u>e, aten<u>d</u>er, segun<u>d</u>o, meren<u>d</u>ar, in<u>d</u>epen<u>d</u>encia, an<u>d</u>ar, man<u>d</u>ato, fal<u>d</u>a, suel<u>d</u>os

If the letter **d** comes at the end of a word, it is pronounced very softly or not at all.

C. Listen and then pronounce the following words with a soft final **d.**

> uste<u>d</u>, pare<u>d</u>, verda<u>d</u>, especialida<u>d</u>, universida<u>d</u>, ciuda<u>d</u>

D. Listen and then pronounce the following sentences. Be sure to concentrate on the correct pronunciation of the letter **d.**

1. ¿Es usted casado?
2. Hoy es el Día de la Independencia.
3. Se vende apartamento grande. ¡Vecindad bonita!
4. Hay dos baños en el segundo piso, ¿verdad?
5. Dora, ¿dónde está el cuaderno de David?
6. ¿Es la residencia del señor Durán?
7. El condominio está cerca del mercado.
8. No me gusta nadar a mediodía.
9. ¿Podemos estudiar en la sala?
10. Se alquila apartamento moderno, alquiler módico.

II. PRONUNCIACIÓN: CONSONANTS WITH r

When **r** is preceded by a consonant or followed by a consonant, it is pronounced as a single tap.

A. Listen and then pronounce the following words, in which **r** is preceded by a consonant.

b + r	ab<u>r</u>a, b<u>r</u>azos, homb<u>r</u>os, ab<u>r</u>igo, septiemb<u>r</u>e
d + r	pad<u>r</u>e, lad<u>r</u>a, cuad<u>r</u>o, mad<u>r</u>e, d<u>r</u>ama
g + r	neg<u>r</u>o, g<u>r</u>acias, ag<u>r</u>egar, g<u>r</u>ande, g<u>r</u>upo
p + r	p<u>r</u>egunta, p<u>r</u>esidente, p<u>r</u>imavera, p<u>r</u>ograma, p<u>r</u>ima
t + r	t<u>r</u>es, pupit<u>r</u>e, met<u>r</u>o, t<u>r</u>abaja, t<u>r</u>en
c + r	c<u>r</u>ee, esc<u>r</u>ibe, desc<u>r</u>iba, c<u>r</u>ema, c<u>r</u>iada
f + r	f<u>r</u>ancés, f<u>r</u>ase, f<u>r</u>ío, f<u>r</u>ecuentemente, f<u>r</u>esco

B. Listen and then pronounce the following words, in which **r** is followed by a consonant.

> r + *cons.*   ba<u>r</u>ba, pie<u>r</u>nas, co<u>r</u>to, ve<u>r</u>de, pe<u>r</u>sona, ta<u>r</u>de, á<u>r</u>bol, cato<u>r</u>ce, he<u>r</u>mano, pe<u>r</u>dón, ma<u>r</u>tes, invie<u>r</u>no, a<u>r</u>te

If the **r** is preceded by an **n** or **l,** it is usually trilled.

C. Listen and then pronounce the following words with a trilled **r.**

> n + r   En<u>r</u>ique
> l + r   al<u>r</u>ededor

Ejercicios de ortografía

ACCENT REVIEW (PART 1)

You have learned that the following words must carry a written accent mark:

- interrogatives. Examples: **¿Qué?, ¿Cuándo?**
- words in which stress falls three or more syllables from the end. Example: **plátano**
- words that end in a consonant other than **n** or **s** and are stressed on the next-to-the-last syllable. Example: **difícil**
- words that end in a stressed vowel and those whose last syllable is stressed and ends in **n** or **s.** Examples: **aquí, dirección**
- first- and third-person preterite verb forms. Examples: **tomé, comió, sirvió, pedí**

Listen and then write the following sentences. Check each word to see if it requires a written accent.

1. _____
2. _____
3. _____
4. _____
5. _____
6. _____
7. _____
8. _____
9. _____
10. _____
11. _____
12. _____
13. _____
14. _____

Videoteca

Los amigos animados

A. El Restaurante Tres Estrellas

VOCABULARIO ÚTIL

disfrutar	*to enjoy*
el conjunto	*(musical) band*
saborea	*you savor*
inolvidable	*unforgettable*

Desde Acapulco, un mensaje del Restaurante Tres Estrellas, el restaurante que todos preferimos.

❖   ❖   ❖

Escuche el anuncio de la radio y cambie la información en el anuncio del periódico si es diferente. (¡OJO! Toda la información en letra cursiva es incorrecta.)

> El Restaurante Tres Estrellas los invita a distrutar de su comida deliciosa y variada aquí en el centro de Acapulco. Nuestro restaurante les ofrece la hospitalidad de siempre y una vista de *sus hermosos jardines.*[1] *Todos los días de la semana*[2] disfruten de los éxitos musicales del momento con *Roberto García*[3] y su conjunto. Abierto todas las noches desde *las 7:00 hasta las 5:00*[4] de la mañana. Para hacer reservaciones llame al *3-15-21-12.*[5] Recuerde, ¡a comer y a disfrutar en Tres Estrellas!

1. _____
2. _____
3. _____
4. _____
5. _____

B. Algo diferente

Andrea Saucedo y su esposo, Pedro Ruiz, van a salir a cenar con sus hijas Marisa y Clarisa. Ahora están decidiendo qué tipo de comida prefieren comer.

¿Qué comidas o tipos de comida consideran Andrea y Pedro antes de tomar su decisión sobre dónde comer?

a. _____ mexicana

b. _____ francesa

c. _____ española

d. _____ china

e. _____ italiana

f. _____ huevos fritos

g. _____ enchiladas

h. _____ pizza y espaguetis

i. _____ hamburguesas

j. _____ arroz y frijoles

k. _____ tortas

Escenas en contexto

Sinopsis
Mariela habla con un empleado en el supermercado.

VOCABULARIO ÚTIL

causar una impresión	*to make an impression*
primer (segundo) plato	*first (second) course*
muy buen consejo	*that's good advice*
¡Qué flores me echa!	*You always compliment me!*

Lea estas preguntas y luego vea el video para contestarlas.

A. ¿Cierto (**C**) o falso (**F**)?

1. _____ Mariela va a preparar una cena para su jefe.

2. _____ Al novio de Mariela le gusta mucho el pescado frito.

3. _____ El empleado le sugiere preparar ceviche de camarones.

4. _____ Mariela piensa también preparar arroz con pollo.

5. _____ Los espárragos están a 50 colones el kilo.

B. Complete con la información correcta.

1. De primer plato Mariela piensa servir _____ y de segundo plato decide

   preparar _____.

2. Mariela necesita muchas legumbres; ella compra _____ kilo de _____,

   _____ kilo de _____, _____ kilo de _____ y cuatro

   _____.

3. El señor Valderrama dice que donde está la señorita Castillo, siempre _____.

Lecturas

LECTURA

¡Buen provecho!

┌───┐
│ **PISTAS PARA LEER**   │
│   │
│ Aquí tiene varios platos típicos y   │
│ deliciosos de América Latina, México y   │
│ España. Al leer, enfóquese en las   │
│ descripciones. ¿Cuáles de estos platos   │
│ conoce ya? ¿Cuáles no conoce pero le   │
│ gustaría probar?   │
└───┘

VOCABULARIO ÚTIL

¡Buen provecho!	*Enjoy your meal! Bon appetit!*
abarca	*it includes*
refleja	*reflects*
en cambio	*on the other hand*
a la parrilla	*grilled*
precolombinas	*pre-Columbian*
espesa	*thick*
poblano	*from Puebla, Mexico*
los boquerones	*small sardines*
la ensaladilla	*potato salad*

(Continúa.)

La cocina hispana es muy variada, pues **abarca** muchos países, regiones y culturas distintas. El arroz con pollo, por ejemplo, se come especialmente en el Caribe. Este plato, que se hace con trozos de pollo, arroz, tomate y aceitunas, **refleja** la influencia de la comida española en los países caribeños. La cocina argentina, **en cambio,** tiene gran influencia italiana. En Argentina se come una variedad de platos cuyo ingrediente principal es la pasta, desde los ravioles hasta los populares espaguetis. La razón es que durante el siglo diecinueve, llegaron a ese país miles de emigrantes de Italia y otros países europeos. Pero los argentinos también preparan exquisitas parrilladas: varios tipos de carne como cerdo, cordero y ternera cocinada **a la parrilla.**

Las ricas enchiladas

Gran parte de la cocina de México tiene su origen en las culturas **precolombinas.** El guacamole es un buen ejemplo, pues esta salsa **espesa** de aguacate, cebolla, tomate y chile la comían los indígenas aztecas. La base de algunos platos mexicanos es la tortilla de maíz o de harina. Los tacos y las enchiladas —dos de los platos más populares en los Estados Unidos— se hacen con tortillas de maíz. Y el mole **poblano,** una salsa que lleva más de veinte ingredientes, incluso chocolate, se sirve con pollo y se come con tortillas.

La comida de España tiene cocinas regionales, cada una con sus propias características. Pero en muchas regiones del país se usan los mismos ingredientes: el aceite de oliva, el ajo, el arroz y los garbanzos. Sin duda, el plato español más conocido es la paella valenciana. La exquisita paella se prepara con arroz, mariscos, pollo, chorizo y verduras. Otra comida típica es la tortilla española, hecha con huevos, cebollas y patatas. La tortilla se come a veces como tapa, con pan y un vaso de vino tinto.

La paella valenciana

Las tapas son pequeñas porciones de comida que se sirven en los bares de España. En algunos países latinoamericanos se conocen como entremeses, y los mexicanos las llaman botanas. Las tapas generalmente se acompañan con vino o cerveza y pueden ser simples —aceitunas, cacahuetes— o elaboradas, como la tortilla. Algunas de las tapas que más se comen en España son los calamares, los **boquerones** fritos y la **ensaladilla.** Una de las actividades favoritas de los españoles es «ir de tapas», de un lugar a otro probando una variedad de platos. Es una oportunidad ideal para pasar tiempo con los amigos.

Como puede ver, la cocina hispana es muy variada. Los platos y la manera de prepararlos varían de país en país. Descubra esta rica comida y… ¡buen provecho!

Comprensión

¿Qué ingredientes llevan estos platos? Algunos ingredientes se usan en más de un plato.

1. _____ la paella
2. _____ la tortilla española
3. _____ las tapas
4. _____ la parrillada
5. _____ el guacamole
6. _____ las enchiladas
7. _____ el mole poblano
8. _____ el arroz con pollo

a. las aceitunas
b. los mariscos
c. el aguacate
d. las verduras
e. las papas/patatas
f. la carne de cerdo
g. el chocolate
h. la carne de ternera
i. el chorizo
j. el pollo
k. la tortilla
l. los huevos
m. los tomates

Un paso más… ¡a escribir!

En su clase de español hay una fiesta y usted y su compañero/a van a planear el menú. El cocinero de un restaurante hispano va a preparar todos los platos. ¿Cuáles van a tener ustedes? ¿Por qué? Escríbanle una nota a su profesor(a) explicándole por qué quieren esa comida.

MODELO:

Estimado profesor / Estimada profesora:

Gracias por tener una fiesta en la clase. Mi compañero/a y yo pensamos que el menú debe incluir los

siguientes platos: _____, _____ y _____.

Seleccionamos esta comida porque…

Afectuosamente,

(*su firma*)

Una receta: Los ricos polvorones

💡 **PISTAS PARA LEER**

¿Cuál es su postre favorito? ¿Hay algún postre hispano que a usted le gusta mucho? ¿Cree que es difícil de cocinar/hornear? Pues aquí tiene una receta mexicana para hacer polvorones, que se comen con café, con té, solos o como postre. Prepárelos y… ¡disfrútelos!

VOCABULARIO ÚTIL

los polvorones	*tea cakes*
las yemas	*yolks*
la pizca	*pinch*
el bicarbonato	*baking powder*
la mezcla cremosa	*cream*
cernida	*sifted*
se aplanan / aplanadas	*flatten/flattened*
la lámina de hornear	*baking sheet*
sin engrasar	*ungreased*
se revuelcan	*roll*
pulverizada	*powdered*
la nuez moscada	*nutmeg*

(*Continúa.*)

POLVORONES

Ingredientes

2 tazas de harina
3/4 de taza de manteca vegetal
3/4 de taza de azúcar
*2 **yemas** de huevo*
*una **pizca** de sal*
*1/4 de cucharadita de **bicarbonato***

———————————

Para preparar los polvorones, se hace una **mezcla cremosa** con la manteca y el azúcar; se agregan las dos yemas de huevo y se revuelven bien. Después, se agrega la harina **cernida** con el bicarbonato y la sal. Se bate la mezcla hasta formar una pasta suave y seca. Luego se hacen cincuenta o sesenta bolitas y **se aplanan** con dos dedos. Idealmente, ¡todas deben ser del mismo tamaño!

Ahora, se ponen las bolitas **aplanadas** —¡los futuros polvorones!— en una **lámina de hornear sin engrasar.** Se hornean a 350° F por ocho o diez minutos o hasta que los polvorones estén dorados. Se sacan y se ponen en un plato grande. Luego se enfrían y **se revuelcan** en azúcar **pulverizada** con **nuez moscada.** Mmm... ¡ya están listos!

Un paso más... ¡a escribir!

A. Describa los ingredientes de uno de sus platos favoritos y luego explique cómo se prepara.

_____

_____

_____

_____

_____

_____

_____

_____

B. Imagínese que usted va a participar en el concurso «Recetas del futuro». Invente un postre y diga los pasos que hay que seguir para prepararlo. Puede agregar otros ingredientes a la lista que incluimos aquí.

> *Medidas:* 1/4 (un cuarto), 1/2 (medio/a), 3/4 (tres cuartos), 1, 2 taza(s), cucharada(s), cucharadita(s), una pizca
> *Ingredientes:* aceite, azúcar, bicarbonato, harina, huevos, sal...

La niñez y
la juventud

CAPÍTULO

9

Actividades escritas ✏️

La familia y los parientes

✳ **Lea Gramática 9.1.**

3/8

A. ¿A quién se parece… ? Vea el árbol genealógico de la familia Saucedo. ¿A quién se parecen las siguientes personas?

MODELO: Amanda *se parece un poco a su mamá, Estela.*

1. Paula _Se parece a su hermana, Andrea._
2. Guillermo _Se parece a su padre, Ernesto._
3. Ernesto _Se parece a su padre, Javier._
4. Raúl _no se parece a su hermano, Ernesto_
5. Clarisa y Marisa _son hermanas. Se parecen mucho._

La familia Saucedo

(Continúa.)

Ahora explique quién se parece a quién en su familia e indique en qué se parecen.

MODELO: Mi primo se parece a *su papá* (*mi tío*); los dos tienen los ojos azules.

1. Mi mamá se parece a _su papá (mi abuelo); los dos tienen los_
2. Mi papá _se parece a su hermano; los dos tienen los ojos pelos rubios._
3. Mi hermano/a _se parece a su mamá; los dos tienen los ojos azules._ morenos.
4. Yo me parezco a _mi papá; nos tienen los pelos morenos._
5. Mi hermano/a y yo _nos parecemos;_ no
6. Mi esposo/a (novio/a) _se parece a su mamá; los dos tienen los_

B. Explique si usted se lleva bien o no con estas personas y por qué. ojos verdes.

MODELO: su prima → (*Yo*) *No me llevo bien con mi prima porque ella es muy egoísta.*

1. su hermano/a _No me llevo bien con mi hermano porque no tengo_
2. su madre (padre) _Me llevo bien con mi mamá._ hermano.
3. sus suegros (cuñados) _Me llevo bien con mi suegra_
4. sus vecinos _Me llevo bien con mis vecinos_
5. su novio/a (esposo/a) _Me llevo bien con mi esposo porque_

★ Lea Gramática 9.2.

C. Hay una reunión familiar en casa de los Saucedo. Dora y sus dos hijas, Paula y Andrea, están preparando la cena. Paula hace muchas preguntas. Haga el papel de Dora y complete sus respuestas con los pronombres **mí, ti, él, ella, nosotros/as, ellos/as, ustedes.**

MODELO: PAULA: Mamá, ¿son para tu nuera los camarones rancheros[1]?
DORA: Sí, son para *ella*. A Estela le gustan mucho.

1. PAULA: ¿Son para mi cuñado los tacos?

   DORA: No, no son para _____, son para _____, Paula, porque son tus favoritos.

2. PAULA: ¿Son para Clarisa y Marisa las enchiladas?

   DORA: Sí, son para tus sobrinas porque a _____ les gustan mucho.

3. PAULA: ¿Son para mí los espárragos?

   DORA: No, no son para _____, son para tus sobrinos, Ernestito y Guillermo.

4. PAULA: ¿Es para los suegros de Andrea la paella?

   DORA: Sí, es para _____, pero también para _____, porque a ti y a mí nos

   encanta la comida española.

_____
[1]Un platillo que se prepara en México con camarones, tomate, cebolla y chiles.

5. PAULA: ¿Para quién es el helado de fresa?

 DORA: Es para _____ y para Andrea porque a ustedes no les gusta el pastel de chocolate.

6. PAULA: ¿Es para papá la horchata?

 DORA: No, no es para _____, es para _____ porque yo no bebo refrescos.

La niñez

★ Lea Gramática 9.3.

between

D. Explique si usted hacía estas actividades cuando era niño/a (cuando tenía entre cinco y once años).

 MODELOS: comer muchos dulces → *No comía muchos dulces porque tenía miedo de ir al dentista.*

 nadar mucho → *Nadaba mucho porque tenía piscina.*

play hide & seek

1. jugar al escondite

 No jugaba al escondite porque no tenía muchos amigos en mi vecindad

2. saltar la cuerda

 Saltaba la cuerda un poco porque no tenía la cuerda

3. jugar a las muñecas

 Jugaba a las muñecas muchos porque tenía Barbie, Skipper y Ken

4. leer cuentos

 Leía cuentos muchos porque son divertidos

5. subirse a los árboles

 Me subía a los árboles mucho tenía árboles frutas en mi patio trasero

6. nadar

 Nadaba mucho en el verano porque tenía practice era por el calor de el

7. jugar con Legos

 Jugaba con Legos un poco porque no tenía interesante

8. comer helados

 Comía helados muchos porque era muy deliciosos tenían

9. andar en bicicleta

 Andaba en bicicleta porque tenía muchos amigos con bicicletas.

E. Lea la siguiente descripción que escribe Raúl Saucedo sobre un día típico de su niñez. Luego escriba un párrafo de 15 oraciones o más describiendo un día típico en la niñez de usted.

> MODELO: Cuando yo tenía ocho años vivía en Guanajuato. Asistía a la escuela primaria Miguel Hidalgo. Me levantaba a las siete, me lavaba la cara y desayunaba en el comedor con mi papá. Después de desayunar yo me lavaba los dientes y buscaba mis libros y mis cuadernos. Salía para la escuela a eso de las ocho y cuarto. Siempre caminaba a la escuela, algunas veces solo, otras veces con los hijos de los vecinos. Me gustaba caminar con ellos porque siempre charlábamos, jugábamos y corríamos por la calle. En la mañana pasaba tres horas en la escuela de las nueve hasta las doce. Luego volvía a casa para almorzar. Almorzaba con mis padres y mis dos hermanas. Después regresaba a la escuela otra vez. En la tarde tenía clases desde las tres hasta las cinco y media. Después de las clases jugaba un rato con mis compañeros en el patio de recreo de la escuela y luego regresaba a casa. En casa ayudaba un poco a mi mamá: barría el patio y sacaba la basura. Luego hacía la tarea. A las ocho de la noche cenaba y luego me bañaba y me acostaba.

La juventud

✴ Lea Gramática 9.3.

F. ¿Qué hacía usted cuando tenía entre 15 y 19 años? Complete las siguientes oraciones.

> MODELO: Durante las clases yo → *dormía*.

1. Antes de ir a la escuela yo siempre _____.

2. Durante la hora del almuerzo en la escuela mis compañeros y yo _____.

3. En la tarde, después de las clases, generalmente mis amigos y yo _____.

4. En las fiestas yo _____.

5. Los sábados por la noche yo _____.

6. Los domingos por la mañana yo _____.

7. Los viernes en la noche mis amigos y yo _____.

8. Durante las vacaciones del verano mi familia y yo _____.

G. Lea la siguiente descripción que escribe Susana Yamasaki sobre un día típico en la escuela secundaria. Luego escriba un párrafo de 15 oraciones o más comentando sus actividades en la escuela secundaria. ¿Qué es lo que más le gustaba de su escuela? ¿Qué es lo que menos le gustaba? Mencione algunas de las cosas que hacía en la escuela secundaria y que ahora ya no hace.

> MODELO: Mi escuela secundaria estaba muy lejos de mi casa. Era una escuela pequeña y muy vieja. Mi escuela secundaria tenía un programa muy tradicional. Estudiábamos lengua nacional (español), ciencias naturales (química, biología y física), matemáticas (álgebra), historia y lenguas extranjeras (latín, inglés, francés). Yo estudiaba mucho; pasaba mucho tiempo en la biblioteca antes de las clases y durante la hora del almuerzo. También me gustaban los deportes. Después de las clases siempre jugaba al voleibol. En las tardes hacía la tarea en casa. Me gustaba hacer la tarea, pero me gustaba más hablar por teléfono con mis amigos. ¡Pasaba muchas horas hablando! Ahora casi no me gusta hablar por teléfono.

★ Lea Gramática 9.4.

H. Complete cada oración con el verbo indicado. Use el imperfecto en uno de los espacios en blanco y el pretérito en el otro.

1. saber

   —Anoche yo _____ que te casas mañana.

   —¿No lo _____ antes?

2. conocer

   —El mes pasado _____ a mi hermanastro por primera vez.

   —¿No lo _____ antes?

3. poder

   —¡Ay! Por fin _____ correr cinco kilómetros sin descansar.

   —¿Cómo? Nunca me dijiste que no _____ correr una distancia larga sin

   descansar.

4. querer

   —Estela, lo siento. Mi esposo no _____ venir a la fiesta.

   —Pero si anoche hablé con él y me dijo que _____ venir, que tenía

   muchas ganas de vernos a todos.

5. tener

   —¿Estás enferma? Me dijo tu hermana que _____ dolor de cabeza.

   —Hoy estoy bien, pero anoche _____ dolor de cabeza y de estómago

   por casi tres horas.

★ Lea Gramática 9.5.

I. A Guillermo no le gusta hacer los quehaceres domésticos. Su padre tiene que recordarle a cada rato lo que debe hacer. Guillermo siempre le contesta: «Iba a… pero… » Haga el papel de Guillermo y reaccione a los comentarios de Ernesto, su papa. Aquí tiene usted algunas posibles excusas: **Amanda ya lo paseó, el vecino tenía la máquina de cortar, estaba lloviendo, mamá me llamó para ayudarle con otra cosa, no había agua.**

> MODELO: ERNESTO: Guillermo, ¿por qué no barriste el patio? →
> GUILLERMO: *Papá, lo iba a barrer, pero sonó el teléfono.*

1. ERNESTO: Guillermo, ¿ya sacaste la basura?

   GUILLERMO: _Papá, yo iba a sacar, pero, mi mamá me llamó para ayudarle con otra cosa_

2. ERNESTO: Hijo, ¿cortaste el césped ayer?

   GUILLERMO: _Papá lo iba a cortar, pero el vecino tenía la máquina de cortar_

3. ERNESTO: Guillermo, hijo, otra vez se te olvidó pasear al perro.

   GUILLERMO: _Papá, lo iba a pasear, pero Amanda ya lo paseó_

(Continúa.)

4.   ERNESTO: ¡Ay, hijo! ¿Por qué no recogiste el periódico?

      GUILLERMO: *Papá, lo iba a recoger*

5.   ERNESTO: ¡Hijo, nunca me ayudas! Otra vez se te olvidó regar el jardín.

      GUILLERMO: *Papá lo iba a regar pero estaba lluviendo*

Resumen cultural

Complete con la información cultural del **Capítulo 9.**

1. ¿Qué tema trata el artista boliviano Walter Solón? _____

   _____

2. ¿Cómo se expresa *"Like father, like son"* en español? _____

3. ¿Qué idiomas indígenas se hablan en Bolivia?

   _____

4. ¿Qué palabra usan los bolivianos para referirse a una persona de los Estados Unidos?

   _____

5. ¿Cómo se llama la fundación que creó Carlos Santana? _____

   ¿Cuál es el objetivo de esa fundación? _____

   _____

6. ¿Quién creó la fundación Pies Descalzos y para qué la fundó?

   _____

   _____

7. ¿Qué propósito (*purpose*) tienen las canciones infantiles?

   _____

8. ¿Qué cantan los niños para escoger a un niño para un juego?

   _____

9. ¿Qué canción cantan los padres o abuelos con los niños para enseñarles los números?

   _____

10. ¿Cuántos niños desamparados hay en las ciudades de América Latina? _____

    ¿Qué factores contribuyen a ese número de niños desamparados?

    _____

11. ¿Cuál es el nombre de una organización que ayuda a los niños desamparados de Costa Rica?

    _____

12. ¿Qué organización mantiene el sitio Web *Chicos de la calle* y quiénes contribuyen a éste? _____

    _____

Actividades auditivas

La familia y los parientes

A. Una familia como todas

VOCABULARIO ÚTIL

me crié	*I was brought up*
estoy de acuerdo	*I agree*

Carla Espinosa y Rogelio Varela, estudiantes de la Universidad de Puerto Rico, están en un café hablando de la familia de Rogelio.

❖ ❖ ❖

Conteste estas preguntas.

1. El padre de Rogelio se casó con la madre de Rogelio porque…

   a. estaba divorciado.

   b. era viudo.

   c. no tenía hijos y quería tener familia.

2. Eduardo y Pablo son los… de Rogelio

   a. primos

   b. hermanastros

   c. medios hermanos

3. Eduardo y Pablo vivieron en casa con Rogelio y sus padres hasta que…

   a. se casaron.

   b. salieron para Europa.

   c. empezaron a estudiar en la universidad.

4. Rogelio dice que quiere por lo menos cuatro hijos porque…

   a. sus padres quieren muchos nietos.

   b. le gusta la idea de una familia grande.

   c. es más fácil tener muchos hijos.

Complete el árbol genealógico de Rogelio según la conversación.

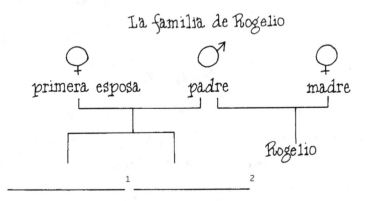

La familia de Rogelio

primera esposa   padre   madre

Rogelio

1   2

(Continúa.)

B. La familia de Mónica

Mónica charla con Jessica, su media hermana de
8 años. La niña es muy curiosa y le hace muchas
preguntas a Mónica.

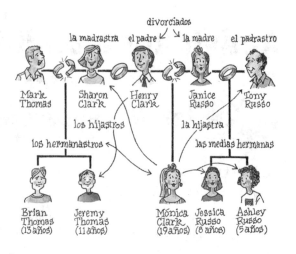

❖ ❖ ❖

¿Cierto (**C**) o falso (**F**)?

1. ___C___ Mónica y Jessica se parecen a su mamá.

2. ___F___ Ashley se parece a su mamá también.

3. ___F___ Mónica se parece mucho a sus hermanastros.

4. _____ Mónica y su padrastro no se llevan bien.

5. _____ Mónica tiene novio en la universidad, pero no tiene amigos.

La niñez

C. Divertilandia

Y ahora en KSUN, Radio Sol, unos mensajes de
nuestros amigos en Divertilandia.

❖ ❖ ❖

Llene los espacios en blanco correctamente, según el anuncio de Divertilandia.

    Amigos, ¿recuerdan los cuentos que tanto les _____[1] cuando _____[2] niños? ¿Les

gustaría disfrutar otra vez de todos esos cuentos que ustedes _____[3] tantas veces?…

¡Vengan a Divertilandia! En este paraíso de la imaginación les esperan Pinocho, Robin Hood,

Blancanieves, Alicia, la Cenicienta, La Bella y la Bestia. Y todos aquellos personajes fantásticos que

les _____[4] pasar horas de alegría en su niñez.

D. Ernesto, el travieso

VOCABULARIO ÚTIL

travieso	*mischievous*
angelito	*little angel*
las historietas	*comic books*
las travesuras	*pranks*
pegaba rabos	*I used to stick tails*
las tachuelas	*tacks*

Ernesto está leyendo el periódico y Estela un libro en la sala de su casa. Guillermo, Ernestito y su perro Lobo entran corriendo…

❖   ❖   ❖

¿Qué cosas hacía Ernesto cuando era niño? En la próxima página, llene los espacios en blanco con la actividad que corresponde. **¡OJO!** Es posible usar algunos verbos más de una vez.

andaba ✓	hacía	nadaba
era	leía ✓	pegaba
hablaba	llamaba	ponía

1. Ernesto _____*andaba*_____ en bicicleta todas las mañanas con sus hermanos y por la

   noche _____*leía*_____ historietas.

2. Por la tarde, Ernesto _____ en la alberca del gimnasio con sus hermanos.

3. Ernesto _____ travieso. A sus maestros les _____

   rabos en la ropa.

4. También les _____ tachuelas en la silla a sus maestros. ¡Ernesto

   _____ muy malo!

5. Cuando se aburría, _____ por teléfono a las tiendas de la vecindad y les

   _____ muchas preguntas tontas.

La juventud

E. ¡Qué tiempos aquéllos!

VOCABULARIO ÚTIL

¡Qué tiempos aquéllos!	*Those were the days!*
¡Qué banquetes!	*What feasts!*

Lugares mencionados

Cumaná   *town on the Caribbean coast*

Ricardo Sícora, el joven venezolano que ahora estudia derecho en España, le habla a su amiga Pilar de los veranos que pasaba en Venezuela.

❖   ❖   ❖

(Continúa.)

Escoja la(s) respuesta(s) más lógica(s).

1. Cumaná…

   a. es la capital de Venezuela.

   b. está en Caracas.

   c. es un pueblo de la costa.

   d. tiene playas.

2. En Cumaná, durante el verano, Ricardo…

   a. tomaba el sol.

   b. escuchaba música.

   c. nunca se divertía.

   d. nadaba y buceaba.

3. Por las tardes Ricardo…

   a. iba a casa de un amigo.

   b. no tenía tiempo para dormir la siesta.

   c. charlaba y escuchaba discos con sus amigos.

   d. almorzaba mientras escuchaba discos viejos.

4. Los fines de semana en Cumaná eran muy especiales porque…

   a. hacían lo mismo todos los sábados y domingos.

   b. solamente iban a la playa por la mañana.

   c. tenían grandes fiestas.

   d. a veces acampaban en las montañas.

F. Cuando don Eduardo era joven

VOCABULARIO ÚTIL

me alegro de estar vivo   *I'm happy to be alive*

Persona mencionada

Cri–Cri   *well-known singer of children's music in the 1940s*

Es una hermosa mañana de domingo en la Ciudad de México. Don Eduardo está en el parque conversando con Andrea Saucedo de Ruiz y sus hijas, Marisa y Clarisa.

¿Cierto (**C**) o falso (**F**)? Si la oración es falsa, haga la corrección necesaria.

1. _____ Clarisa es una niña curiosa.

   _____

2. _____ Don Eduardo piensa que es malo ser viejo.

   _____

3. _____ Cuando era joven, don Eduardo tenía el pelo negro y era alto, delgado y guapo.

   _____

4. _____ Cuando era niño, a don Eduardo le gustaba sentarse en el parque.

   _____

5. _____ Don Eduardo y sus hermanos veían mucho la televisión.

   _____

¡A repasar!

G. Esteban no comprende la lección.

VOCABULARIO ÚTIL

| jalaba | *I used to pull* |
| las trenzas | *braids, pigtails* |

Esteban está en la oficina de la profesora Martínez.
Quiere hablar con ella sobre la lección de ayer.

❖   ❖   ❖

¿Quién dice estas cosas, Esteban (**E**) o la profesora Martínez (**M**)?

1. _____ Hice los ejercicios, pero tengo un problema.

2. _____ Yo sí peleaba con mis amiguitos en la escuela.

3. _____ Todos los domingos iba al parque y jugaba.

4. _____ Les jalaba las trenzas a las niñas.

5. _____ Vivía en San Antonio.

6. _____ Ahora usted comprende la lección perfectamente.

Pronunciación y ortografía

Ejercicios de pronunciación

PRONUNCIACIÓN: **b, v, d, g**

We have already seen that the letters **b, v, d,** and **g** in the combinations **ga, go,** and **gu** are normally pronounced soft, not hard as in English. In the case of **b** and **v**, the lips do not completely close; in the case of **d**, the tip of the tongue is on the back of the upper teeth but does not completely stop the air; and in the case of **g**, the back of the tongue against the roof of the mouth does not completely close off the air.

A. Listen and then pronounce the following words and phrases with soft **b, v, d,** and **g.**

1. Mucho gusto.
2. Es divertido.
3. Mi amigo dice que no va a venir.
4. Abuela, por favor, abra la ventana.
5. Tiene ganas de nadar.

Note that if the letters **b, v, d,** and **g** begin a word within a phrase or sentence, they usually are pronounced soft.

B. Listen and then pronounce a soft **b, v, d,** and **g** in the following words.

la boca, la vida, la discoteca, la gasolinera

The letters **b, v, d,** and **g** may be pronounced hard if the speaker pauses before a word that begins with one of these letters, as at the beginning of a sentence or phrase.

C. Listen and then pronounce the following sentences, all of which begin with **b, v, d,** or **g.**

1. ¡Vamos a bailar!
2. ¡Ganamos el partido!
3. Voy mañana.
4. Bailan muy bien.
5. Debo estudiar.

The letters **b, v, d,** and **g** are also pronounced hard if preceded by **m** or **n.**

D. Listen and then pronounce the following words and phrases with hard **b, v, d,** and **g.**

1. ¿Por qué no me invitaste a andar en bicicleta?
2. Cambió el tiempo.
3. ¡Tengo hambre!
4. ¡Es tan bonito tu coche!
5. Tengo un gato grande.

In addition, the letter **d** is pronounced hard when preceded by the letter **l.**

E. Listen and then pronounce the following words and phrases with a hard **d.**

el día, Aldo, el departamento, el disco

Ejercicios de ortografía

I. THE LETTERS **b, v, d, g**

Listen to the words and write them correctly using **b, v, d,** or **g.**

Reminder: The letters **b** and **v** are pronounced the same in Spanish. Since it is impossible to tell by the sound of a word if it is written with **b** or **v,** you must simply learn the spelling.

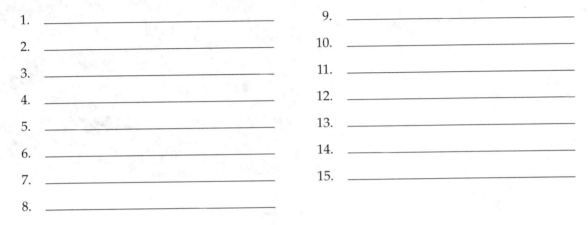

1. _____   9. _____
2. _____   10. _____
3. _____   11. _____
4. _____   12. _____
5. _____   13. _____
6. _____   14. _____
7. _____   15. _____
8. _____

II. ACCENTS ON IMPERFECT VERB FORMS

Many verb forms in the imperfect tense must be written with an accent mark. This includes forms that rhyme with the word **María,** that is, all forms of **-er** and **-ir** verbs (examples: **comía, salíamos, entendían**) and forms that are stressed three syllables from the last, that is, **nosotros/as** forms of **-ar** verbs (examples: **estudiábamos, explorábamos, participábamos**).

Listen and write the following imperfect verb forms. Include an accent mark where necessary.

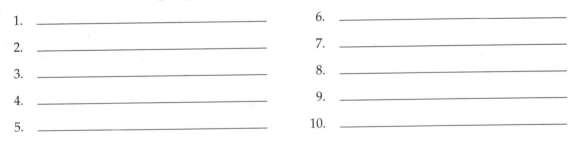

1. _____   6. _____
2. _____   7. _____
3. _____   8. _____
4. _____   9. _____
5. _____   10. _____

Videoteca

Los amigos animados

A. La familia de Carla

Carla y Rogelio conversan sobre la familia de
Carla.

❖   ❖   ❖

Complete el árbol genealógico de la familia de Carla, según lo que le cuenta a Rogelio. Escriba el nombre
apropiado de cada pariente.

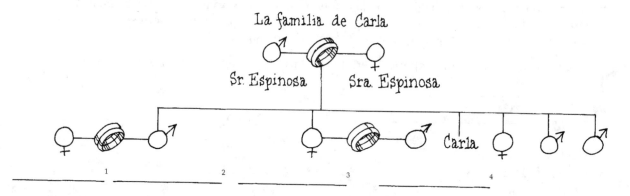

B. Los recuerdos de doña María

Cuando Esteban y Raúl visitaron a doña María en Guanajuato, la abuela de Raúl le contó un poco de su vida a Esteban. Ésta es su historia.

❖ ❖ ❖

Llene los espacios en blanco con la información sobre la vida de doña María.

Doña María tiene _____[1] años. Ella tiene _____[2] hijos casados y tiene muchos

_____[3]. Su hijo Javier tiene cuatro _____[4], que son Ernesto, las gemelas (Paula y

Andrea) y Raúl. Su otra hija, Leticia, tiene cinco hijos y vive en Guanajuato con su _____[5]

y sus _____[6]. A doña María le gusta mucho tenerlos tan cerca.

Javier y su familia visitan a doña María los días de fiesta: siempre en _____[7] y a veces

para su _____[8]. Antes, cuando Javier y sus hijos vivían en Guanajuato, la visitaban los

sábados. Ella les _____[9] una gran comida y después de comer, los adultos se sentaban a

conversar mientras los niños _____[10] afuera.

Escenas en contexto

Sinopsis
Lupe, Antonio y Diego hablan de su niñez.

VOCABULARIO ÚTIL

cuéntanos	*tell us*
la época	*epoch; period of time*
el campesino	*field worker*
la cosecha	*harvest, crop*
la finca	*farm*
nos mudamos	*we moved*
¿Te criaste… ?	*Did you grow up . . . ?*
de vez en cuando	*once in a while*
rodeado de	*surrounded by*
me crié	*I grew up*
volar un papalote	*to fly a kite*

(Continúa.)

Lea estas preguntas y luego vea el video para contestarlas.

A. Marque las oraciones que describen a Diego (**D**) y las que describen a Antonio (**A**).

1. _____ Sus padres se conocieron en la universidad.

2. _____ El tío de su padre tenía una fábrica.

3. _____ Sus antepasados eran campesinos.

4. _____ De joven, vivía en el campo.

5. _____ Jugaba al fútbol y al básquetbol.

6. _____ Sus padres son los primeros de la familia que viven en la ciudad.

7. _____ Jugaba al escondite y al gato.

8. _____ Jugaba en los parques y en las calles.

B. Complete con la información correcta.

1. Los _____ de Diego llegaron a California cuando su padre tenía

_____ años.

2. Los antepasados de Antonio llegaron a _____ en el siglo

_____.

3. Diego se crió en Los Ángeles, donde jugaba en la _____, los

_____ y en los patios de recreo.

4. Los _____ vivían con la familia de Antonio.

5. Ahora los parientes de Diego se ven sólo en _____.

Lecturas

Un gran evento: El Festival Latino del Libro y la Familia

💡 PISTAS PARA LEER

¿Le gusta leer? ¿Qué tipos de libros le gustan a usted? ¿Quiénes son sus autores favoritos? Hoy día hay muchas ferias del libro en todo el mundo. ¿Ha asistido a alguna? ¿Qué opina usted de estos eventos? Descubra aquí la feria hispana del libro más popular en los Estados Unidos. Si este festival se celebra en su ciudad, ¡visítelo!

VOCABULARIO ÚTIL

ameno	*fun*
gratis	*free of charge*
apoya	*supports*
se propuso	*hoped to, intended*
la gira	*tour*
el alcalde	*mayor*
los desafíos	*challenges*
resaltaron	*emphasized*
se acercaban	*approached*
a través	*through*

Edward James Olmos

El Festival Latino del Libro y la Familia es un gran evento en el que participan miles de hispanos anualmente. Esta feria del libro fue fundada en 1997 por el célebre actor mexicoamericano Edward James Olmos. Su propósito es promover la literatura y la cultura en un contexto **ameno** para toda la familia. En el festival se venden y regalan libros recientes publicados por escritores latinos en español y en inglés, y además cada año se presentan autores invitados que leen su obra. Todos los programas y actividades de la feria son **gratis.** Olmos, quien **apoya** el festival cada año, opina que es importante ofrecer un lugar de encuentro para las comunidades hispanas de este país. Al fundar el festival, el actor también **se propuso** celebrar la diversidad que caracteriza a la sociedad estadounidense.

El primer Festival Latino del Libro y la Familia tuvo lugar en Los Ángeles, y desde entonces hace una **gira** por varias ciudades cada año. En 2008, por ejemplo, este evento se celebró en Houston, Los Ángeles y Chicago. Hay varios programas del festival que tienen mucho impacto en la comunidad hispana. Uno muy relevante fue el panel sobre la inmigración que se presentó en el festival angelino de 2007. Entre los participantes de este panel se encontraban Antonio Villagorosa, **alcalde** de Los Ángeles, y el senador Barack Obama. Otro panel de ese mismo festival fue «¡Sí se puede!», que se enfocaba en las mujeres latinas del mundo de los negocios. Las participantes eran todas profesionales de éxito, y hablaron de los **desafíos** a que se enfrentan los latinos y especialmente las mujeres de negocios. Además, las panelistas **resaltaron** las contribuciones de los hispanos a la economía de Estados Unidos.

En el festival de 2006 se inició un programa muy especial que hoy continúa con el apoyo y entusiasmo del público. En este programa, titulado «Leer es Poder», participaron líderes hispanos de varias profesiones. Los profesionales leían pasajes de un libro favorito o de un libro para niños, y expresaban el impacto de la lectura en su vida. De esta manera los líderes **se acercaban** a la gente, **a través** de los libros. Se realizó así uno de los objetivos principales del festival, que es unir a la comunidad.

Comprensión

Las siguientes oraciones presentan información falsa. Escriba oraciones correctas.

MODELO: Edward James Olmos es un escritor cubanoamericano. →
Edward James Olmos es un *actor mexicoamericano.*

1. El primer Festival Latino del Libro y la Familia se celebró en Chicago en 2007.

   _____

2. Uno de los objetivos del festival es celebrar la diversidad de la sociedad latinoamericana.

   _____

3. En el programa «Leer es Poder», varios autores famosos leían pasajes de un libro.

   _____

4. En el festival de 2007, el alcalde Villagorosa habló sobre el tema de los negocios.

   _____

5. En 2008, el festival hizo una gira por Los Ángeles, Dallas y Chicago.

   _____

Un paso más... ¡a escribir!

Imagínese que usted es periodista y trabaja para una revista popular. Su próximo artículo es una entrevista con Edward James Olmos. Basándose en esta **Nota cultural,** hágale cinco preguntas al gran actor sobre el Festival Latino del Libro y la Familia, y escriba sus respuestas.

LECTURA

Retratos de familia

💡 PISTAS PARA LEER

Todos estos retratos de familia tienen varias características en común; por ejemplo, las familias son unidas. Al leer, anote otras características. ¿Hay una típica familia hispana? ¿Cómo es? Piense en su propia familia: ¿Es típica de su cultura? ¿Cómo son sus relaciones con sus padres, sus hermanos y otros parientes?

VOCABULARIO ÚTIL

los retratos	*portraits*
estrecha	*close*
la gira	*tour*
recurro	*I turn, go to*
el cariño	*affection*
extraño	*I miss*
la dicha	*joy*
quisiera	*I would like*
criarlo	*to raise him*
añora	*(he) longs for*

Lety Guerrero Romero, doctora mexicana de 29 años

Mi familia vive en la Ciudad de México. Es una familia bastante grande; están mis padres, tres hermanas mayores que yo, sus esposos (dos están casadas) y mis primos. Luego también incluyo a mi esposo y mis tres hijos, claro. Y no debo olvidar a mis abuelos. A veces, los domingos, nos vamos todos al Parque de Chapultepec a merendar. ¡Cuánto nos divertimos juntos!

Paula Ledesma, actriz colombiana de 38 años

Tengo una relación **estrecha** y sincera
con mis padres. Cuando estoy de viaje
o en alguna **gira,** los llamo por teléfono
mucho. Siempre **recurro** a ellos cuando
necesito algún consejo. Ellos tienen sus
ideas, por supuesto. Les preocupa que
no esté casada, pero sé que aceptan mi
estilo de vida y mis deseos. Quizá
algún día me case, pero por el
momento quiero dedicarme a mi
carrera.

Ilia Rolón, estudiante puertorriqueña de 21 años

Soy de San Juan, Puerto Rico, donde
viven mis padres. Pero ahora resido
con mis tíos y mis primos en la Ciudad
de Nueva York. Es que quiero aprender
inglés y estoy estudiando en la
Universidad de Columbia. Les tengo
mucho **cariño** a mis tíos, pero la verdad
es que **extraño** a mi mamá y a mi papá.
Espero ansiosamente el verano para
regresar a San Juan y poder verlos.

Gregorio Merino Díaz, profesor chileno de 32 años

En mi familia somos muy unidos.
Cuando tengo problemas personales,
prefiero hablar con mi padre, mi madre
o con uno de mis hermanos, antes que
hablar con un amigo. ¿La razón?
Bueno, es que un amigo puede tratar
de ayudarnos, nos escucha, nos
aconseja. Pero nadie puede
entendernos tan bien como un
miembro de la familia.

(Continúa.)

Lucía Mendoza, periodista venezolana de 25 años

Tengo un hijo de ocho años. Se llama
Daniel y los dos vivimos con mis padres
en Caracas. Danielito para mí es una
dicha, lo mejor que ha ocurrido en mi
vida. Pero la verdad es, a veces, **quisiera**
un compañero que me ayudara a **criarlo.**
¡Daniel es muy travieso! Por suerte papá y
mamá me ayudan con su crianza. Son
unos abuelos maravillosos. Mi niño vive
en un hogar donde hay amor, seguridad y
donde todos nos llevamos bien.

Antonio Galván, ingeniero salvadoreño de 40 años

Mi familia en los Estados
Unidos es pequeña: mi
esposa, mis padres y yo.
Lamentablemente, estoy
separado de los otros
miembros de mi familia.
Vivo en Takoma Park,
Maryland, y tengo un
hermano, dos sobrinos y
varios primos en San
Salvador. De vez en
cuando me comunico con
ellos, pero quisiera

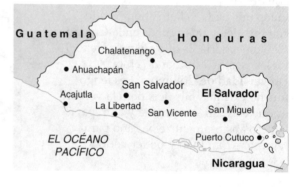

tenerlos cerca, poder verlos. Extraño sobre todo a mis sobrinos. Uno de mis sueños es reunir a toda la
familia aquí en Estados Unidos algún día.

Estas personas ofrecen una imagen realista de la familia hispana, la cual, como la de Lety, es grande.
Paula, Ilia y Lucía tienen una relación estrecha y especial con sus padres. Gregorio recurre a un pariente
cuando tiene conflictos personales. Y Antonio explica que su familia inmediata es pequeña, pero **añora**
tener a su familia a su lado. En los países hispanos, como en todo el mundo, hay muchos tipos de familia;
no todos tradicionales. Hay hogares donde el padre o la madre está ausente, donde los abuelos crían a
los nietos. Hay hogares de padres solteros o divorciados. Pero sea cual sea el caso, la familia es una de
las instituciones más fuertes y vitales de la sociedad hispana.

Comprensión

A. ¿Quién habla aquí, Antonio (**A**), Ilia (**I**), Lety (**L**), Paula (**P**), Gregorio (**G**) o Lucía (**LU**)?

1. _____ Mis padres son mis mejores amigos.

2. _____ Normalmente, veo a mis padres durante los veranos.

3. _____ Nos gusta ir al parque los domingos.

4. _____ Tengo una familia muy unida.

5. _____ Cuando tengo un problema, hablo con mis padres.

6. _____ Extraño mucho a mis sobrinos.

7. _____ Mis padres me ayudan con la crianza de mi hijo.

8. _____ Los llamo por teléfono.

9. _____ Mi familia es muy grande.

10. _____ Mis tíos y yo nos llevamos bien.

B. ¿Cierto (**C**) o falso (**F**)? Si la oración es falsa, haga las correcciones necesarias para decir la verdad.

1. _____ La familia hispana es pequeña; normalmente la forman los padres y los hijos.

   _____

2. _____ La familia es muy importante en la sociedad hispana.

   _____

3. _____ Muchos hispanos prefieren discutir sus problemas personales con un amigo.

   _____

4. _____ En el mundo hispano sólo existen familias tradicionales.

   _____

Un paso más... ¡a escribir!

Pregúnteles a cuatro o cinco compañeros de clase qué opina cada uno de su propia familia. Luego escriba una composición de una página titulada «Retratos de familia en la clase de español». Y no se olvide de escribir una conclusión.

Nuestro planeta

CAPÍTULO 10

Actividades escritas 🖉

La geografía y el clima

✳ Lea Gramática 10.1.

A. ¿Qué ha hecho usted en estos sitios?

MODELOS: en el centro de una ciudad → (Yo) *He ido de compras.*

en el campo → (Yo) *He merendado con mi familia.*

1. en un bosque

   He ido caminado con mi perro.

2. en un lago o en un río

   He nedado con mis amigos

3. en un arrecife

   Ho ido el buceo

4. en la nieve

   He esquiado en los montañas.

5. en una bahía

   He andado en veleo.

6. en un desierto

   He bebido mucho

B. Piense en cinco actividades que nunca ha hecho y diga por qué no las ha hecho.

> MODELO: *Nunca he escalado una montaña porque es peligroso y tengo miedo.*

1. Nunca he caminaba en el desierto porque es mucho calor y tengo perezosa

2. Nunca he limpiaba cuarto de baño porque es antipático y tengo aburrida.

3. Nunca he tomado el sol porque es

4. _____

5. _____

✸ Lea Gramática 10.2.

C. Usted está hablando con algunos amigos de sus viajes. Exprese su reacción al pensar en cada uno de los siguientes lugares.

> MODELO: una isla en el Caribe → *¡Qué isla tan tranquila!*
> el Gran Cañón → *¡Qué cañón más profundo!*

1. el río Amazonas

   ¡Qué largo el río Amazonas!

2. una selva en Perú

   ¡Qué selva tan bonita!

3. las islas Galápagos

   ¡Qué verde son las islas Galápagos!

4. el desierto en el norte de México

   ¡Qué caluroso es el desierto en el norte de méxico!

5. una playa en Puerto Rico

   ¡Qué bonita es la playa en Puerto Rico!

6. las montañas de los Andes

   ¡Qué montañas tan altas!

7. la arena en una playa del Caribe

   ¡Qué bella es la arena en una playa del Caribe!

8. la vista desde una pirámide en Guatemala

   ¡Qué pirámide más alta!

D. Invente un lugar ideal… su propio paraíso en la tierra. Descríbalo en una composición de 15 oraciones o más (2 ó 3 párrafos). Hable de la geografía, el clima, los medios de transporte, etcétera. Use estas preguntas como guía: ¿Cómo se llama este lugar? ¿Es una isla? ¿Dónde está? ¿Cómo es? Diga si tiene playas, lagos, montañas, colinas o valles. ¿Tiene selvas o desiertos? ¿Cómo es el clima? ¿Hace buen tiempo todo el año? ¿Llueve? ¿Nieva? ¿Hay tormentas, tornados o huracanes? ¿Cómo son las casas? ¿Cómo es el centro? ¿Es un lugar industrializado? ¿Qué medios de transporte hay? ¿Hay contaminación? ¿Por qué? ¿Qué le gusta hacer allí a usted?

Los medios de transporte

★ Lea Gramática 10.3–10.4.

E. Escoja dos medios de transporte por los cuales usted ha viajado y compárelos. Diga qué le gusta y qué no le gusta de cada uno. Posibilidades: **el autobús, el automóvil, el avión, el barco, el tranvía, el tren.**

What I like

MEDIO DE TRANSPORTE: _el avión_	MEDIO DE TRANSPORTE: _el barco_
LO QUE ME GUSTA	LO QUE ME GUSTA
1. vehículo aéreo	1. flota en el agua
2. porque salen y llegan puntualmente	2.
3.	3.
LO QUE NO ME GUSTA	LO QUE NO ME GUSTA
1.	1. porque me mareo
2.	2. porque es aburrido
3.	3. a vces

F. Usted vive en Los Ángeles, California, donde muy poca gente utiliza el transporte público. Escríbale una carta al editor de un periódico hispano de su ciudad. Explíquele por qué usted cree que los angelinos no usan el transporte público y dígale cómo motivarlos a que lo hagan. Hable de los beneficios de ir en metro o autobús y hable de los problemas causados por el uso excesivo de los automóviles. Escriba una carta de 15 oraciones o más (2 ó 3 párrafos).

> MODELO: 14 de septiembre, 2010
> Muy estimado editor:
> Yo vivo y trabajo en Los Ángeles. El problema que veo en esta ciudad es que…
>
> Atentamente,
> (*su firma*)

La ecología y el medio ambiente

★ **Lea Gramática 10.5.**

G. Escoja cinco de los problemas de la columna a la derecha. Luego, busque en la columna de la izquierda una frase adecuada para expresar su opinión. Escriba la oración completa en los espacios en blanco.

> MODELOS: Me dan miedo los camiones que transportan desperdicios nucleares.
>
> Me preocupa la contaminación del medio ambiente.

me da(n) rabia[1]	la destrucción de las selvas tropicales
me da(n) miedo	los animales en peligro de extinción
me encanta(n)	reciclar papel, plástico, aluminio, etcétera
me fascina(n)	el agujero en la capa de ozono
(no) me importa(n)	los ríos, lagos y océanos contaminados
(no) me interesa(n)	los coches híbridos (eléctricos)
(no) me molesta(n)	el consumo excesivo de petróleo
(no) me llama(n) la atención	el uso excesivo de productos plásticos no biodegradables
(no) me parece(n) serio/a(s)	los desperdicios nucleares
(no) me preocupa(n)	la contaminación del aire

1. _____

2. _____

3. _____

4. _____

5. _____

---

[1]me… *it makes me angry*

H. Al lado de cada uno de los problemas ecológicos en la siguiente lista, escriba los números de todas las soluciones útiles para resolverlo. Escriba una solución nueva en el número 9.

PROBLEMAS ECOLÓGICOS…

_____ la contaminación ambiental en las ciudades grandes

_____ las causas de las inundaciones

_____ la destrucción del hábitat de algunas especies animales

_____ la contaminación de los lagos y océanos

_____ el agujero en la capa de ozono

_____ el peligro de transportar y almacenar desperdicios nucleares

SOLUCIONES

1. no permitir ni el transporte ni el almacenaje (*storage*) de esos desperdicios en nuestro país.

2. Controlar las emisiones de bióxido de carbono.

3. No permitir que se continúe talando (*cutting down*) los bosques.

4. Imponerles fuertes multas a las industrias que contaminan.

5. Impulsar la creación de fuentes de energía solar y eólica (del viento).

6. Mejorar el transporte público y hacerlo accesible a todos los obreros.

7. No permitir la circulación de los autos por el centro.

8. Eliminar la producción de carburos fluorados.

9. ¿ ? _____

I. Imagínese que usted es miembro de una organización ecológica como Sierra Club o Greenpeace. Usted está preocupado por el medio ambiente, quiere despertar el interés de la gente en su estado y conseguir su participación. Escriba un plan de acción de 15 oraciones o más. Use las siguientes preguntas como guía: ¿Por qué es necesario participar en un programa de protección del planeta? ¿Cuáles son, en su opinión, los cinco problemas más serios en su estado? ¿Qué desea hacer su organización para resolver estos problemas? ¿Cuál es el sitio web de su organización, si alguien quieren más información?

Resumen cultural

Complete con la información cultural del **Capítulo 10.**

1. ¿Cuál es el nombre indígena de Puerto Rico? Y, ¿cuál es otra palabra para **puertorriqueño/a**?

   _____

2. ¿Cómo se llama el país hispano que no tiene ejército? _____

3. ¿Dónde está la Biosfera de Sian Ka'an y cuál es su propósito (*purpose*)? _____

   _____

4. ¿Cómo se llama el programa de México D.F. para combatir la contaminación ambiental y

   disminuir el tránsito? ¿y el de Bogotá?

   _____

(Continúa.)

5. ¿Cómo se llama el poeta y ensayista mexicano que ganó el Premio Nobel de Literatura en 1990?

   _____

6. ¿Cuántas especies de animales se extinguen diariamente en el Amazonas? _____

7. Nombre cuatro animales en peligro de extinción que habitan regiones de América Latina.

   _____

8. ¿Dónde está Monteverde y por qué es famoso? _____

   _____

9. ¿Cómo se llamaban los mensajeros del antiguo Imperio Inca? _____

   Y, ¿cómo transportaban ellos los "documentos"? _____

10. ¿Cómo se dice **huracán** en Puerto Rico? _____ Y, ¿cómo se dice *to give*

    someone a ride en la República Dominicana? _____

11. ¿Cuáles son las dos estaciones del año en Costa Rica?

    _____

12. ¿Cómo se llama la rana que es el símbolo nacional de Puerto Rico? _____

Actividades auditivas

La geografía y el clima

A. Un lugar perfecto

VOCABULARIO ÚTIL

llenas	*full*
me cansa	*it tires me*
tibia	*warm*
de vez en cuando	*once in a while*

Amanda Saucedo está conversando por teléfono
con su amiga Graciela.

❖   ❖   ❖

Estas oraciones son falsas; corríjalas.

1. Hizo muy buen tiempo en la Ciudad de México hoy.

   _____

2. Mucha gente prefirió quedarse en casa hoy.

   _____

3. El paraíso que Amanda se imagina es una ciudad muy moderna que tiene todo lo necesario para vivir cómodamente.

   _____

4. Graciela piensa que la isla de Amanda es un lugar perfecto.

   _____

5. Amanda quiere vivir en la isla con sus padres y sus hermanos.

   _____

B. La clase de geografía

VOCABULARIO ÚTIL

nombre propio	*name, proper noun*
altura	*height*
¡Ya sé!	*I (already) know . . .*
repasar	*to review*

La profesora Martínez está estudiando geografía con su clase. Ella está sorprendida y contenta porque sus estudiantes saben mucho.

❖ ❖ ❖

Empareje según lo que dicen los estudiantes de la profesora Martínez.

1. _____ la cordillera que va de norte a sur por toda la América del Sur

2. _____ el lago más alto de Sudamérica

3. _____ unas cataratas más grandes que las cataratas del Niágara

4. _____ dos islas del Caribe

5. _____ una península en Europa donde se hablan dos idiomas

a. Bolivia
b. Puerto Rico
c. Cuba
d. Ibérica
e. Perú
f. Iguazú
g. Portugal
h. los Andes
i. España
j. Titicaca

Los medios de transporte

C. Transportes Máximo… ¡mejor que viajar por avión!

VOCABULARIO ÚTIL

la manera	*manner*
la salida	*departure*
la terminal	*terminal, depot*
cómodos	*comfortable*

Lugares mencionados

Guadalajara	ciudad principal en el oeste de México
Querétaro	ciudad al norte de México, D.F.
la avenida Insurgentes	avenida principal en México, D.F.

Ahora en KSUN, Radio Sol, un anuncio de Transportes Máximo en la Ciudad de México, para quienes desean viajar por el hermoso país mexicano.

Complete los espacios en blanco con la información que falta.

1. Viaje en Transportes Máximo, la manera más _____ y _____ de viajar.

2. Usted tiene _____ salidas diarias y _____ los _____, sábados y _____.

3. Salimos de la _____ en la avenida Insurgentes.

4. Llame al teléfono _____.

5. Podemos recogerlo en _____.

D. ¡Queremos viajar por tren!

VOCABULARIO ÚTIL

cómodo	*comfortable*
estar sentado	*sitting*
el paisaje	*landscape*
el pasaje	*fare*

Varios estudiantes de la profesora Martínez quieren hacer un viaje de Texas a Florida. Carmen y Luis quieren convencer a sus compañeros que viajar por tren tiene más ventajas que viajar por avión.

Llene el cuadro que aparece aquí con dos ventajas y dos desventajas para cada uno de los dos medios de transporte.

AVIÓN		TREN	
VENTAJAS	_____ _____	VENTAJAS	_____ _____
DESVENTAJAS	_____ _____	DESVENTAJAS	_____ _____

La ecología y el medio ambiente

E. Entrevista en KSUN: El medio ambiente

VOCABULARIO ÚTIL

han aumentado	*have increased*
la cuestión	*issue; problem*
repoblar	*to repopulate, replenish*
la flora y la fauna	*plant and animal life*
desapareciendo	*disappearing*

Escuchemos un programa especial sobre el medio ambiente en KSUN, Radio Sol.

❖ ❖ ❖

Complete la siguiente tabla con la información correcta sobre el medio ambiente.

PREOCUPACIONES	BUENAS NOTICIAS
1. _____ _____	3. _____ _____
2. _____ _____	4. _____ _____

F. El tesoro del Planeta Azul

VOCABULARIO ÚTIL

el tesoro	*treasure*
la superficie	*surface*
el agua dulce	*drinking water*
escasa /	*scarce, limited /*
la escasez	*scarcity,*
	lack of
el agua potable	*safe drinking*
segura	*water*
ahorrar	*to save*
dejar correr	*to let run*

Mayín Durán presenta otro momento de interés público. Ahora habla sobre el agua con el doctor Misael Rivas López, un prestigiado doctor en bioquímica y ecología.

❖ ❖ ❖

Complete las oraciones correctamente usando la información que da el doctor Misael Rivas López.

1. _____ es la tierra porque el 70 por ciento está cubierto de agua. Pero de todo el agua que existe, sólo el 2, 5 por ciento es agua dulce (buena para beber). El resto son _____ .

2. _____ está distribuida desigualmente por el globo. Hay lugares que sufren mucho por su escasez.

3. Para las personas en Kuwait —ahora— sólo hay _____ litros de agua al día, ¡pero nosotros usamos por lo menos _____ litros para ducharnos y _____ litros para lavarnos los dientes!

4. Si no usamos el lavaplatos y lavamos los platos a mano, podemos ahorrar _____ litros de agua.

5. También podemos ahorrar agua si no la dejamos correr cuando _____ y _____ .

¡A repasar!

G. ¡En bicicleta!

VOCABULARIO ÚTIL

no sirve de nada	*it does no good*
destruyendo	*destroying*
de costumbre	*usually, normally*

Es un hermoso día de primavera en la Ciudad de México. La familia Ruiz está merendando en el Parque de Chapultepec.

¿Con quién(es) se asocian los siguientes comentarios, con Andrea (**A**), con Pedro (**P**) o con los dos (**LD**)?

1. _____ El cielo está azul y el aire está limpio.

2. _____ Es imposible vivir en el D.F. ahora porque hay mucho tráfico y esmog.

3. _____ Yo quisiera vivir en otro planeta.

4. _____ Me preocupa el futuro de nuestras hijas.

5. _____ ¡Este planeta es un desastre! Estamos destruyendo la capa de ozono, los ríos y los bosques.

6. _____ Lo mejor que podemos hacer por las niñas es quererlas mucho.

7. _____ En casa reciclamos el papel y el plástico, no desperdiciamos el agua y tratamos de usar poca electricidad.

Pronunciación y ortografía

Ejercicios de pronunciación

PRONUNCIACIÓN: **s**

The pronunciation of the letter **s** when followed by a consonant varies from country to country. In the interior highlands of Mexico, Colombia, Ecuador, Peru, and Bolivia, it is pronounced as an **s** if the following consonant is **p, t, c, qu, f, j,** or **g** (+ **e** or **i**). If, however, the following consonant is **b, v, d, g,** (+ **a, o,** or **u**), **y, l, r, m,** or **n,** then the letter **s** is pronounced much like the *z* sound in English.

A. Listen to a Mexican speaker pronounce the following words and phrases.

> [s] e̱stá, e̱s poco, e̱spero, conte̱star, e̱scoba, e̱spalda, ca̱staño, e̱s feo, seme̱stre, de̱scansar, tiene̱s tiempo, gu̱sto, e̱squiar, e̱scribir, e̱scuchar, e̱sposa, e̱stado, e̱stómago, e̱s joven

> [z] e̱s verde, béi̱sbol, e̱s de aquí, e̱s más, e̱s grande, e̱s bueno, e̱s nuevo, e̱s de México, e̱s lacio, e̱s romántico, tu̱s libros

In other areas, especially the coastal areas of Mexico, Colombia, Ecuador, Peru, the lowlands of Bolivia, and the countries of the Caribbean—such as Puerto Rico, Cuba, the Dominican Republic, Panama, and Venezuela—as well as Paraguay, Uruguay, and Argentina, the letter **s** is pronounced as an aspiration (much like a soft *h* of English), or even dropped altogether, especially if followed by a consonant. This very common practice is called "eating s's" (**comerse las eses**) in Spanish.

B. Listen to some of the same words and phrases as pronounced by a Cuban speaker.

> [h] e̱stá, e̱s poco, e̱spero, conte̱star, tiene̱s tiempo, gu̱sto, de̱sde, e̱scribir, béi̱sbol, e̱scuchar, e̱sposo, e̱s má̱s, e̱s grande, e̱s joven

Ejercicios de ortografía

I. MEDIAL **r** AND **rr**

Single **r** (r) and double **r** (rr) between vowels (in medial position) must be carefully distinguished in speaking and writing. Remember that **r** between vowels is pronounced as a single tap, while **rr** is a trill.

Write the words you hear with **r** and **rr.**

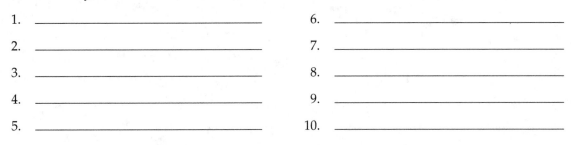

1. _____	6. _____
2. _____	7. _____
3. _____	8. _____
4. _____	9. _____
5. _____	10. _____

II. EXCLAMATIONS

Remember that interrogative words are written with an accent mark. These include **¿Cómo?, ¿Dónde?, ¿Cuánto?, ¿Cuál?, ¿Por qué?, ¿Quién?, ¿Cuándo?,** and **¿Qué? Qué** and **cuánto** are also written with an accent mark if they are used in exclamations. For example: **¡Qué bonita está María esta noche!**

Write the sentences you hear and place the accent marks correctly.

1. _____

2. _____

3. _____

4. _____

5. _____

6. _____

Videoteca

Los amigos animados

A. Anuncio comercial: AMTRAINS

Ahora en KSUN, Radio Sol, escuchemos un mensaje comercial de AMTRAINS, la compañía de trenes.

❖ ❖ ❖

(Continúa.)

Llene esta hoja de información comercial.

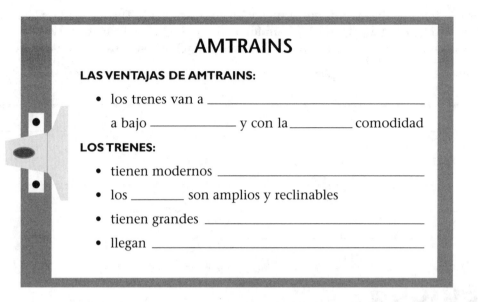

AMTRAINS

LAS VENTAJAS DE AMTRAINS:

- los trenes van a _____
  a bajo _____ y con la _____ comodidad

LOS TRENES:

- tienen modernos _____
- los _____ son amplios y reclinables
- tienen grandes _____
- llegan _____

B. El viaje de Pilar

Pilar Álvarez está conversando con
Ricardo Sícora sobre el viaje que ella
hizo a Venezuela.

❖ ❖ ❖

Según la conversación entre Pilar y Ricardo, ¿qué sabemos?

1. Pilar estuvo en _____.

2. Ella dice que Caracas es una ciudad muy _____ que tiene muchas

   _____ y muchos coches.

3. Pilar también fue a la _____ Cumaná.

4. Ricardo pasaba mucho tiempo en el mismo lugar cuando era más joven y dice que el

   _____ es muy azul y la _____ muy fina.

5. Pilar piensa que Ricardo parece un _____.

Escenas en contexto

Sinopsis

Juan Carlos habla con una vendedora para comprar un billete de tren.

VOCABULARIO ÚTIL

el billete	*ticket; bill (of money)*
Tarma	*Andean city in Central Peru*
atrasado/a	*delayed*
Chincheros	*Andean city north of Cusco*
la guía turística	*tourist guide (book)*
asiento de ventanilla	*window seat*
el pasillo	*aisle, hall*
el andén	*train platform*

Lea estas preguntas y luego vea el video para contestarlas.

A. ¿Cierto (**C**) o falso (**F**)?

1. _____ Primero Juan Carlos quiere comprar un pasaje para ir a la ciudad de Tarma.

2. _____ El tren para Tarma sale a las 2:15 de la tarde.

3. _____ Luego, Juan Carlos decide tomar un tren a Chincheros.

4. _____ Juan Carlos piensa visitar a su hermana en Chincheros.

5. _____ El tren sale del andén número 15.

B. Complete con la información correcta.

1. El tren para Tarma tiene un problema _____ y no va a salir hasta las

   _____.

2. Juan Carlos escribe _____.

3. ¿Qué tipo de asiento prefiere Juan Carlos? _____

4. ¿Qué clase de equipaje trae Juan Carlos? _____

Lecturas

LECTURA

«La creación del mundo»

Selección del *Popol Vuh*, libro **sagrado** de los mayas

PISTAS PARA LEER

El *Popol Vuh* es una obra importante de la cultura maya. En este libro se describe la creación del mundo: primero la tierra y los animales, luego el ser humano, que fue creado con maíz. Tepeu y Gucumatz son los **dioses** creadores. En el siguiente pasaje del *Popol Vuh*, los dioses crean la tierra y los animales.

VOCABULARIO ÚTIL

sagrado	*sacred*
los dioses	*gods*
la relación	narración, historia
se pusieron de acuerdo	*they agreed*
los arroyos	*streams, brooks*
los cerros	*hills*
fecundaron	*made fertile, fruitful*
se hallaba	estaba
los genios	*spirits*
los venados	*deers*
las culebras	*snakes*
los cantiles	*large snakes (Guatemala)*
los bejucos	*reeds*

Esta es la primera **relación,** el primer discurso. No había todavía un hombre, ni un animal, pájaros, peces, cangrejos, árboles, piedras, cuevas, barrancas, hierbas ni bosques: sólo el cielo existía…

Llegó aquí entonces la palabra, vinieron juntos Tepeu y Gucumatz. Hablaron, pues, consultando entre sí y meditando; **se pusieron de acuerdo,** juntaron sus palabras y su pensamiento…

Primero se formaron la tierra, las montañas y los valles; se dividieron las corrientes de agua, los **arroyos** se fueron corriendo libremente entre los **cerros,** y las aguas quedaron separadas cuando aparecieron las altas montañas.

Así fue la creación de la tierra, cuando fue formada por el Corazón del Cielo, el Corazón de la Tierra, que así son llamados los que primero la **fecundaron,** cuando el cielo estaba en suspenso y la tierra **se hallaba** sumergida dentro del agua.

De esta manera se perfeccionó la obra, cuando la ejecutaron después de pensar y meditar sobre su feliz terminación. Luego hicieron a los animales pequeños del monte, los guardianes de todos los bosques, los **genios** de la montaña, los **venados,** los pájaros, leones, tigres, serpientes, **culebras, cantiles,** guardianes de los **bejucos…**

Comprensión

Complete las siguientes oraciones con la(s) respuesta(s) apropiada(s).

1. Antes de la primera relación, sólo existía…

   a. la tierra   c. el cielo

   b. el mar   d. el hombre

2. Para crear el mundo, Tepeu y Gucumatz…

   a. se separaron   c. consultaron las leyendas mayas

   b. unieron sus ideas d. meditaron juntos

3. ¿Dónde estaba la tierra cuando los dioses primero la crearon?

   a. en el cielo   c. en la mente de Tepeu

   b. suspendida   d. sumergida en el agua

4. Los dioses mayas formaron primero…

   a. los océanos y los ríos   c. la tierra y las montañas

   b. las nubes y las tormentas   d. los árboles y las flores

5. Entre los primeros animales creados, en el *Popol Vuh* se mencionan…

   a. las ranas   c. las jirafas

   b. los pájaros   d. las serpientes

Un paso más… ¡a escribir!

Imagínese que usted quiere describirles el comienzo del mundo a sus hijos, sobrinos o nietos pequeños. Cuente su historia de la creación del mundo en una página. Si quiere, agregue algún detalle imaginativo o algún elemento fantástico inventado por usted.

LECTURA

El huracán tropical

💡 PISTAS PARA LEER

Al leer sobre el impacto de los huracanes tropicales en el Caribe y América Central, considere las siguientes preguntas: ¿Qué elementos naturales afectan la región donde usted vive? ¿Hay huracanes? ¿terremotos? ¿ciclones? ¿incendios? ¿derrumbes? ¿Cómo se protegen usted y su familia de esos elementos? ¿Qué hacen?

VOCABULARIO ÚTIL

los derrumbes	*landslides*
las viviendas	*homes*
los daños	*damages*
enterradas	*buried*
atravesó	*crossed*
el sobrenombre	*nickname*
el leñador	*lumberjack*
arrancó	*uprooted*
el estrago	*devastation*
los recursos	*resources*
los damnificados	*victims (of a natural catastrophe)*
sobrevivir	*survive*
dejarse vencer	*to be defeated*

En la zona del Caribe y América Central ocurre anualmente un fenómeno natural muy destructivo, el huracán tropical. En 1996, por ejemplo, los países del Caribe sufrieron el terrible impacto de Dolly en agosto, Hortensia en septiembre y Lili en octubre. Estos huracanes afectan a todas las personas, pero más aún a la gente pobre que vive en colinas donde hay **derrumbes** después de las tormentas. Las **viviendas** de esta gente no pueden resistir un impacto tan grande. Por eso los huracanes no son sólo un desastre natural, sino también un desastre social.

El huracán Mitch es un ejemplo de este tipo de desastre social. En octubre de 1998, Mitch causó enormes **daños** en Honduras, Nicaragua, Guatemala, El Salvador y Costa Rica. Este huracán descargó lluvias torrenciales, creando inundaciones y derrumbes. ¡Los vientos de Mitch iban a 180 millas por hora! El huracán afectó la economía centroamericana, especialmente la agricultura. En Honduras murieron 17.000 personas y se perdieron 70.000 casas. Además, Mitch destruyó vastas plantaciones de plátano, café, arroz y cereales. Y en el noroeste de Nicaragua miles de personas quedaron **enterradas** en cuestión de minutos.

Los huracanes de la temporada de 2004 también fueron virulentos. Los países del Caribe sufrieron seis tormentas tropicales y cinco huracanes ese año. Los más feroces fueron Charley, Frances e Iván. Frances impactó las Bahamas. Iván afectó la costa venezolana y la provincia de Pinar del Río en Cuba. Y Charley **atravesó** la península de la Florida a 145 millas por hora, provocando una catástrofe. En Cuba, Charley destruyó 74.000 casas en La Habana y muchas plantaciones de banana y otras frutas en las provincias. Los cubanos le dieron a este huracán el **sobrenombre** de «**leñador**», porque en la capital cubana **arrancó** más de 8.000 árboles.

El año 2005 tuvo una temporada de huracanes desastrosa; ¡se formaron 28 tormentas! Cinco de los siete huracanes de esa temporada, Dennis, Emily, Katrina, Rita y Wilma, fueron violentos. En México, los estados de Quintana Roo y Yucatán sufrieron muchos daños, como también Cuba, Haití y las Bahamas. Los estados de la Florida y Louisiana fueron los más afectados en Estados Unidos. La ciudad de Nueva Orleáns sufrió una tragedia sin precedente, pues las inundaciones causadas por Katrina dejaron sin hogar a cientos de miles de personas.

En contraste con la temporada de 2005, la del 2006 pareció calmada, aunque hubo tres huracanes fuertes. Luego en 2007 este fenómeno natural volvió a hacer gran **estrago.** Entre los seis huracanes de la temporada, Noel fue el más devastador en la región del Caribe. En La República Dominicana y Haití cayeron lluvias torrenciales y murieron más de 100 personas.

La región caribeña sufrió la furia de la naturaleza de nuevo en 2008. En agosto de ese año, el huracán Gustav destruyó 100.000 hogares y muchos cultivos en Cuba; también tuvo un impacto destructivo en Haití, la República Dominicana y los Estados Unidos. Gustav causó la muerte de 120 personas en todo el Caribe. Poco después, a comienzos de septiembre, llegó el huracán Ike a Cuba. Los cubanos tienen un sistema de evacuación muy eficiente, y esta vez evacuaron a un millón de personas. Pero aun así Ike causó cuatro muertes en ese país.

Las consecuencias del huracán tropical son inmediatas. El progreso económico de años desaparece y la gente tiene que empezar de nuevo con pocos **recursos** y mala salud. Aunque los **damnificados** reciben ayuda del gobierno y de agencias internacionales, es muy difícil **sobrevivir** para ellos. Afortunadamente, muchos damnificados sí sobreviven, mostrando la fuerza del ser humano para no **dejarse vencer.**

El huracán Charley en La Habana, Cuba

Comprensión

Usted es periodista y debe escribir un breve informe sobre la historia de los huracanes tropicales. Prepare un formulario que incluya la siguiente información.

1. La gente que más sufre el impacto de los huracanes y por qué:

   _____.

2. Países afectados por el huracán Mitch en 1998:

   _____.

3. Los huracanes más fuertes de la temporada de 2004:

   _____.

4. Impacto del huracán Charley en Cuba:

   _____.

5. Efecto del huracán Katrina en Nueva Orléans:

   _____.

6. Los países que más sufrieron el impacto del huracán Noel:

   _____.

Un paso más... ¡a escribir!

Imagínese que usted es miembro del comité «Ayuda a los damnificados de los huracanes». Su misión es ayudar a una de las víctimas del huracán más reciente: un campesino y su familia. Explique su plan de ayuda en un informe de una página. ¿Cuáles son las necesidades más urgentes de esta familia? ¿Qué servicios le va a ofrecer usted?

De viaje **CAPÍTULO**

11

Actividades escritas ✏️

Los viajes en automóvil

A. ¿Para qué se usan estas partes del carro?

MODELO: el volante → *El volante se usa para manejar el carro.*

1.   los frenos

   _____

2.   el parabrisas

   _____

3.   el cinturón de seguridad

   _____

4.   los cambios

   _____

5.   el espejo retrovisor

   _____

B. Escoja uno de estos temas para escribir una composición de 15 oraciones o más (2 ó 3 párrafos).

1.   MI COCHE IDEAL
   Describa su coche ideal. ¿De qué marca es? ¿De qué modelo y de qué año es? ¿Cuál es su color?
   ¿Es grande o pequeño? Describa el motor: ¿es potente? ¿Cuántos caballos de fuerza tiene? ¿Qué
   tipo de combustible requiere? ¿gasolina o gasóleo (*diesel fuel*)? ¿Es un motor híbrido? Describa
   el interior: los asientos, el volante, los cambios, el sistema de sonido (tiene radio, aparato compact
   disc, televisor), etcétera. Mencione todos los detalles importantes y diga por qué es el coche ideal
   para usted. Si quiere, incluya una foto de su carro ideal de una revista o del Internet.

2. UN VIAJE EN AUTOMÓVIL

Describa un viaje que usted hizo en su automóvil. Use estas preguntas como guía: ¿Adónde fue? ¿Fue con amigos o fue solo/a? ¿Cómo se preparó para el viaje? ¿Qué hizo y qué vio en el viaje? ¿Salió todo bien o tuvo problemas? ¿Qué clase de problemas? ¿Tuvo alguna falla (*defect*) mecánica el carro? ¿Resolvió el problema usted solo/a o le ayudó alguien? ¿Se divirtió en su viaje?

En busca de sitios

✳ Lea Gramática 11.1.

C. Usted está en la Ciudad de México. Escriba instrucciones para ir de un lugar a otro según el plano. Use mandatos formales como **vaya, camine, siga, doble, cruce,** etcétera.

1. Del Hotel el Presidente al Museo de Arte Moderno

Primero camine a la derecha seis cuadras por la calle hamburgo. Doble a la derecha por la calle burdeos. Doble a la izquierda

2. Del Monumento a los Niños Héroes al Hotel del Ángel   por el paseo de la reforma

_____

_____

_____

3. Del Centro de Deportes Chapultepec al Monumento a la Independencia

_____

_____

_____

4. Del Centro de Deportes Chapultepec al Hotel el Romano Diana

_____

_____

_____

El museo de Arte está sobre Sumaraguds

Los planes de viaje

★ **Lea Gramática 11.2.**

D. Imagínese que usted es guía de una excursión a España. Está a cargo de un grupo de veinte turistas. Hágales sugerencias usando **(No) Quiero que** y la forma correcta de cinco de estos verbos: **comprar, hacer, ir, poner, salir, tener, traer, venir, ver.**

MODELO: Quiero que *hagan* con cuidado todo lo que les voy a decir.

1. _____

2. _____

3. _____

4. _____

5. _____

✷ Lea Gramática 11.3.

E. Ernesto, Estela y sus hijos van a viajar a Cuba de vacaciones. Salen hoy y los niños están muy entusiasmados. Les hacen muchas preguntas a sus padres. Termine las respuestas de Ernesto y Estela. Use el subjuntivo en cada caso.

> MODELO: Mamá, ¿cuándo vamos a sacar fotos?
>
> *Las vamos a sacar cuando lleguemos a La Habana.*

1. Mamá, ¿cuándo vamos a almorzar?

   Vamos a almorzar cuando _____

2. ¿Ya vas a cerrar las maletas, papá?

   No, hija, las voy a cerrar cuando _____

3. Mamá, ¿cuándo vamos a salir para el aeropuerto?

   Vamos a salir cuando _____

4. ¿Llamamos ya al taxi, papá?

   No, chicos, yo lo voy a llamar cuando _____

5. Mamá, ¿cuándo van a facturar nuestro equipaje?

   Lo van a facturar cuando _____

F. Usted necesita hacer reservaciones. Escoja uno de los siguientes temas y escriba un diálogo de 15 líneas o más entre usted y el empleado.

1. UN VUELO A SANTIAGO, CHILE
   Llame a LAN Chile, la aerolínea nacional chilena, y pida información al / a la agente acerca del vuelo: el costo, las horas de salida y llegada, el tiempo que dura el vuelo, si es un vuelo directo o sin escala (*non-stop*), etcétera. Pague con su tarjeta de crédito.

2. UN HOTEL EN COSTA RICA
   Usted quisiera ver el bosque nuboso (*cloud* [*rain*] *forest*) de Costa Rica y va a pasar tres noches en el pueblo de Santa Elena. Llame al hotel el Sapo Dorado para hacer las reservaciones. Pida la siguiente información: el costo de las habitaciones, las comodidades (¿tiene baño privado, cocina, piscina, terraza, restaurante?), las horas de servicio del restaurante y los servicios para los turistas. Pague con su tarjeta de crédito.

Los sitios turísticos

✷ Lea Gramática 11.4.

G. ¿Qué estaban haciendo estas personas ayer a las once de la mañana?

> MODELO: Adriana y Víctor estaban en París. → Probablemente *estaban subiendo a la Torre Eiffel.*

1. Pedro y Andrea Ruiz estaban en Mazatlán.

   Probablemente _____

2. Guillermo y Amanda Saucedo estaban solos en su casa.

   Probablemente _____

3. Clara Martin estaba en la costa en el sur de España.

   Probablemente _____

4. Carla y Rogelio estaban en la selva amazónica.

   Probablemente _____

5. Ricardo Sícora estaba en el Museo del Prado.

   Probablemente _____

★ Lea Gramática 11.5.

H. Complete las oraciones con otra acción que ocurrió. Recuerde que su frase debe tener una forma del verbo en el pretérito.

Palabras útiles

un ladrón	un accidente	entrar	oír	ocurrir un terremoto
una ola	robar	caerse	empezar a llover	ver un maremoto
una pintura				

MODELO: Rogelio y Carla nadaban en el Caribe cuando… →
Rogelio y Carla nadaban en el Caribe cuando *vieron un tiburón.*

1. Los turistas subían al avión cuando…

   _____

2. Los turistas dormían en el barco cuando…

   _____

3. Los turistas sacaban dinero del cajero automático cuando…

   _____

4. Los turistas llegaban al hotel cuando…

   _____

5. Los turistas miraban los cuadros en el museo cuando…

   _____

6. Los turistas tomaban el sol en la playa cuando…

I. Escoja uno de los siguientes temas y escriba una composición de 15 oraciones o más.

1. UNA CIUDAD O UN LUGAR QUE VISITÓ Y QUÉ LE GUSTÓ
   ¿Cómo se llama la ciudad / el lugar? ¿Cuándo fue? ¿Fue solo/a o con amigos? ¿Cómo es la ciudad / el lugar? ¿grande, antiguo/a, colonial, moderno/a, pintoresco/a (*picturesque*)? ¿Qué atractivos turísticos tiene? ¿Qué le gustó más de la ciudad / del lugar? ¿Por qué? ¿Conoció a algunas personas simpáticas? ¿Qué hizo/hicieron allí? ¿Qué otras cosas divertidas se pueden hacer allí?

(Continúa.)

2. UN VIAJE QUE USTED HIZO Y QUE NO LE GUSTÓ MUCHO

   ¿Adónde fue? ¿Con quién(es)? ¿Qué medios de transporte usó/usaron? ¿Cómo era el lugar adonde fue/fueron? Descríbalo. ¿Tuvo/Tuvieron alguna experiencia desagradable en el camino? ¿O tuvo/tuvieron una experiencia desagradable en el hotel / el restaurante / un sitio turístico? ¿Qué pasó?

Resumen cultural

Complete con la información cultural del **Capítulo 11.**

1. ¿Qué país hispano tiene la mayor diversidad biológica de todo el Caribe? _____

2. Nombre cuatro formas musicales de la danza negra de Perú. _____

   _____

3. ¿Qué nombre tiene el grupo indígena que vive en el norte de México en la Sierra Madre

   Occidental? _____

4. ¿Cómo se llama la reserva biológica más grande de Cuba y qué animal alberga (*shelters*)?

   _____

5. ¿Cómo se dice **autobús** en Puerto Rico y Cuba? _____ ¿y en Argentina y

   Paraguay? _____ ¿y en México? _____

   ¿y en El Salvador? _____

6. ¿Qué nombre tiene el tambor que se usa en la danza negra peruana? _____

7. La placa del carro es _____ en Argentina, _____ en

   Cuba y _____ en España.

8. La moneda nacional de Uruguay es _____ y la de Paraguay es

   _____.

9. ¿Qué territorio recorrió el explorador español Cabeza de Vaca en el siglo XVI?

   _____

10. ¿Cuál es el título del libro de Cabeza de Vaca en el cual describió la cultura y las prácticas médicas de los indígenas con los cuales vivió?

    _____

11. ¿Dónde está situada la ciudad venezolana de Mérida? _____

12. ¿Por qué razón son famosos los indígenas rarámuris de México?

    _____

13. ¿Qué significa la palabra **pibe** en Uruguay? _____

    Y, ¿cómo se dice **zapatos de tenis** en Paraguay? _____

14. ¿Dónde está el teleférico más alto del mundo y hasta qué montaña sube? _____

    _____

Actividades auditivas

Los viajes en automóvil

A. ¡Este coche habla!

VOCABULARIO ÚTIL

felicitarla	to congratulate you
alquilado/alquilaste	rented / you rented
el coche deportivo	sports car
¡Abróchese el cinturón!	Put on your seat belt!

Raúl Saucedo está en México para celebrar el cumpleaños de su abuela. Ahora la llama por teléfono.

❖ ❖ ❖

Ponga los dibujos en orden para formar un resumen lógico de lo que pasa entre Raúl y su abuela.

a. _____

b. _____

c. _____

d. _____

B. ¡El sueño de los ecologistas!

VOCABULARIO ÚTIL

los diseñadores	*designers*
los tapetes	*mats*
la puerta trasera	*back door*
reforzada	*reinforced*
híbrido	*hybrid*
los adelantos	*advances*
advierte	*warns*

híbrido

maíz   poliéster reciclable   resina

En KSUN, Radio Sol, Mayín Durán informa al público sobre un coche biodegradable.

❖ ❖ ❖

Complete correctamente la información que da Mayín sobre el coche biodegradable.

Un equipo de investigadores de la Compañía Ford _____[1] el sueño de los

ecologistas: un vehículo _____[2]. Queridos radioescuchas, ésta es la parte más

sorprendente: los componentes principales de este coche están fabricados con maíz, soya y semillas

de girasol… La idea es que el coche sea bueno para usted y para _____[3].

Los _____[4] y el _____[5] están hechos de un poliéster que

puede ser _____[6] una y otra vez. Las _____[7] y los tapetes

son de maíz; y la _____[8] trasera es de resina reforzada con fibra de vidrio. Este

coche tiene un motor híbrido, de hidrógeno y _____[9]. Pero… ¡no crean que es

un coche primitivo! El Ford Modelo U tiene todos los adelantos de la tecnología

_____[10]…

En busca de sitios

C. Esteban en México

VOCABULARIO ÚTIL

el D.F.	*Mexico City*
ir a pie	*to go on foot, walk*
me confunde	*it confuses me*
la esquina	*corner*
el letrero de neón	*neon sign*

Lugares mencionados

Acapulco	una ciudad en la costa del Pacífico de México
la avenida Juárez	una de las avenidas principales de México, D.F.
la avenida Madero	una de las avenidas principales de México, D.F.
el monumento al General Zaragoza	un monumento dedicado al general mexicano Ignacio Zaragoza (1829–1862)
la avenida Hamburgo	una de las avenidas principales de México, D.F.

Esteban está de visita en México y quiere hacer un corto viaje a Acapulco. Pero la Ciudad de México es tan grande que Esteban se pierde fácilmente. Ahora le pide ayuda a una señora.

¿Cierto (**C**) o falso (**F**)?

1. _____ Esteban pide instrucciones para llegar al aeropuerto.

2. _____ La compañía de autobuses Tres Estrellas de Oro ofrece viajes entre el D.F. y Acapulco.

3. _____ Según las instrucciones, lo primero que Esteban tiene que hacer es caminar hacia el norte por la misma calle.

4. _____ Esteban debe doblar a la izquierda en la avenida Juárez.

5. _____ La terminal tiene un enorme letrero de neón con cinco estrellas.

6. _____ La terminal queda en la esquina con la avenida Madero y la avenida Zaragoza.

D. Un paseo por Buenos Aires

VOCABULARIO ÚTIL

el dedo   *finger*
marcada   *marked*

Usted está en Buenos Aires con un grupo de estudiantes. Va a pasar un semestre estudiando allí. Su profesora les dice que quiere prepararlos a ustedes para pasear solos por la ciudad. Les da un plano de Buenos Aires y les dice que van a dar un paseo virtual. Siga las instrucciones con el dedo en el plano y luego diga a dónde llegó usted.

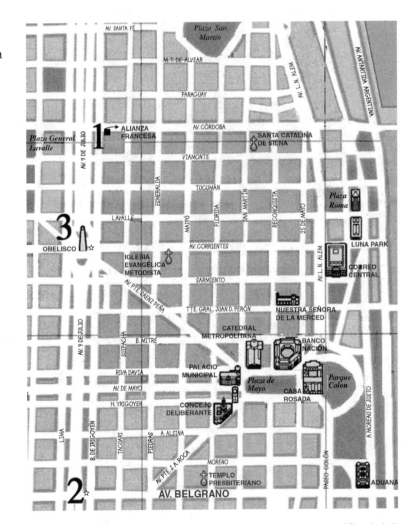

(Continúa.)

1. Estoy en _____

2. El lugar se llama _____

3. Llegué a _____

Los planes de viaje

E.   ¡Realice su viaje ideal!

VOCABULARIO ÚTIL

realice	*make (something) come true*
fundada	*founded, established*
el itinerario	*itinerary*

Aquí en KSUN, Radio Sol, un breve anuncio comercial de nuestros amigos en la agencia de viajes Españatours.

¿Sí o no? Españatours…

	SÍ	NO	
1.	☐	☐	es una agencia fundada por españoles.
2.	☐	☐	sirve solamente a los hispanos en California.
3.	☐	☐	tiene viajes ideales para sus clientes.
4.	☐	☐	consigue solamente los pasajes de avión.
5.	☐	☐	muestra una variedad de itinerarios y el cliente selecciona el mejor.
6.	☐	☐	sirve café en la agencia.
7.	☐	☐	hace las reservas en hoteles de cuatro o cinco estrellas.
8.	☐	☐	ayuda en la preparación del pasaporte, el visado y el menú para la comida en el avión.

F. Una segunda luna de miel

VOCABULARIO ÚTIL

la luna de miel	*honeymoon*
les conviene	*it suits you*
una ganga	*a bargain*
el folleto	*brochure*

Lugares mencionados

las Antillas	grupo de islas en el Caribe
Santo Domingo	ciudad capital de la República Dominicana
Puerto Príncipe	ciudad capital de Haití
San Juan	ciudad capital de Puerto Rico
Santo Tomás	isla cerca de Puerto Rico

Ramiro y Rosita Silva quieren hacer un viaje. Ahora están en la agencia de viajes donde trabaja su vecina, Paula Saucedo, y conversan con ella.

Después de visitar la agencia de viajes donde trabaja Paula, los Silva decidieron comparar la excursión que escogieron con otra, de la agencia Giramundo, que apareció anunciada en el periódico. Escriba las diferencias entre las excursiones de la agencia de Paula y la agencia Giramundo.

**AGENCIA DE VIAJES GIRAMUNDO
lo invita... ¡al Caribe!**

Puertos:	Santo Domingo, Puerto Príncipe, San Juan
Duración:	14 días
Precio:	11.500 pesos
Incluye:	• pasajes aéreos de ida y vuelta
	• hoteles de lujo
	• desayuno americano, almuerzo y cena
	• una excursión pagada en cada lugar
	• trámite[1] de visas

En la agencia de Paula:

1. Puertos: _____

2. Duración: _____

3. Precio: _____

4. Incluye: _____

5. No incluye: _____

_____

_____

[1]*visa arrangements*

Los sitios turísticos

G. ¡Cambia tu rutina!

VOCABULARIO ÚTIL

el cambio de guardia	*changing of the guard*
las ruinas	*ruins*
las ofertas	*the deals*
el carnaval	*Carnival (Mardi Gras)*

Lugares mencionados

Madrid	*capital of Spain*
el Museo del Prado	*Spain's most famous museum*
el restaurante Casa Botín	*popular restaurant in Madrid*
la Plaza Mayor	*main square in Madrid*
la Torre Eiffel	*Eiffel Tower*
el Palacio Real	*Royal Palace (London)*
Machu Picchu	*"lost city" of the Incas*
Cancún	*resort town in the Yucatan Peninsula (Mexico)*
Chichén Itzá	*location of famous Mayan ruins*
Río de Janeiro	*Brazilian city famous for its Carnival celebration*

Y ahora un anuncio de su agencia de viajes favorita, Españatours.

❖　❖　❖

Conteste según el anuncio.

1. Según este anuncio, necesitas viajar si…

   a. estás cansado de la _____ diaria.

   b. estás _____ de estar en casa.

2. ¿Qué puedes ver en…

   a. Madrid? _____

   b. París? _____

   c. Londres? _____

   d. Perú? _____

   e. Río de Janeiro? _____

H. El viaje de Silvia a Puerto Rico

VOCABULARIO ÚTIL

extrañar	*to miss (a person)*
pasarlo bien	*to have a good time*
reflejan	*they reflect*
plateado	*silvery*
el fuerte	*fort*

Lugares mencionados

el Yunque	bosque tropical cerca de San Juan, Puerto Rico
la Bahía Fosforescente	bahía donde el agua es de un color plateado por la noche
el Viejo San Juan	la parte colonial de San Juan
el Morro	fuerte antiguo en la entrada de la bahía en San Juan

Silvia Bustamante va a viajar a San Juan, Puerto Rico, para visitar a su amiga Marta Guerrero. Ahora conversa con su novio Nacho sobre el viaje.

❖   ❖   ❖

Llene los espacios en blanco según la conversación.

1. Silvia está muy _____ con los planes para su viaje.

2. El vuelo de Silvia sale a las _____. Ella quiere salir para el aeropuerto a

   _____.

3. Marta tiene muchos _____ para la visita de Silvia. Por ejemplo, van a ver

   un _____ que se llama el Yunque, los animalitos que reflejan

   un color plateado en la Bahía Fosforescente y la parte colonial de la ciudad, que se llama el

   _____.

4. Nacho no puede ir con Silvia a Puerto Rico porque tiene que _____.

5. A los dos les gusta la idea de una luna de miel en _____.

¡A repasar!

I. Ernesto, agente de viajes

VOCABULARIO ÚTIL

el jefe	*boss, supervisor*
el camión	*bus* (Mex.)
lo acompaño	*I'll go with you*
a propósito	*by the way*

Lugares mencionados

la Terminal de Autobuses para Oriente estación de autobuses en México, D.F.
el Paseo de la Reforma avenida principal en México, D.F.
la avenida Ignacio Zaragoza avenida principal en México, D.F.

Ernesto Saucedo trabaja en una compañía de seguros. Hoy tiene una reunión importante con su jefe. Ahora está preparándose para ir al trabajo.

Escoja la(s) respuesta(s) más lógica(s).

1. Ernesto usa el transporte público porque…

    a. no tiene coche.

    b. no quiere usar su coche.

    c. es más rápido que manejar.

    d. solamente tarda veinticinco minutos en llegar al trabajo.

2. El turista…

    a. no sabe dónde está el Parque de Chapultepec.

    b. quiere llegar a la Terminal de Autobuses para Oriente.

    c. le pide ayuda a Ernesto.

    d. no quiere conversar con Ernesto en el camión.

3. Para llegar a la terminal, el turista…

    a. necesita tomar el camión 56 y luego el 122.

    b. debe caminar dos cuadras.

    c. necesita llamar a la terminal por teléfono.

    d. debe bajarse en la avenida Ignacio Zaragoza.

4. Ernesto no quiere atender al turista porque…

    a. tiene prisa.

    b. quiere prepararse para su reunión en el trabajo.

    c. no le gusta el turista.

    d. su camión llegó.

5. El turista pide más información sobre…

    a. restaurantes en México.

    b. alojamiento.

    c. museos.

    d. sitios turísticos.

Pronunciación y ortografía

Ejercicios de ortografía

I. ACCENT MARKS ON AFFIRMATIVE COMMANDS

When a pronoun (**me, te, le, nos, les, se**) is added to an affirmative command, the command form must be written with an accent. For example: **lávese las manos, acuéstese, tráigame el libro, dígale la verdad.**

Listen and write the following sentences with affirmative commands and pronouns. Write each command form correctly with an accent mark.

1. ——

2. ——

3. ——

4. ——

5. ——

II. ACCENT MARK EXCEPTIONS: WORD PAIRS

There are pairs of words in Spanish that are distinguished in writing by an accent mark. The most common are the following.

él	*he*		el	*the*
mí	*me*		mi	*my*
tú	*you*		tu	*your*
sí	*yes*		si	*if*
sé	*I know*		se	*self*
dé	*give (command)*		de	*of, from*
té	*tea*		te	*you, yourself*

Listen to the following sentences and write the missing word. Decide from the meaning if it needs an accent mark.

1. _____ papá es médico. ¿Es abogado _____ papá?

2. ¿_____ gusta el _____ inglés?

3. _____, voy contigo… _____ me invitas, claro.

4. ¿_____ quién es este sombrero?

5. Yo no _____ _____ Javier _____ casó en marzo o en mayo.

III. ORTHOGRAPHIC CHANGES IN THE SUBJUNCTIVE

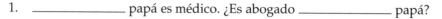Several types of verbs have spelling changes in certain subjunctive forms in order to preserve the sound of the infinitive.

			INFINITIVE	INDICATIVE	SUBJUNCTIVE
1.	**g** to **j**	before **a, o**	proteger	protejo[1]	proteja
2.	**gu** to **g**	before **a, o**	seguir	sigo[1]	siga
3.	**c** to **z**	before **a, o**	convencer	convenzo[1]	convenza
4.	**c** to **zc**[2]	before **a, o**	conocer	conozco[2]	conozca
5.	**c** to **qu**	before **e**	buscar	busco	busque
6.	**g** to **gu**	before **e**	pagar	pago	pague
7.	**z** to **c**	before **e**	cruzar	cruzo	cruce

The most common verbs in each class are the following:

1. **coger** (*to take; to catch*), **dirigir** (*to direct*), **elegir** (*to elect*), **escoger** (*to choose*), **proteger** (*to protect*), **recoger** (*to pick up*)

2. **conseguir** (*to get, attain*), **perseguir** (*to pursue*), **seguir** (*to follow; to continue*)

3. **convencer** (*to convince*), **torcer** (*to twist*), **vencer** (*to defeat*)

4. **agradecer** (*to be grateful for*), **conducir** (*to drive; to conduct*), **conocer** (*to know*), **favorecer** (*to favor*), **ofrecer** (*to offer*), **parecer** (*to seem*), **producir** (*to produce*), **traducir** (*to translate*)

5. **acercarse** (*to get close to*), **buscar** (*to look for*), **chocar** (*to crash*), **criticar** (*to criticize*), **equivocarse** (*to be mistaken*), **explicar** (*to explain*), **indicar** (*to indicate*), **pescar** (*to fish*), **practicar** (*to practice*), **rascar** (*to scratch*), **sacar** (*to take out*), **secar** (*to dry*), **tocar** (*to play; to touch*)

6. **entregar** (*to hand in*), **jugar** (*to play*), **llegar** (*to arrive*), **negar** (*to deny*), **obligar** (*to oblige*), **pagar** (*to pay [for]*), **pegar** (*to hit; to glue*), **regar** (*to water*)

7. **abrazar** (*to embrace*), **almorzar** (*to have lunch*), **comenzar** (*to begin*), **cruzar** (*to cross*), **empezar** (*to begin*), **rechazar** (*to reject*), **rezar** (*to pray*)

Listen and write the sentences you hear. Pay particular attention to subjunctive verb forms and their spelling.

1. _____

_____

---

[1] The first-person singular (**yo**) form of the indicative has the same orthographic change, for the same purpose.
[2] In addition, a **k** sound is inserted in these forms; thus the full change is **c** (s) to **zc** (sk).

2. _____
_____

3. _____
_____

4. _____
_____

Videoteca

Los amigos animados

A. Una llamada al gerente

Adriana Bolini está pasando unos días en
Bariloche, Argentina, con sus padres. Ahora su
mamá llama a la recepción del hotel donde se
hospedan.

❖　❖　❖

¿Cuáles son las quejas de la señora Bolini sobre el hotel? Márquelas con una **X.**

1. _____ No hay televisor en la habitación.

2. _____ La habitación es demasiado pequeña.

3. _____ La camarera no limpió la habitación.

4. _____ La habitación de su hija está muy sucia.

5. _____ No hay chocolates en la mesa.

6. _____ La cama de Adriana no tiene almohadas.

7. _____ En la habitación de ella y su esposo no hay cama matrimonial.

8. _____ No hay jabón en el baño.

9. _____ El baño no tiene toallas.

(Continúa.)

B. Las discotecas madrileñas

Esta noche hay una fiesta en casa de las hermanas Pilar y Gloria Álvarez. Clara Martin conversa con Felipe Álvarez, el hermano menor de Gloria y Pilar.

SITIOS MENCIONADOS:

la Plaza Mayor
el Museo del Prado

❖ ❖ ❖

Conteste las preguntas.

1. ¿Dónde vive Felipe? _____

2. Según Felipe, ¿adónde debe ir sola Clara? _____

3. ¿Adónde quiere Felipe llevar a Clara? _____

4. En la discoteca que le gusta a Felipe, la gente no llega hasta _____

Escenas en contexto

Sinopsis
Roberto está perdido y le pide instrucciones a un señor.

VOCABULARIO ÚTIL

perdido/a	*lost*
Perdone la molestia.	*I'm sorry to bother you.*
queda	está
No hay de qué.	*You're very welcome.*
Que le vaya bien.	*All the best to you.*

Lea estas preguntas y luego vea el video para contestarlas.

A. ¿Cierto (**C**) o falso (**F**)?

1. _____ Roberto busca la biblioteca pública.

2. _____ El señor dice que el bar está cerca (no está lejos).

3. _____ Roberto debe doblar a la derecha en la calle Martín Gómez.

4. _____ Roberto debe doblar a la izquierda en la calle Santiago de Chile.

5. _____ El bar está a la derecha en la calle Santiago de Chile.

B. Complete con la información correcta.

1. Roberto busca un bar de nombre _____.

2. El señor le dice que doble a la _____ en la calle _____

   y que camine _____ antes de doblar a la _____ en la

   Avenida _____.

3. Luego, el señor dice que camine una cuadra y que doble a la _____ en la

   calle _____. A unos _____ metros está el bar, a la

   _____.

Lecturas

LECTURA
El misterio de las ciudades mayas

  PISTAS PARA LEER

Considere esta pregunta: ¿Cuál es el misterio de las ciudades mayas? Y recuerde que los cognados facilitan la comprensión. Muchos se distinguen por su terminación: **-ado/ido** (*-ed, -ate*), **-mente** (*-ly*), **-ción** (*-tion*). En esta **Lectura** hay varios ejemplos: **conquistados, desaparición.** ¿Qué otros cognados ve usted?

surgieron	*came into being*
se destacan	*stand out*
los sacerdotes	*priests*
las comunidades agrícolas	*farming communities*
los griegos	*Greeks*
quemaban	*burned*
la sombra	*shadow*
las guerras	*wars*
Sea cual sea	*Whatever might be*
los antepasados	*ancestors*

Las hermosas ciudades mayas **surgieron** en los bosques tropicales de lo que hoy es el sureste de México y en los países que hoy conocemos como Belice, Guatemala, El Salvador y Honduras. Entre todas las ruinas de las ciudades mayas —Palenque, Tikal, Tulum, Chichén Itzá, Copán y Uxmal— **se destacan** Chichén Itzá en México y Tikal en Guatemala. Chichén Itzá era el centro religioso y político de Yucatán. Tikal era la ciudad más grande de la América precolombina.

Al estar en Tikal, uno puede imaginarse la belleza del mundo prehispánico. En su momento de prosperidad, Tikal tenía una población de 50.000 habitantes. Hoy el área central de las ruinas todavía contiene tres mil construcciones distintas: templos, palacios, cinco pirámides. En el palacio ceremonial hay más de doscientos monumentos de piedra, altares y figuras.

Tikal y Chichén Itzá, como las otras ciudades, eran principalmente sitios ceremoniales donde vivían los **sacerdotes.** El resto de la población vivía en **comunidades agrícolas.** Los sacerdotes se ocupaban de todos los rituales religiosos, como los sacrificios. En la sociedad maya gobernaban el rey y los nobles. Su organización política era similar a la de los **griegos,** basada en ciudades estados. Cada estado tenía una comunidad rural de campesinos que cultivaban la tierra y grandes centros urbanos para las ceremonias. Toda la gente —nobles, campesinos— se reunía en la ciudad para participar en festivales y ceremonias.

Los mayas tenían maravillosas obras de arquitectura, escultura, pintura y conocimientos de astronomía. Inventaron sistemas de numeración que incluían el cero, calendarios y una escritura que aún no se ha podido interpretar totalmente. Se sostenían con la agricultura, sembrando maíz, frijoles y otras legumbres. No era un trabajo fácil. Su terreno de cultivo era de densa vegetación. Cortaban los árboles y los **quemaban** para fertilizar la tierra.

Las ceremonias religiosas formaban una parte esencial de la cultura maya, que era muy rica. En Chichén Itzá, todavía hoy se celebra el equinoccio primaveral cada 21 de marzo. Llegan miles de indígenas y turistas para ver la **sombra** de una serpiente que aparece en las escaleras de la pirámide principal a mediodía.

Los antiguos mayas, creadores de Tikal y Chichén Itzá, abandonaron estas ciudades mucho antes de la llegada de los españoles. La razón es un misterio. Los estudiosos ofrecen varias posibles explicaciones: epidemias, cambios en el clima, **guerras,** superpoblación. Hay quienes dicen que los mayas no pudieron sobrevivir dedicándose a la agricultura en los bosques tropicales. Se dice también que el cambio más significativo fue la desaparición de la clase religiosa, es decir, los sacerdotes.

Sea cual sea la explicación del misterio, lo cierto es que durante los años 900 D.C.,* la gente maya empezó a alejarse gradualmente de Tikal y las otras ciudades. Pero afortunadamente la civilización maya no desapareció. Cuando los españoles colonizaron la península de Yucatán entre 1524 y 1546, varios grupos de mayas hicieron resistencia. Hoy en día hay siete millones de personas que descienden de esos sobrevivientes. Estos mayas se dedican a la agricultura, como sus **antepasados,** y mantienen vivas sus tradiciones. En su cultura vive también el recuerdo de sus antiguas y hermosas ciudades.

Comprensión

A. Ponga las siguientes palabras bajo la categoría apropiada. Algunas pueden incluirse bajo más de una categoría.

aldeas agrícolas	calendarios	palacios	sacrificios
altares	centros urbanos	península	sistema de escritura
arquitectura	ciudades estados	pintura	sistema numérico
astronomía	escultura	pirámides	templos
bosques	monumentos de piedra	rituales religiosos	vegetación

MODELO:

Categorías: CONSTRUCCIÓN   GEOGRAFÍA   CIENCIA   CULTURA

          arquitectura   *bosques*

B. Hay varias causas por las cuales los mayas abandonaron sus hermosas ciudades. En la **Lectura** se mencionan seis causas posibles. ¿Cuáles son?

1. _____

2. _____

3. _____

4. _____

5. _____

6. _____

Un paso más… ¡a escribir!

Usted es arqueólogo/a y ha descubierto la razón por la cual los habitantes de Tikal y Chichén Itzá abandonaron estas ciudades. Explique en una página lo que pasó. Use algunas de estas preguntas como guía.

1. ¿Hubo una epidemia? ¿De qué?

2. ¿Hubo un cambio drástico en el clima? ¿Cómo lo sabe? ¿Qué pasó?

3. ¿Tuvieron que irse los mayas porque destruyeron los bosques?

4. ¿Hubo alguna guerra? ¿Contra quién(es)?

5. ¿Qué documentos o pruebas ha encontrado usted?

_____

*Año que representa el final del período maya clásico. Tikal fue construida durante este período (50–800 D.C.).
Nota: A.C. (antes de Cristo) significa lo mismo que B.C. en inglés; D.C. (después de Cristo) es lo mismo que A.D.

LECTURA

Los amigos hispanos:
De visita en México

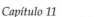

PISTAS PARA LEER

Paula Saucedo Muñoz tiene 27 años y es agente de viajes en la Ciudad de México. Aquí le escribe a Pilar Álvarez, su amiga española. Recuerde que la visualización es una buena práctica de lectura. Visualice los lugares que Paula menciona: el Parque de Chapultepec, por ejemplo. ¿Qué ve usted allí? ¿Qué hace?

VOCABULARIO ÚTIL

broncearte	*to get a tan*
las sendas frondosas	*shaded paths*
el castillo	*castle*
gratis	*free of charge*
la obra	*art work*
el mármol	*marble*
los dramaturgos	*playwrights*
las conferencias	*lectures*

Pilar Álvarez
Calle Almendras 481
Madrid, España

Querida Pilar:

¡Por fin vamos a conocernos! Sé que te va a gustar México. Estoy preparando un itinerario para tu visita. Aquí te envío algunas fotos muy bonitas y unos panfletos turísticos, para darte una idea. Pero también me gustaría hablarte un poquito de mi país, al que quiero mucho.

Ya sabes que la Ciudad de México es la capital más grande del mundo hispano. Los mexicanos la llamamos «el D.F.» por el Distrito Federal. Las otras ciudades grandes del país son Guadalajara, Monterrey y Tijuana. También hay muchas ciudades hermosas que debes conocer, como Veracruz, un puerto en el Golfo de México. Y hay otras que conservan el aspecto colonial por su arquitectura, como Taxco, San Miguel de Allende y Guanajuato. Pero si lo que buscas es clima tropical, tienes que ir a Acapulco y Puerto Vallarta, dos sitios turísticos en la costa del Pacífico donde es puro verano el año entero. Si quieres **broncearte** y nadar, debes ir a esas dos ciudades. ¡Y yo muy feliz te acompaño!

Uno de los lugares adonde pienso llevarte en la capital es el Parque de Chapultepec. En este parque hay dos zoológicos y

La linda ciudad colonial de Taxco

muchas **sendas frondosas** por donde caminar. Uno puede ver allí, además, el Museo de Antropología y un **castillo** famoso que data de los tiempos coloniales. Los domingos por la tarde hay conciertos **gratis** al aire libre en el Parque de Chapultepec.

El centro y corazón de la capital es el Zócalo. Creo que el Zócalo es comparable a la Plaza Mayor en España, ¿no? Allí está la catedral, que también data de los tiempos de la colonia, y el Palacio Nacional. En éste hay varios murales impresionantes de Diego Rivera (1886–1957). Como ya sabes, este pintor mexicano es famoso por sus grandes murales que narran la historia de México. Sé que te va a gustar su **obra.**

Aquí, en el D.F., vamos a visitar también el Palacio de Bellas Artes. Éste es un edificio de **mármol** blanco donde se presentan conciertos, óperas, obras de los más famosos **dramaturgos** del mundo, espectáculos de danza y **conferencias.**

El Palacio de Bellas Artes

Bueno, amiga mía, creo que esta carta se está haciendo demasiado larga. Antes de concluir, sólo te quiero mencionar las pirámides de Teotihuacán, que están al nordeste de la capital. Estas pirámides son una muestra importante de la cultura indígena. ¡Las verás!

Todos en mi familia estamos ansiosos por verte y recibirte en nuestra casa. Avísame cuando tengas tu viaje confirmado.

> Con mucho cariño,
> Paula

Las pirámides de Teotihuacán

Comprensión

Busque la definición correcta.

1. _____ el Palacio de Bellas Artes
2. _____ el Zócalo
3. _____ el Palacio Nacional
4. _____ Guanajuato
5. _____ Teotihuacán
6. _____ el Parque de Chapultepec
7. _____ la Ciudad de México
8. _____ Puerto Vallarta
9. _____ Veracruz
10. _____ Monterrey

a. zona en el centro de la ciudad
b. ciudad grande que también se conoce como el Distrito Federal
c. lugar al nordeste del D.F. donde hay pirámides
d. una de las ciudades grandes en el norte del país
e. sitio turístico en la costa del Océano Pacífico
f. edificio donde se hacen presentaciones culturales
g. ciudad y puerto en el Golfo de México
h. parque donde se ofrecen conciertos los domingos
i. ciudad que conserva su aspecto colonial
j. edificio donde se encuentran los murales de Diego Rivera
k. ciudad situada en la península de Yucatán

Un paso más… ¡a escribir!

Escriba una composición de una página sobre uno de los siguientes temas.

1. Usted tiene un amigo hispano o una amiga hispana que va a venir de visita a los Estados Unidos por primera vez. Descríbale en una carta los lugares que puede visitar.
2. Usted y su familia van a estar de vacaciones en México por dos semanas. Descríbale a su familia las ciudades y los lugares que van a visitar. ¿Qué actividades pueden hacer en cada lugar?

La salud y las emergencias

CAPÍTULO 12

Actividades escritas ✏️

El cuerpo humano y la salud

A. ¿Qué es?

1. Tenemos dos; son necesarios para doblar los brazos: los *enyesados*.

2. Son rosadas; están en la boca. Cuando tenemos algo malo en ellas, visitamos al dentista: las *encías*.

3. Las personas que beben mucho licor tienen problemas del *hígado*.

4. las *costillas*: son los huesos del pecho que protegen los pulmones y el corazón.

5. Nos sentamos en ellas: las *nalgas*.

6. No es verdad que se rompa, pero si no controlamos el colesterol tenemos problemas serios con las *arterias*.

7. Es rosada; está en la boca. La usamos para hablar y para comer: la *lengua*.

8. Se ve mucho como decoración el Día de las Brujas. Son los huesos de la cabeza: la *calavera*.

B. ¿Qué hacemos con estas partes del cuerpo?

> MODELO: la nariz → *Olemos con la nariz.*

1. los pies

   _____ Caminamos con los pies. _____

2. el cerebro

   _____ Pensamos con el cerebro _____

3. la boca

   _____ Hablamos con la boca. _____

4. la garganta

   _____ Tragamos con la garganta _____

5. los dedos

   _____ Tocamos con los dedos _____

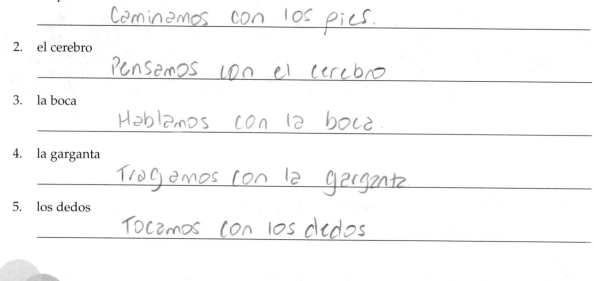

Las enfermedades y su tratamiento

✶ Lea Gramática 12.2.

C. Primero, llene los espacios en blanco con la forma correcta del verbo correspondiente.

volverse loco/a	adelgazar	ponerse alegre
	alegrarse	ponerse contento/a
	enfermarse	ponerse de buen humor
	engordar	ponerse de mal humor
	enojarse	ponerse furioso/a
	entristecerse	ponerse nervioso/a
		ponerse triste

1. Si las cosas que como tienen muchas calorías, (yo) _____.

2. Si (yo) como muy poco, _____ o me muero de hambre.

3. Ayer (yo) _____ porque recibí un lindo regalo de cumpleaños.

4. Si tu novio/a sale a bailar con otra/o, ¿_____?

5. El sábado pasado, mi hermano _____ cuando yo le descompuse el coche.

Ahora complete lógicamente estas oraciones sobre los estados de ánimo y la salud.

> MODELO: Me enojo cuando… → *tengo que manejar y hay mucho tráfico.*

6. Me vuelvo loco/a cuando _____

7. Mi amigo/a se pone de mal humor cuando _____

8. Me pongo nervioso/a cuando _____

9. Mis padres se entristecen cuando _____

10. Me enfermo cuando _____

D. ¿Cuáles son los síntomas de las siguientes enfermedades?

1. la fiebre del heno: _hay fever_ _estornudos , dolor de cabeza_

2. el resfriado: _dolor de cabeza , dolor de estómago , la nariz tapada_

3. la varicela: _chicken pox_ _tener náuseas , fiebre_

4. la alergia: _fiebre , la nariz tapada_

5. la bronquitis: _dolor de garganta , tos ,_

6. la gripe: _dolor de cabeza , vómito , diarrea_

E. Describa una enfermedad que usted, su hermano/a o su hijo/a tuvo de niño/a (la varicela, el sarampión, la gripe, una infección del oído o de la garganta). Escriba una composición de 15 oraciones o más (2 ó 3 párrafos). Use las siguientes preguntas como guía: ¿Cuáles fueron los síntomas? ¿Faltó a muchas clases? ¿Estaba muy enfermo/a? ¿Tuvo que ir al médico? ¿Le recetaron medicamentos? ¿Lo/La internaron (*Did they admit you/him/her*) en el hospital? ¿Qué hizo durante su tiempo en casa o en el hospital? ¿Leyó? ¿Pasó muchas horas viendo la televisión? ¿Jugó videojuegos? ¿Pasó mucho tiempo con su madre/padre o con otra persona?

Las visitas al médico, a la farmacia y al hospital

command

✶ Lea Gramática 12.3.

F. En el Hospital General de Cuernavaca la jefa de enfermeros está dándoles órdenes a los otros enfermeros. Complete las órdenes correctamente usando pronombres de complemento indirecto (**me, te, le, nos, les**) y el presente de subjuntivo de un verbo lógico (**dar, llevar, preparar, traer, tomar, servir**).

MODELO: Señorita Méndez, quiero que __*le*__ __*dé*__ la medicina a la paciente del cuarto número siete.

1. Señor Pérez, quiero que __le__ __sirva__ la cena al paciente del cuarto número diez. _sirva_

2. Señorita Méndez, también quiero que __les__ __lleve__ ropa limpia a los pacientes del cuarto número quince. _lleve_

3. Señorita Rojas, quiero que __me__ __traiga__ (a mí) el formulario del paciente nuevo.

4. Y también quiero que __le__ __prepare__ una taza de té al paciente nuevo.

5. Señor Lugo, quiero que por favor __les__ __tome__ la temperatura a todos los pacientes.

G. ¿Qué hacen estas personas? Escriba una definición. Aquí tiene algunos verbos útiles: **aconsejar, atender(ie), ayudar, cuidar, curar, dar, examinar, explicar, operar, recomendar (ie), surtir.**

MODELO: Un médico *cuida a sus pacientes y trata de curarlos.*

1. Una enfermera _____

2. Un cirujano _____

3. Un veterinario _____

4. Una psiquiatra _____

5. Un farmacéutico _____

6. Un terapeuta _____

H. Usted es doctor(a) y un paciente tiene los siguientes síntomas. ¿Qué le recomienda usted?

MODELO: le duele un oído →
Le recomiendo a usted que se ponga gotas en el oído y que no salga si hace frío.

1. tiene dolor de estómago Le recomiendo a usted que se pongo
Peptobismol enalgésico y no coma la comida.

2. le duele el tobillo Le recomiendo a usted que se el pio en alto y no camine mucho.

3. tiene dolor de garganta y tos Le recomiedo que se pongo el jarabe para la tos y

4. tiene fiebre y le duele todo el cuerpo Le recomiendo que se pongo la aspirina y duermo en la cama.

5. tiene una cortada en un dedo Le recomiendo que se pongo la curita.

I. Responda a cada situación de los dibujos. Use mandatos (afirmativo y/o negativo) y los pronombres **le** y **les.**

MODELO:

No, no les dé aspirinas; déles Tylenol.

1.

_____

_____

2.

_____

_____

3.

_____

_____

4.

_____

_____

5.

_____

_____

Los accidentes y las emergencias

✳ Lea Gramática 12.4.

J. Use el verbo que aparece al final para completar la oración según el dibujo correspondiente.

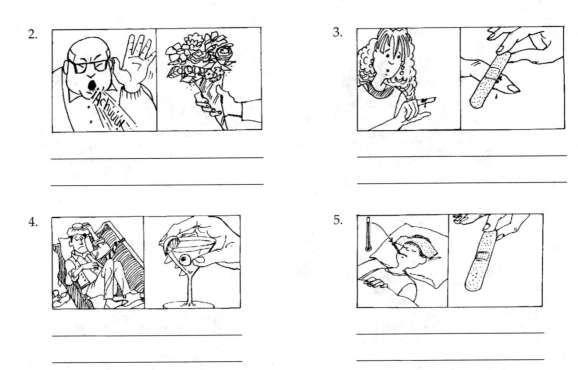

MODELO:

El estetoscopio no funciona;
se descompuso. (descomponerse)

1.

La silla _____ _____.
(romperse)

2.

Los vendajes _____ _____
del estante. (caerse)

3.

El jarabe para la tos ya _____

_____. (acabarse)

K. ¿Qué les pasó a estas personas?

MODELO:

Luis estaba bailando y *se le rompieron* los pantalones. ¡AYYYY! ¡Qué vergüenza!

1. Profesora, no hice mi tarea porque _____ _____ _____ el libro.

2. A los policías _____ _____ _____ los criminales.

3. A la enfermera _____ _____ _____ las aspirinas.

4. Esteban salió de prisa y _____ _____ _____ los lentes.

5. Alberto llegó tarde a la clase porque _____ _____ _____ el reloj despertador y

_____ _____.

✴ Lea Gramática 12.5.

L. Llene los espacios en blanco con el pretérito o el imperfecto de estos verbos: **caer, cortar, enfermar, estornudar, desmayarse, romper.**

> MODELO: Cuando tenía dos años una vez me *caí* de la cama.

1. Cuando era muy pequeño/a siempre me _____ cuando corría.

2. Cuando tenía ocho años me _____ la pierna derecha.

3. Anoche me _____ un dedo cuando estaba haciendo la ensalada.

4. Ayer en mi clase de español _____ mucho durante el examen. ¡Tal vez soy alérgico/a a los exámenes!

5. El año pasado mi novio/a bajó mucho de peso y se _____.

6. Cuando ella oyó la noticia de la muerte de su padre, se _____.

M. Escoja uno de los siguientes temas y escriba una composición de 15 oraciones o más (2 ó 3 párrafos).

1. UN ACCIDENTE QUE USTED HA TENIDO

   ¿Dónde estaba usted? ¿Qué estaba haciendo cuando pasó? ¿Qué pasó? ¿Había alguien con usted? ¿Le ayudó esta persona? ¿Llegó la policía? ¿Hubo testigos? ¿Tuvo que ir al hospital? ¿Qué pasó allí?

2. UN ACCIDENTE QUE USTED VIO

   ¿Dónde estaba usted cuando lo vio? ¿Qué estaba haciendo usted? ¿Qué pasó? ¿Ayudó usted a la(s) víctima(s)? ¿Llamó a la policía? ¿Hubo otros testigos? ¿Tuvo/Tuvieron que ir al hospital el/los herido(s)?

Resumen cultural

Conteste las preguntas y complete las oraciones con la información cultural del **Capítulo 12.**

1. Escriba el refrán apropiado para la siguiente situación. Hay un problema que puede afectar su vida, pero usted no lo sabe. Usted no va a sufrir porque «_____

    _____».

2. ¿Cuándo es el Día de la Independencia de Chile? _____

3. ¿Qué tipo de medicina practica un hierbero? _____

4. La mujer que atiende a las madres durante el parto es una _____.

5. ¿Qué hierba podemos usar cuando sufrimos de mareo o vértigo? _____

    ¿y para aliviar el dolor de una quemadura? _____

6. ¿Quiénes gobernaron la mayor parte de España del siglo VIII hasta el siglo XV?

    _____

7. Escriba las palabras en español que tienen sus orígenes en las siguientes palabras del árabe:

    wa sha llâh: _____, *al mihádda:* _____,

    al yebr: _____, *sharâb:* _____,

    al kohól: _____, *al zeit:* _____,

    al súkkar: _____, *al birká:* _____.

8. ¿Qué remedio natural podemos usar cuando tenemos dolor de estómago?

    _____ ¿y para aliviar los vómitos? _____

9. ¿Qué lenguas indígenas se hablan en Chile? _____

10. ¿Cómo se dice **bebé** en Chile? _____

    ¿y novio/a? _____

11. Nombre dos medicamentos nuevos que se han desarrollado en la industria cubana de la biotecnología. _____

12. ¿Cómo se llamaba el médico hispanoárabe más famoso, autor de varios textos médicos?

    _____ ¿Y cómo se llamaba el que describió cómo usar el yeso para

    tratar las fracturas? _____

Actividades auditivas

El cuerpo humano y la salud

A. Para tener buena salud

VOCABULARIO ÚTIL

los radioyentes	*radio listeners*
la dieta equilibrada	*balanced diet*
me duele / me duelen	*it hurts (me) /*
	they hurt (me)
dañino	*harmful*

Hoy en KSUN, la doctora Virginia Béjar de Hernández conversa con Mayín Durán sobre la salud. Durante la entrevista, los radioyentes llaman al programa.

¿Para qué condiciones da los siguientes consejos la doctora Béjar? Escriba la condición correcta al lado de cada consejo.

CONSEJOS:

1. Dejar de fumar. _____

2. Hacer ejercicio. _____

3. Correr sólo en campos de deportes o en los parques. _____

_____

4. Tener una dieta equilibrada. _____

5. Reducir la cantidad de cigarrillos. _____

B. Una dieta para Ernesto

VOCABULARIO ÚTIL

bajar de peso	*to lose weight*
la báscula	*scale*
evite	*avoid*
estricta	*strict*

Ernesto Saucedo consulta a su doctora porque quiere bajar de peso un poco.

En cada oración hay una palabra equivocada. Escriba una **X** en la palabra equivocada y luego escriba la palabra correcta.

1. La doctora piensa que Ernesto se ve muy bien. _____

2. Ernesto quiere subir de peso. _____

3. Ernesto come tomates, zanahorias, pepinos y limones. _____

4. Ernesto prefiere comer frutas. _____

5. La doctora le recomienda cereal con leche y café por la mañana. _____

6. Ernesto piensa que la nueva dieta es muy saludable. _____

Las enfermedades y su tratamiento

C. Dos mensajes importantes

1. **Protéjase contra el catarro y la gripe.**

VOCABULARIO ÚTIL

atacan	*they strike, attack*
Cúbrase	*Cover yourself*
se moja	*you get wet*
los ancianos	*the elderly*

Aquí en KSUN, Radio Sol, un mensaje importante de la Secretaría de Salud.

❖ ❖ ❖

Llene los espacios en blanco para completar el párrafo.

Es durante el invierno que el _____[1] común y la _____[2] atacan con mayor frecuencia. Cúbrase bien; lleve siempre un _____[3] o una chaqueta. Si _____[4] y usted se moja, séquese inmediatamente. Y lávese las _____[5] con frecuencia. Sin el cuidado necesario, el catarro común puede causarles _____[6] más graves, especialmente a los _____[7] y los ancianos. Recuerde tomar _____[8] todos los días. Si tiene _____[9], beba líquidos y descanse. Si tiene _____[10], compre un jarabe en la farmacia. Para el dolor de garganta, haga _____[11] y tome _____[12] caliente con miel y limón. Cuidar de nuestra _____[13] es la responsabilidad de todos.

2. La prueba del SIDA

VOCABULARIO ÚTIL

la prueba del SIDA	*AIDS test*
el virus de inmunodeficiencia humana (VIH)	*HIV virus*
la capacidad	*capacity*
el contagio	*contagion, exposure*
la clínica del bienestar público	*public health clinic*

Y ahora un mensaje importante de la Cruz Roja Americana sobre el SIDA.

Busque la(s) mejor(es) respuesta(s).

1. _____ es la causa del SIDA.

2. _____ pueden causar la muerte.

3. _____ le quita al cuerpo la capacidad para defenderse.

4. _____ si piensa que ha sido expuesto al SIDA.

5. _____ al descubrirla pronto.

6. _____ pero todavía no existe una cura.

a. Las infecciones/enfermedades
b. Es importante hacerse la prueba del SIDA
c. Consulte a su médico
d. El VIH
e. La ciencia está progresando,
f. Hay más tiempo para combatir la enfermedad

D. Rebeca y Diego

VOCABULARIO ÚTIL

adelgazo/adelgazas	*I lose weight / you lose weight*
Al contrario	*On the contrary*
engordo	*I gain weight*
en particular	*in particular*
Últimamente	*Lately*

Diego Herrero quiere salir con Rebeca Jordán, y Rebeca quiere salir con Diego. Pero como él es muy tímido, un día ella decide hablarle en el colegio.

❖ ❖ ❖

Escoja la(s) respuesta(s) más lógica(s). Puede haber más de una respuesta correcta.

1. Al principio del diálogo, Diego…

a. no tiene muchas ganas de hacer la entrevista.

b. le pregunta a Rebeca por qué necesita hacer la entrevista.

c. tiene curiosidad por lo que Rebeca va a preguntarle.

d. no acepta hacer la entrevista.

(Continúa.)

2. Rebeca convence a Diego diciéndole que...

    a. ella necesita su ayuda.

    b. es la tarea de una de sus clases.

    c. va a ser una entrevista larga.

    d. no van a hablar de nada serio.

3. La primera pregunta de la entrevista que Rebeca le hace a Diego es si...

    a. él adelgaza cuando está preocupado.

    b. él engorda cuando come mucho.

    c. a él le gusta escuchar música romántica.

    d. él come todo el día cuando algo le preocupa.

4. Rebeca le hace varias preguntas a Diego...

    a. sobre la música romántica.

    b. con relación a «otra» persona.

    c. sobre cuándo se pone de mal humor.

    d. en relación con la rutina diaria de él.

5. Con la última pregunta...

    a. Rebeca invita a Diego a cenar.

    b. Diego responde que la «otra» persona es Rebeca.

    c. Rebeca revela la verdad de la «entrevista».

    d. Diego le dice a Rebeca que no quiere salir con ella.

Las visitas al médico, a la farmacia y al hospital

E. En cama por tres días

VOCABULARIO ÚTIL

profundamente	*deeply*
la cápsula	*capsule*

Hoy la profesora Martínez se siente mal. Anoche estuvo tosiendo y estornudando. Ahora está en el consultorio del médico.

❖ ❖ ❖

Llene los espacios en blanco para el médico.

FICHA MÉDICA

NOMBRE DEL PACIENTE: _____

SÍNTOMAS: _____ tos   _____ dolor de garganta

_____ estornudos   _____ dolor de cabeza

_____ fiebre   _____ dolor en el pecho

_____ congestión   _____ dolor de espalda

RECOMENDACIONES:

_____

RECETA: _____

PREOCUPACIONES DEL PACIENTE: _____

_____

F. ¡Pobre paciente!

VOCABULARIO ÚTIL

inflamada	swollen
¡Auxilio! / ¡Socorro!	Help!
el termómetro	thermometer
el pulso	pulse
el bisturí	scalpel, surgical knife

Guillermo, Ernestito y su prima Clarisa están
jugando al doctor. Clarisa y Guillermo
son los médicos. ¡Ernestito es el paciente!

❖ ❖ ❖

Escriba la palabra apropiada según el juego de los «doctores».

1. Guillermo piensa que el paciente necesita una _____.

2. Según Clarisa, el paciente tiene la cabeza _____.

3. Ernestito tiene miedo y grita: _____.

4. Guillermo le pide a Clarisa que le ponga el termómetro a Ernestito para ver si tiene

_____.

5. Según Guillermo, el paciente no tiene _____ y por eso está muerto.

(Continúa.)

6. Ernestito protesta porque no quiere que le pongan una _____.

7. Cuando Andrea, la madre de Clarisa, los llama, Guillermo dice que ella es la _____
_____.

Los accidentes y las emergencias

G. El esquiador experto

VOCABULARIO ÚTIL

experto	*expert*
roto	*broken*
rodé/rodó	*I rolled / he rolled*

Lugar mencionado

Navacerrada   *ski resort near Madrid*

Pilar Álvarez y su novio, José Estrada, van a pasar un
fin de semana esquiando en Navacerrada. Ahora se preparan para la excursión.

Escoja la respuesta correcta.

1. Al principio del diálogo, Pilar y José…

    a. están haciendo sus reservaciones.

    b. están esquiando.

    c. están hablando de alquilar los esquíes en Navacerrada.

2. José se ríe de Pilar porque…

    a. ella piensa aprender a esquiar en dos días.

    b. ella cree que sabe esquiar como experta.

    c. ella tiene un brazo roto.

3. ¿Qué pasó en las montañas?

    a. José se cayó y rodó por la montaña.

    b. Pilar aprendió a esquiar como experta.

    c. A Pilar se le rompió el brazo.

4. Durante el viaje de regreso,…

    a. José manejó muy rápido para llegar a una clínica.

    b. Pilar tuvo un accidente.

    c. Pilar manejó porque José no podía hacerlo.

H. Una emergencia

VOCABULARIO ÚTIL

¡Apúrense!	*Hurry up!*
no lo mueva	*don't move him*
casi se mata	*almost killed himself*
¡No te burles!	*Don't make fun!*

Pedro Ruiz acaba de caerse del techo de su casa. Su esposa, Andrea, llama a la Cruz Roja.

❖ ❖ ❖

Complete el resumen con las palabras correctas.

Andrea pide una _____¹ porque su esposo acaba de caerse del techo. La

operadora le dice que la ambulancia va a salir _____². Pedro exclama:

—Ay, ay, ay, qué _____³. Andrea dice que los escritores no deben reparar

_____⁴. A Pedro le duele todo el cuerpo: la _____⁵,

el _____⁶ y el _____⁷. Cuando Pedro ya está

en la ambulancia, dice que ésta es una buena experiencia para contar en su próximo

_____⁸.

 ¡A repasar!

I. El accidente de Carla

VOCABULARIO ÚTIL

me ahogo / te ahogas	*I drown / you drown*
muy adentro	*very deep down*
el tiburón	*shark*
la ola	*wave*
me volcó	*it turned me over*

Carla Espinosa y su amigo, Rogelio Varela, están conversando en un café de San Juan. Hace más de dos semanas que no se ven.

❖ ❖ ❖

¿A quién le ocurrió lo siguiente, a Carla (**C**) o a Rogelio (**R**)?

1. _____ Estuvo con bronquitis la semana pasada.

2. _____ Tuvo un terrible accidente en la playa Condado.

3. _____ Casi se ahoga en el mar.

4. _____ Tuvo fiebre, dolor de garganta y tos.

5. _____ El doctor le recetó antibióticos y jarabe para la tos.

6. _____ Estaba nadando tranquilamente cuando sintió algo en los pies.

7. _____ La ola la volcó debajo del agua.

8. _____ Se desmayó pero, por suerte, pronto empezó a respirar normalmente.

Pronunciación y ortografía

Ejercicios de ortografía

I. DIPHTHONGS AND NON-DIPHTHONGS

Whenever two vowels in Spanish occur together, they are pronounced together as a single syllable if one of them is an unstressed **i** or **u**. This combination is called a diphthong. Common diphthongs are **ie**, **ue, ia, ua, io, uo, iu, ui, ei, ai** or **ay, oi**, or **oy**, as in **tiene, puerta, hacia, cuatro, Mario, cuota, ciudad, ruina, seis, hay, voy.**

If these vowel combinations are pronounced as separate sounds, an accent mark must be written on the **i** or the **u** to show that there is no diphthong. For example: **María, mío, leí.**

Listen and write the words you hear. If the vowel combination is pronounced as a diphthong, do not write an accent mark. If the vowel combination is pronounced separately, write an accent mark on the **i** or the **u.**

1. _____   6. _____   11. _____

2. _____   7. _____   12. _____

3. _____   8. _____   13. _____

4. _____   9. _____   14. _____

5. _____   10. _____   15. _____

II. ACCENT REVIEW (PART 2)

Remember that question and exclamation words always have a written accent mark. For example: **¿qué?, ¡qué!, ¿cómo?, ¿dónde?, ¿cuándo?, ¿por qué?, ¿quién?, ¿cuál?, ¿cuántos/as?, ¡cuántos/as!**

A. Listen to the following questions and exclamations and write each one correctly. Be sure to add an accent mark to the question or the exclamation word.

1. _____

2. _____

3. _____

4. _____

5. _____

6. _____

7. _____

8. _____

As you know, words that end in a vowel, **n,** or **s** should be stressed on the next-to-last syllable. For example: **e-le-gan-te, ca-mi-sa, ca-si, es-po-so, hi-jos, ha-blan.** Whenever the stress is on the last syllable in words that end in a vowel, **n,** or **s,** a written accent mark must be added to that syllable. For example: **pa-pá, fran-cés, es-tu-dié, ga-lón, a-quí, com-po-si-ción.**

B. Listen to the following words and write each one. Then decide if it needs a written accent mark.

1. _____   4. _____   7. _____

2. _____   5. _____   8. _____

3. _____   6. _____   9. _____

Words that end in a consonant (except **n** or **s**) are stressed on the last syllable. For example: **ca-mi-nar, pa-pel, us-ted, a-bril, po-pu-lar, fe-liz.** Whenever the stress falls on any other syllable in words that end in a consonant other than **n** or **s,** it must be marked with a written accent. Examples: **sué-ter, ár-bol, lá-piz, fá-cil, sánd-wich.**

C. Listen to the following words and write them correctly, with or without an accent mark, depending on where the stress falls.

1. _____   4. _____   7. _____

2. _____   5. _____   8. _____

3. _____   6. _____   9. _____

Any word that is stressed on the third-to-the-last syllable or before must have a written accent mark. For example: **clá-si-co, ú-ni-co, tí-mi-da, mú-si-ca, lám-pa-ras, pe-lí-cu-las.**

D. Write the following words. Do not forget to place a written accent mark on the correct syllable.

1. _____   5. _____   9. _____

2. _____   6. _____   10. _____

3. _____   7. _____   11. _____

4. _____   8. _____   12. _____

As you know, unstressed vowels **i** and **u** normally join to form a diphthong with the vowels **a, e,** and **o.** When this is not the case, **i** and **u** have a written accent mark, as in **frí-o, pa-ís, ma-íz, a-cen-tú-e.**

E. Listen and write the following words. Remember to write an accent mark over the **i** or **u** to signal that it is stressed.

1. _____   4. _____

2. _____   5. _____

3. _____

The first- and third-person singular preterite forms of regular verbs always have a written accent mark on the last letter of the last syllable: **contesté, contestó, comí, comió, escribí, escribió.** Remember that irregular verb forms do not need a written accent mark in the preterite: **tuve, tuvo; dije, dijo.**

F. Listen to the following sentences and write each one. Be careful to write an accent mark when appropriate.

1. _____

_____

2. _____

_____

3. _____

_____

4. _____

_____

Remember that many verb forms in the imperfect take accent marks. **-Ar** verbs take an accent in the **nosotros/as** form: **tomábamos. -Er** and **-ir** verbs take accents in all forms: **tenía, tenías, tenía, teníamos, teníais, tenían.**

G. Listen to the following sentences and write each one. Write an accent when necessary.

1. _____

2. _____

3. _____

4. _____

As you know, affirmative commands need accent marks when a pronoun has been added. Examples: **dígale, hábleme, tráiganos.**

H. Listen to the following sentences and write each command with an accent mark when necessary.

1. _____

2. _____

3. _____

4. _____

5. _____

● Videoteca

Los amigos animados

A. Vitaminas Vida

Y ahora escuchemos un mensaje comercial de vitaminas Vida.

❖ ❖ ❖

● ¿Cuál de estos tres anuncios del periódico corresponde al anuncio que usted escuchó?

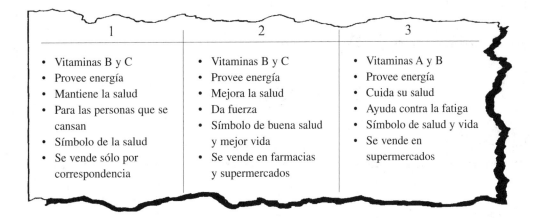

1	2	3
• Vitaminas B y C	• Vitaminas B y C	• Vitaminas A y B
• Provee energía	• Provee energía	• Provee energía
• Mantiene la salud	• Mejora la salud	• Cuida su salud
• Para las personas que se cansan	• Da fuerza	• Ayuda contra la fatiga
• Símbolo de la salud	• Símbolo de buena salud y mejor vida	• Símbolo de salud y vida
• Se vende sólo por correspondencia	• Se vende en farmacias y supermercados	• Se vende en supermercados

B. Más preguntas sobre la salud

En KSUN, la doctora Virginia Béjar contesta preguntas de los radioyentes.

❖ ❖ ❖

¿Cuáles son los consejos de la doctora Béjar?

PREGUNTAS	CONSEJOS
1. ¿Es importante beber agua todos los días? ¿Qué es lo ideal?	
2. ¿Qué hago? Me duelen el brazo y el codo porque juego mucho al tenis.	

Escenas en contexto

Sinopsis

Lola lleva a su hija Marta a la doctora. Lola también habla con la doctora y más tarde habla con su esposo, Manolo.

VOCABULARIO ÚTIL

guardar cama	*stay in bed*
las pastillas	*pills*
embarazada	*pregnant*
un alivio	*relief*
preciosa	*cute*
los pañales	*diapers*
un ratito	*a little while*

Lea estas preguntas y luego vea el video para contestarlas.

A. Empareje estas frases y palabras.

1. _____ los síntomas de Marta

2. _____ las recomendaciones de la doctora Méndez

3. _____ las recetas

4. _____ los síntomas de Lola

   a. congestionada
   b. jarabe
   c. no tiene apetito
   d. dolor de estómago
   e. mareada
   f. pastillas
   g. quedarse en cama
   h. dolor de garganta
   i. tomar líquidos

B. Complete con la información correcta.

1. La doctora Méndez dice que Marta tiene un _____.

2. Las pastillas son para quitarle la _____.

3. El jarabe es para la _____.

4. La doctora quiere _____ a Lola porque Lola piensa que

   está _____.

5. Manolo recuerda que cuando Marta era bebé su esposa y él se levantaban dos o tres veces cada

   noche para _____ y _____.

6. Manolo también dice que cuando Marta era bebé, Lola se preocupaba mucho si su hija

   _____ o _____.

Lecturas

LECTURA

La prevención del *SIDA*

💡 **PISTAS PARA LEER**

Antes de leer, considere estas preguntas: ¿Piensa usted que hay suficiente información sobre el SIDA en su comunidad? ¿Ha discutido este tema con su familia? ¿con sus amigos? ¿con su novio/a o esposo/a? ¿Cómo han reaccionado estas personas?

VOCABULARIO ÚTIL

el SIDA	*AIDS*
los seropositivos	*HIV-positive patients*
expuesto	*exposed*
las agujas	*needles*
endovenosas	*intravenous*
contraer	*to contract*
la prueba	*test, medical exam*
evitar	*to avoid*
se logra	*is achieved, obtained*
alentadores	*encouraging*
protegernos	*to protect ourselves*

Hay más de 42 millones de personas en el mundo que viven con VIH, es decir, con el virus de inmunodeficiencia humana. Entre estos **seropositivos,** tres millones son niños menores de 15 años. En los Estados Unidos, 40.000 individuos se infectan cada año. Y el VIH siempre resulta en la enfermedad conocida como el SIDA (síndrome de inmunodeficiencia adquirida).

En los comienzos de esta epidemia, hace ya treinta años, había grupos específicos afectados. Pero hoy todos somos susceptibles. Todos debemos ayudar a prevenir la propagación del VIH. Al invadir la sangre, este virus le quita al cuerpo sus defensas. El organismo queda así **expuesto** a infecciones que pueden causar la muerte. El contagio se produce cuando la gente comparte **agujas** (para usar drogas **endovenosas**) o tiene relaciones sexuales con una persona infectada. Los niños pueden **contraer** el virus al nacer, si la sangre materna está contaminada.

Hasta ahora ha sido muy difícil crear una vacuna para el SIDA, porque el virus se transforma por mutación. Lo importante es hacerse la **prueba** del SIDA si hay sospecha de contagio. Al descubrir la infección pronto, uno tiene más tiempo para prevenir las enfermedades oportunistas. Claro que la mejor manera de **evitar** la infección es no permitir la entrada del VIH en el organismo. Esto **se logra** siguiendo tres reglas básicas: (1) practicando la abstinencia sexual; (2) practicando la monogamia; (3) usando un preservativo durante cada relación sexual.

¡QUE CREZCA EL ESFUERZO, NO EL SIDA!

PARTICIPACION SOCIAL

• EL SIDA NO SOLO ES UN PROBLEMA MEDICO, AFECTA A LA SOCIEDAD Y AL INDIVIDUO.

• TODOS DEBEMOS PARTICIPAR PARA COMBATIR ESTA EPIDEMIA.

• INFORMATE Y PROMUEVE LA PARTICIPACION EN LA ESCUELA, CENTRO DE TRABAJO Y CON TU FAMILIA Y AMIGOS.

SI TIENES DUDAS LLAMA A:

CONASIDA
SIDA 207 40 77
Lun. a Vie. de 9 a 2 hrs. Sáb. y Dom. de 10 a 16 hrs.

Ya tenemos algunas maneras de combatir este síndrome infeccioso. Los científicos han hecho descubrimientos **alentadores.** Gracias también a organizaciones como la Fundación Americana para la Investigación del SIDA (*American Foundation for AIDS Research*), hoy tenemos avances médicos que mejoran y prolongan la vida de los enfermos. Y por primera vez en tres décadas se está hablando de una posible cura. Sin embargo, lo más urgente sigue siendo la prevención del SIDA. Todos debemos **protegernos.** Ésa es nuestra responsabilidad.

Comprensión

Provea la información necesaria.

1. Descripción del VIH

_____

2. Número de personas infectadas hasta la fecha

_____

3. Causas de contagio

_____

4. Ventajas de hacerse la prueba del SIDA

_____

5. Maneras de combatir la propagación del VIH y del SIDA

_____

Un paso más… ¡a escribir!

Imagínese que un(a) representante de la Fundación Americana para la Investigación del SIDA está de visita en su universidad. Su objetivo es informar a los estudiantes sobre el síndrome y la epidemia de esa enfermedad. Prepare una lista de tres o cuatro preguntas para hacerle a esa persona experta.

LECTURA

Cuento: «La prueba»
por Nancy Alonso

Selección del libro *Cerrado por reparación* (2002)

PISTAS PARA LEER

Nancy Alonso es una escritora cubana. En sus cuentos, Alonso muestra escenas de la vida diaria en La Habana de hoy. El personaje de «La prueba» es una mujer que necesita un examen médico. Antes de leer, repase el **Vocabulario útil** y la actividad de **Comprensión**. Luego lea el cuento considerando estas preguntas: ¿Por qué necesita esta mujer una prueba? ¿Qué espera lograr?

VOCABULARIO ÚTIL

la prueba	*medical examination, test*
estaba citada	*she had an appointment*
el trasteo	*probing*
lo que nunca había hecho	*which she had never done*
la bocanada	*drag (of smoke)*
se esfumaba	*faded*
como si hubiese sido	*as if she had been*
la fumadora empedernida	*chain smoker*
el buchito	*little sip*
se aproximara	*would approach*
tragarse	*to swallow*
la manguera	*tube*
cicatrizado	*healed*
había surtido el efecto deseado	*had had the desired effect*
la libreta de abastecimiento	*ration book*
la cajetilla	*box (of cigarettes)*
el vicioso	*addict*

Berta llegó al Hospital de Emergencias de Centro Habana antes de las ocho de la mañana, aunque **estaba citada** para las nueve. Su estado de nervios le impedía quedarse en la casa y prefirió estar cerca del lugar donde le harían aquel examen, el mismo del año anterior cuando le diagnosticaron la enfermedad. Se sentía ansiosa no sólo por el **trasteo** al que someterían su cuerpo sino por conocer el resultado de la prueba.

Dos meses antes, Berta empezó a fumar, **lo que nunca había hecho,** ni siquiera cuando era adolescente y quería adornarse con atributos de la adultez. Al inicio le provocaba náuseas desde la primera **bocanada,** pero ya a la semana una caja de cigarros **se esfumaba** entre sus manos en menos de veinticuatro horas, **como si hubiese sido** una **fumadora empedernida** de toda la vida. Necesitaba mucho aspirar el humo. Y el café, un **buchito** de café antes de cada cigarro.

Mientras esperaba su turno, salió varias veces a la calle para fumar. Si la prueba salía bien, no volvería a hacerlo hasta dentro de diez meses y **se aproximara** el momento de repetirle el estudio.

Al entrar en el laboratorio, unas manos hábiles la ayudaron a **tragarse** aquella **manguera** que examinaría el estado de las paredes de su estómago. Escuchó cómo los médicos evaluaban las observaciones y, lo más importante, la conclusión: su úlcera gástrica no había **cicatrizado.**

Berta se despidió tratando de ocultar su euforia. La prueba con el cigarro y el café **había surtido el efecto deseado.** Ahí estaba la úlcera, viva, latente, garantizándole otro año de certificado médico para que le dieran la dieta alimentaria por la **libreta de abastecimiento,** otro año de desayunos con leche. Problema solucionado.*

Guardó el preciado papel con el resultado positivo en el interior de la cartera y vio la **cajetilla** que había escondido de la mirada de los médicos. Se la regalaría a algún **vicioso** porque a ella, definitivamente, no le gustaba fumar.

Comprensión

Para hacer un resumen del cuento, complete las frases de la columna A, que están en el orden correcto, con las frases de la columna B.

A

1. _____ Berta llegó temprano al hospital porque…

2. _____ Estaba ansiosa porque…

3. _____ Fumó varias veces en la calle…

4. _____ Le examinaron las paredes del estómago…

5. _____ Los doctores observaron…

6. _____ Berta pensó que, gracias a su úlcera…

7. _____ Al guardar los resultados del examen en su cartera,…

8. _____ Decidió darle su cajetilla a alguna persona porque…

B

a. iba a desayunar con leche un año más.
b. que Berta todavía tenía una úlcera.
c. vio allí la cajetilla de cigarros.
d. se sentía nerviosa y no quería estar en su casa.
e. con una manguera que tuvo que tragarse.
f. mientras esperaba su turno.
g. a ella no le gustaban los cigarrillos.
h. quería conocer los resultados de la prueba.
i. había empezado a fumar dos meses antes.

Un paso más… ¡a escribir!

Escriba un resumen de «La prueba» en una página, basándose en las preguntas siguientes.

1. ¿Por qué necesita Berta un examen médico?

2. ¿Por qué fuma y bebe café la protagonista? ¿Le gustan los cigarrillos? ¿Cómo afectan el café y los cigarrillos su salud?

3. ¿Qué resultados da el exámen de Berta? ¿Qué importancia tienen estos resultados para ella?

4. En Cuba la leche está racionada; sólo la reciben los niños y los enfermos. Considerando esta situación, ¿qué nos muestra el cuento de la sociedad cubana?

5. ¿Qué opina usted de este cuento? ¿Le gustó? ¿Aprendió algo al leerlo?

---

*There has been increasing economic hardship in Cuba over the past half century, due in large part to the blockade the United States has imposed on the island. The result is that many food products are rationed. Milk is generally only available to children and elderly people, and for certain medical reasons.

De compras | CAPÍTULO 13

Actividades escritas ✏️

Los productos y los materiales

✳ Lea Gramática 13.1.

A. Conteste expresando sus preferencias sin mencionar los objetos. Siga el modelo.

> MODELO: Si tiene que escoger entre un Mercedes Benz amarillo y uno negro, ¿cuál prefiere, el negro o el amarillo? →
> *Prefiero el negro,* por supuesto.

1. Si puede escoger entre muebles de madera o muebles de vidrio y metal, ¿cuáles prefiere, los de madera o los de vidrio y metal?

   _____

2. ¿Qué música compra con mayor frecuencia, la de Jack Johnson, la de Beyoncé o la de otros artistas?

   _____

3. ¿Qué tipo de blusas/camisas prefiere, las de algodón o las de seda?

   _____

4. ¿Qué tijeras son mejores para los niños, las de metal o las de plástico?

   _____

5. ¿Cuáles le gustan más, los vasos de vidrio o los de plástico?

   _____

✳ Lea Gramática 13.2.

B. Lea las oraciones con cuidado y exprese sus preferencias usando pronombres demostrativos.

MODELO: Usted quiere saber cuánto cuesta el asador que está allá, cerca de la puerta. →
—Señorita, ¿cuánto cuesta *aquél*?

1. Usted quiere las botas de goma que están cerca de usted, pero no muy cerca.

   —Señor, por favor déme _____ que están allí.

2. Usted ve unos pantalones vaqueros arriba de un estante, lejos de usted, y dice:

   —Señorita, por favor, ¿cuánto cuestan _____?

3. Usted va a comprar un abrelatas. Quiere ver el que está más lejos de usted y dice:

   —Por favor muéstreme _____.

4. Usted está viendo dos martillos. Diga que prefiere el que está más cerca de usted.

   —_____

5. Pregunte cuánto cuestan las herramientas que están a su lado.

   —_____

C. Describa 5 ó 6 cosas que usted tiene en su casa o garaje. ¿Dónde las compró? ¿Quién las compró? ¿De qué material son? ¿Son costosas? ¿Para qué las usa? ¿Piensa venderlas? Escriba una composición de 15 oraciones o más (2 ó 3 párrafos).

MODELO: En mi garaje tengo muchas cosas. Algunas son útiles y otras no. Allí tengo una bicicleta estacionaria. La compré en una venta de garaje. Es de plástico y metal. Es costosa, pero no pagué mucho por ella. Antes la usaba para hacer ejercicio, pero ya no la uso. Pienso venderla o donarla a una organización de caridad (*charity*).

Los precios

✳ Lea Gramática 13.2–13.3.

D. Escriba comentarios sobre los objetos que están en una tienda. Describa los objetos y use los pronombres demostrativos **éste, ésta, éstos, éstas; ése, ésa, ésos, ésas** o **aquél, aquélla, aquéllos, aquéllas.**

MODELO: las copas →
Éstas que están aquí cuestan $15.00. *Ésas* que están allí son más baratas y más bonitas. *Aquéllas* que están detrás son baratas también pero no son tan bonitas.

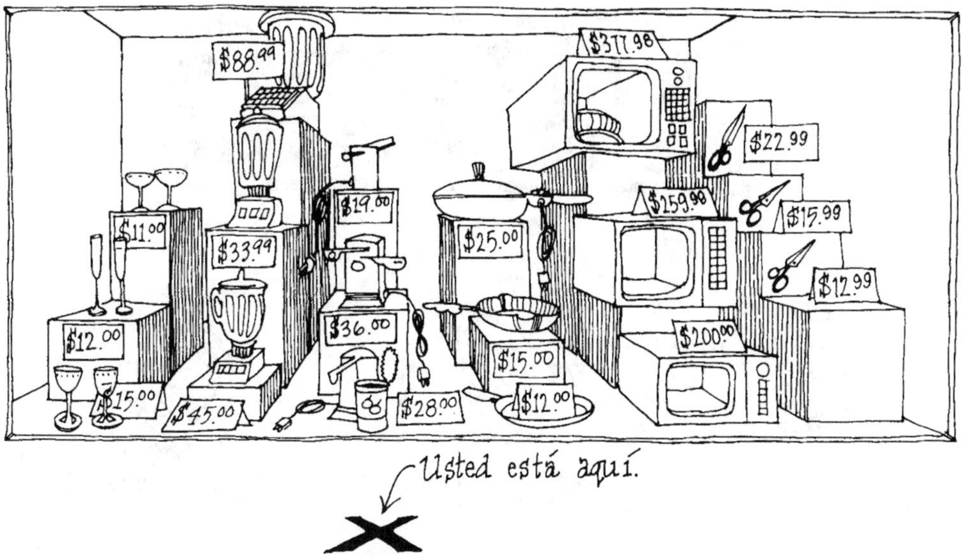

Usted está aquí.

X

1. la licuadora _____

_____

2. el abrelatas _____

_____

3. la sartén _____

_____

4. el horno de microondas _____

_____

5. las tijeras _____

_____

✴ Lea Gramática 13.3.

E. Usted está viendo un anuncio de la joyería Tiffany's de Santiago, en Chile. Va a escoger las joyas que le gustaría comprar para algunos de los miembros de su familia. Diga cuáles va a escoger, para quién y por cuánto va a comprar cada una. Los precios están en pesos chilenos.

MODELO: Quisiera comprar un anillo de diamantes para mi novia. Puedo comprarlo por solamente $73.000.000.

Tiffany's de Santiago

Reloj para deportistas
Por solamente $48.080

Reloj con dos diamantes
Por $7.722.850

Elegante reloj marca Rolex
A $6.611.000...
¡Es una ganga!

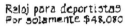

Pulsera de oro de 18 quilates
Por solamente $680.800

Anillo de platino con
un diamante de tres quilates
Por $4.207.000

Hermoso y elegante
Pulsera de plata
Por $71.085

Anillo con cinco diamantes
de un quilate cada uno por solamente
$73.000.000

Precioso anillo de esmeraldas
rodeado de diamantes $30.050.000

Aretes de perlas
antiguas por sólo
$8.205.000

Aretes de oro de
14 quilates por
$470.950

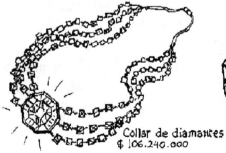 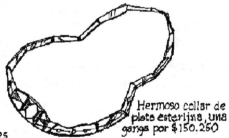

Collar de diamantes
$106.240.000

Hermoso collar de
plata esterlina, una
ganga por $150.250

1. _____
   _____

2. _____
   _____

3. _____
   _____

4. _____
   _____

5. _____
   _____

Comprando ropa

✸ Lea Gramática 13.3.

F. Complete estas oraciones correcta y lógicamente usando **por** o **para.**

1. —¿Te costó mucho el paraguas?

   —No, lo compré _____ solamente _____.

2. Este vestido es de una talla muy pequeña porque lo compré _____ mi hija menor.

3. Usé la misma bata _____ muchos años. ¡Era tan cómoda y la compré _____ sólo 55 pesos!

4. Mañana es el Día del Padre. Compré un cinturón _____ mi papá y una cartera

   _____ mi abuelo.

5. Una bufanda se usa _____ _____.

6. Un camisón lo usan las mujeres _____ _____.

G. Imagínese que usted está en una tienda de ropa y que quiere comprarse un pantalón nuevo. Complete el diálogo.

1. DEPENDIENTE: _____

   USTED: Necesito un pantalón nuevo.

2. DEPENDIENTE: _____

   USTED: Creo que uso talla 38.

3. DEPENDIENTE: _____

   USTED: Tal vez gris.

4. DEPENDIENTE: _____

   USTED: Gracias, voy a probarme éste a ver si me queda bien.

Tres minutos después...

5. DEPENDIENTE: _____

      USTED: No, creo que necesito una talla más pequeña.

6. DEPENDIENTE: _____

      USTED: Gracias... Éste sí me queda bien. ¿Cuánto cuesta?

7. DEPENDIENTE: _____

      USTED: Me lo llevo. ¿Aceptan tarjetas de crédito?

8. DEPENDIENTE: _____

      USTED: Aquí la tiene.

H. Describa una experiencia que usted tuvo cuando fue a comprar alguna prenda de ropa (*article of clothing*). ¿En qué tienda estaba? ¿Era una tienda elegante? ¿Fue de compras solo/a o con otra persona? ¿Qué pasó? ¿Cómo reaccionó el/la dependiente? ¿Compró ropa allí? Escriba una composición de 15 oraciones o más (2 ó 3 párrafos).

    MODELO: Una vez entré en una tienda de ropa con mis dos hijos. Pensaba sólo mirar algunas faldas que vendían allí, pero...

Las compras y el regateo

✴ Lea Gramática 13.4–13.5.

I. ¿Recuerda qué les regaló usted a las siguientes personas para su cumpleaños? Diga qué les regaló y por qué.

    MODELO: a mi padre →
          A mi padre le regalé un suéter de lana. Se lo regalé porque siempre tiene frío.

1. a mis hermanos

    _____

    _____

2. a mi novio/a

    _____

    _____

3. a mi abuelo/a

    _____

    _____

4. a mi mejor amigo/a

_____

_____

5. a mi madre

_____

_____

J. Imagínese que usted está en una tienda y que quiere comprar una cartera (bolsa). Tiene que regatear con el comerciante para poder comprarla a buen precio. ¿Qué le va a decir al comerciante?

1. COMERCIANTE: ¿Quería usted alguna cosa?

    USTED: _____

2. COMERCIANTE: Tenemos varias carteras de cuero, todas de muy buena calidad.

    USTED: _____

3. COMERCIANTE: Están a 940 pesos, todas hechas a mano y…

    USTED: _____

4. COMERCIANTE: Bueno, a usted puedo hacerle una rebaja. ¿Qué le parece si le pido 900 pesos solamente?

    USTED: _____

5. COMERCIANTE: ¿750 pesos? Pero estas carteras son de puro cuero y están muy bien hechas. Se la puedo dejar en 800 pesos.

    USTED: _____

6. COMERCIANTE: Está bien. ¿Se la envuelvo?

    USTED: _____

K. Escoja uno de los siguientes temas y escriba una composición de 15 oraciones o más (2 ó 3 párrafos).

1. UN REGALO QUE USTED COMPRÓ Y QUE FUE UN FRACASO (*FAILURE*)

    Use las siguientes preguntas como guía: ¿Qué compró? ¿Para quién lo compró? ¿Cuánto le costó? ¿Qué pasó con el regalo? ¿Por qué fue un fracaso? ¿Le costó demasiado? ¿Se rompió? ¿Se perdió? ¿No le gustó a la persona? ¿Por qué no le gustó? ¿Era de mala calidad? ¿No era de su talla, color o estilo? ¿Qué pasó por fin?

2. UN REGALO QUE USTED RECIBIÓ Y QUE NO LE GUSTÓ

    Use las siguientes preguntas como guía: ¿Qué fue lo que usted recibió? ¿Quién se lo compró? ¿Era un regalo costoso? ¿Qué pasó con el regalo? ¿Por qué fue un fracaso? ¿Se rompió? ¿Se perdió? ¿Por qué no le gustó? ¿Era de mala calidad? ¿No era de su talla, color o estilo? ¿Qué pasó por fin?

Resumen cultural

Conteste las preguntas y complete las oraciones con la información cultural del **Capítulo 13.**

1. ¿Cómo se llama la moneda nacional de Perú? _____

   ¿y la de Venezuela? _____

2. ¿Cómo se dice *chaqueta* en Perú? _____ ¿y *cigarrillo*? _____

3. ¿En qué región de España se originó el flamenco? _____

4. ¿Qué culturas influyen en el flamenco? _____ y _____

5. Nombre dos grupos musicales que han popularizado el nuevo flamenco *fusion*.

   _____

6. Si usted va de compras en los mercados de América Latina no olvide llevar su propia

   _____.

7. ¿Cómo se llama la escritora argentina que es poeta, actriz y cantautora? _____

8. Una tienda que vende joyas es una _____.

   Y una que vende helado es una _____.

9. ¿Qué es un bohío? _____

10. ¿Qué factores contribuyeron a la desaparición de todos los taínos durante la colonización

    española? _____

    _____

11. Nombre tres tipos de artesanía que hacían los taínos. _____

    _____

12. ¿Cómo se llama la camisa bordada de colores claros que llevan muchos hombres en los países

    hispanos de clima tropical? _____

Actividades auditivas

Los productos y los materiales

A. Anuncios comerciales

VOCABULARIO ÚTIL

garantizados	*guaranteed*
no se arrepentirá	*you won't be sorry*
los diseños	*designs*
los diseñadores	*designers*

Y ahora dos anuncios comerciales en KSUN, Radio Sol, ¡su estación favorita!

1. Joyería y relojería Julieta

Escoja las respuestas correctas.

En la joyería y relojería Julieta,…

a. _____ reparan anillos y relojes.

b. _____ reparan bicicletas.

c. _____ reparan cámaras de video.

d. _____ garantizan sus trabajos.

e. _____ no trabajan los fines de semana.

f. _____ el anuncio dice que esta tienda es la joya de las joyerías.

2. Almacenes Su Casa

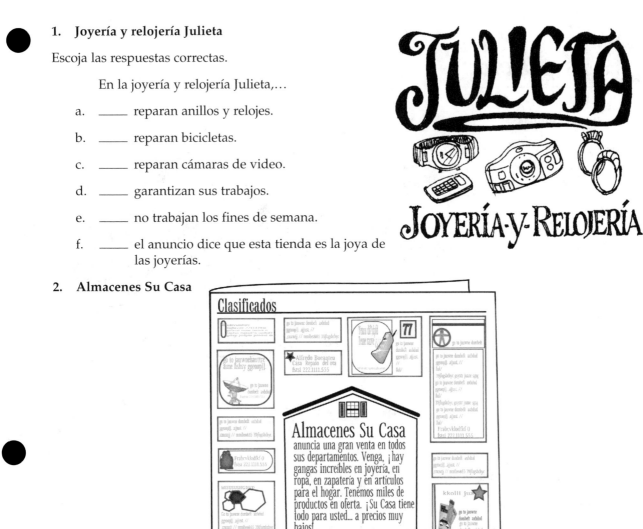

Nombre dos productos que se venden en cada uno de los departamentos de los Almacenes Su Casa.

ALMACENES SU CASA		
DEPARTAMENTO	PRODUCTOS	
Joyería	_____ 1	_____ 2
Ropa para dama	_____ 3	_____ 4
Zapatería	_____ 5	_____ 6
Artículos para el hogar	_____ 7	_____ 8

Los precios

B. Una venta fabulosa

VOCABULARIO ÚTIL

como pan caliente *like hotcakes*
¡Gracias por avisarme! *Thanks for letting me know!*

Rosita Silva acaba de regresar de la tienda El Gran Bazar y ahora conversa por teléfono con su vecina Lola Batini.

❖ ❖ ❖

Escoja la(s) respuesta(s) más lógica(s).

1. Rosita llamó a Lola para…

   a. decirle que tenía mucha prisa.

   b. contarle que había una venta en la tienda de ropa.

   c. hablar de las amigas que vio en el supermercado.

   d. pedirle dinero porque la ropa estaba cara.

2. Los pantalones de lana…

   a. cuestan más que los vestidos.

   b. cuestan tanto como los vestidos.

   c. cuestan 190.99 pesos.

   d. cuestan menos que los vestidos.

3. Rosita opina que los suéteres…

   a. son elegantes.

   b. están baratos.

   c. son muy bonitos.

   d. cuestan demasiado.

4. Lola quiere ir inmediatamente porque...

   a. hay vestidos baratos en la tienda.

   b. hay mucha gente en la tienda.

   c. quiere comprar varios suéteres.

   d. le gusta el pan caliente.

C. Las gangas de Pilar

VOCABULARIO ÚTIL

¡que me muero de envidia!	*I'm dying of envy!*
el esfuerzo	*effort*
mientras más...	*the more . . .*
¡Vale!	*OK! (Spain)*

Lugar mencionado

el Corte Inglés   *department store in Spain*

Es un sábado por la noche. Pilar conversa con su novio, José, sobre las compras que hizo hoy.

¿Quién diría (*would say*) lo siguiente, Pilar (**P**) o José (**J**)?

1. _____ Tú tienes un talento para encontrar gangas y ventas.

2. _____ Fui de compras al Corte Inglés.

3. _____ Compré varios discos compactos.

4. _____ La cámara es para tu hermano, ¿no?

5. _____ Sólo sé regatear en el Rastro, pero me divierto mucho regateando.

Comprando ropa

D. ¡Vamos de gemelas!

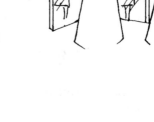

ajustado en las caderas	*tight in the hips*
¡Qué más da!	*What the heck! What does it matter!*
vestidas igual	*dressed alike*

Clara y Pilar van a ir al teatro el domingo. Por eso están de compras en el Corte Inglés esta tarde.

❖ ❖ ❖

¿Cierto (**C**) o falso (**F**)?

1. _____ Las dos chicas llevan la misma talla, 40.

2. _____ Si los vestidos no les quedan, van a ponerse a dieta.

3. _____ Las chicas encuentran muchos vestidos talla 40.

4. _____ Las chicas deciden no ir al teatro porque no pueden encontrar los vestidos perfectos.

5. _____ A Pilar le queda bien el vestido talla 38 aunque un poco ajustado en las caderas.

6. _____ Pilar dice que pueden ir al teatro vestidas de gemelas.

E. Un regalo muy especial

está segura	*is sure*
los aretes	*earrings*
¡qué curiosa me tienes!	*I'm so curious!*
una serenata	*serenade*
los mariachis	*Mexican street bands*

Lugares mencionados

la Zona Rosa	*an upscale neighborhood in Mexico City*
el Mercado Insurgentes	*large, open-air market south of downtown Mexico City*

Hoy Ernesto y Estela van a ir de compras porque quieren comprar un regalo de cumpleaños para Dora Lucía, la madre de Ernesto.

❖ ❖ ❖

Diga el porqué de cada circunstancia.

1. Estela quiere ir al Mercado Insurgentes porque _____

   _____.

2. Ernesto no quiere comprar el vestido porque _____

   _____.

3. Estela sugiere que Ernesto compre unos aretes, pero él dice que no porque _____.

4. Estela dice que a Dora Lucía le encantaría que le regalaran ropa, como un suéter o una bufanda.

   Ella sabe esto porque _____.

5. Ernesto decide regalarle a su madre una serenata con mariachis porque _____

   _____.

Las compras y el regateo

F. De compras en el Rastro

VOCABULARIO ÚTIL

grueso	*thick*
¡Se lo aseguro!	*I assure you!*
ganarse la vida	*to make a living*
no le saco nada	*I won't get anything*

Clara está de compras en el Rastro. Quiere comprar un suéter y va a tener que regatear.

Complete las oraciones con las palabras correctas.

1. El vendedor anuncia _____ para los días de _____ que
   ya vienen.

2. El vendedor dice que el suéter es de pura _____, hecho a

   _____.

3. El primer precio que le da el vendedor a Clara es de _____ euros.

4. Clara dice que no tiene mucho dinero porque ella es _____.

5. Después de regatear mucho, Clara compra el suéter por _____ euros.

G. La lección de regateo

VOCABULARIO ÚTIL

che	*hey; friend, pal (Arg.)*
los nuevos soles	*monetary unit of Peru*

Formas de *vos*

podés
mirá
llevás
esperá

Adriana Bolini y su amigo, Víctor Ginarte, han hecho un viaje de negocios a Perú. Ahora mismo están de compras en la parte turística del centro de Lima.

Ponga en orden estas oraciones para hacer un resumen de lo que pasa entre Adriana y Víctor.

_____ La empleada le pregunta a Adriana cuánto quiere pagar por la bolsa.

_1_ Adriana dice que le gustaría comprarle una bolsa a su mamá; entonces, ella y Víctor van de compras.

_____ En la otra tienda ven otra bolsa exactamente igual a la que Adriana compró.

_____ A Adriana le gusta una bolsa en la tienda y Víctor le ayuda a regatear.

_____ La bolsa cuesta 300 nuevos soles y Víctor le dice que probablemente se la puede llevar por 280 nuevos soles.

_____ Adriana compra la bolsa por 285 nuevos soles.

_____ Al final, Adriana está enojada porque la otra bolsa cuesta solamente 250 nuevos soles y ella pagó 285.

¡A repasar!

H. Un turista típico

VOCABULARIO ÚTIL

exagerar	*to exaggerate*
¡Qué bien suena!	*It sounds so good!*

Lugar mencionado

Nuevo Laredo	*town in Nuevo León, Mexico, bordering the town of Laredo in Texas*

Esteban Brown y Nora Morales están en el mercado central de Nuevo Laredo. Como Nora ya conoce la ciudad un poco, va a servir de guía.

¿Con quién asocia usted estos comentarios, con Esteban (**ES**), con Nora (**N**) o con el empleado (**E**)?

1. _____ Hmmm… este muchacho siempre exagera en la clase.

2. _____ Probablemente las guitarras españolas son mejores.

3. _____ Ahhh… turistas jóvenes. Definitivamente van a comprar algo.

4. _____ Voy a mostrarles la guitarra más cara.

5. _____ ¡Ay, qué chico más malo para regatear! Creo que va a pagar más de lo necesario.

6. _____ Se la dejo en 4.100 pesos.

7. _____ Sí, me la llevo por 3.950 pesos.

8. _____ Aprendí a regatear en clase, pero nunca antes compré guitarras.

Pronunciación y ortografía

Ejercicios de ortografía

ADDING ACCENT MARKS WHEN ADDING EXTRA SYLLABLES

Whenever one or more pronouns are added to the end of a present participle, an accent mark must be added to the stressed syllable. For example: **estu<u>dián</u>dolo** (*studying it*).

 A. Listen and write the following sentences with present participles and pronouns. Write each form correctly with an accent mark.

1. _____

2. _____

3. _____

4. _____

5. _____

If a single pronoun is added to an infinitive, a written accent mark is not needed. For example: **hablarle, verla.** If two pronouns are added, however, the form must be written with an accent mark. For example: **<u>dár</u>melo** (*to give it to me*), **de<u>cír</u>selo** (*to tell it to him*).

B. Listen and write the following sentences with infinitives and pronouns. Write each infinitive correctly with an accent mark.

1. _____

2. _____

3. _____

4. _____

5. _____

Videoteca

Los amigos animados

A. El nuevo vestido de Amanda

Amanda conversa con su madre sobre una compra que la joven hizo hoy.

❖ ❖ ❖

¿Quién diría lo siguiente, Amanda (**A**), su madre (**M**) o la vendedora (**V**)?

1. _____ Me compré un vestido nuevo.

2. _____ ¿Por qué no te probaste el vestido primero?

3. _____ ¿Qué hago ahora? Pensé que el vestido me quedaba bien.

4. _____ El problema es que no tienen una talla más pequeña.

5. _____ ¡Este vestido le queda perfecto!

6. _____ No te preocupes. Me gusta coser y te lo puedo arreglar.

B. ¡Qué rápido aprendes!

Clara conversa con Gloria Álvarez, la hermana de Pilar, sobre una compra reciente que hizo.

❖ ❖ ❖

Llene los espacios en blanco con la palabra correcta. Posibilidades: **ganga, pesetas, precio, Rastro, dinero, regatear, suéter.**

1. Clara finalmente consiguió el _____ que buscaba.

2. Clara sabe _____ muy bien porque aprendió del maestro José.

3. Gloria está sorprendida porque Clara compró el suéter en el _____.

4. Clara le pidió al vendedor una rebaja, y entonces consiguió una _____.

Escenas en contexto

Sinopsis
Mariela va de compras en un mercado.

VOCABULARIO ÚTIL

el colón	*monetary unit of Costa Rica*
¿Qué medidas usa?	*What size does he/she wear?*
muy amable	*How nice of you*

Lea estas preguntas y luego vea el video para contestarlas.

A. ¿Cierto (**C**) o falso (**F**)?

1. _____ Las chaquetas son de seda.

2. _____ Las chaquetas están a 5.000 colones.

3. _____ Mariela cree que el precio de 5.000 colones es una ganga.

4. _____ Mariela busca un regalo para su prima.

5. _____ La vendedora es de Argentina.

B. Complete con la información correcta.

1. Las chaquetas son de _____.

2. Mariela dice que las chaquetas son un poco _____ y decide buscar

   chaquetas en _____.

3. La vendedora le ofrece un precio de _____ colones.

4. ¿Qué medidas usa la hermana de Mariela y qué colores prefiere?

_____

Lecturas

NOTA CULTURAL

De compras en el Rastro

PISTAS PARA LEER

Si a usted le gusta regatear, Madrid le ofrece una experiencia ideal: el Rastro. Al leer sobre este mercado español tan popular, visualice el lugar y los productos y objetos que se venden allí. ¡Imagínese que está de compras en el Rastro!

VOCABULARIO ÚTIL

los puestos	*stands*
atestado	*crowded*
las antigüedades	*antiques*
la explanada	*esplanade*

EL RASTRO

Plaza de Cascorro s/n (sin número)

Metro: Tirso de Molina, La Latina, Embajadores, Acacias

Autobús: C, 17, 27, 36, 39

El Rastro, mercado al aire libre

El Rastro es uno de los sitios más populares en Madrid. Este mercado al aire libre se encuentra en la Plaza de Cascorro y se extiende por muchas calles cercanas. Los domingos y días feriados entre las 10:00 de la mañana y las 2:00 de la tarde, esta zona se cierra al tránsito y se llena de **puestos.** El mejor momento para encontrar gangas es la primera hora, pues ya para el mediodía el Rastro está muy **atestado.** Hay gente que hace allí todas sus compras; también hay gente que va a la Plaza de Cascorro sin intención de comprar nada, sólo para pasear y disfrutar del ambiente alegre y animado. Y muchas personas terminan su visita al Rastro con tapas en uno de los bares y restaurantes de esta zona.

En el Rastro se puede comprar de todo: desde pájaros y mascotas hasta cuadros, ropa, zapatos, aparatos eléctricos, discos compactos, libros. Es divertido escuchar a los vendedores, «¡Los precios más bajos!», «¡La mejor calidad!» y «¡Miren que buena mercancía!» Si usted quiere encontrar algo rápidamente, debe ir a la calle o área donde venden el producto que busca. En la calle Ribera de Curtidores, por ejemplo, venden más que nada ropa nueva y prendas de vestir hechas a mano. Si busca **antigüedades** debe ir a la calle Rodas, y si quiere comprar tela o herramientas, vaya a la **explanada** del Campillo. ¡En el Rastro hay de todo para todos!

En Madrid uno tiene a su disposición numerosas tiendas y almacenes para hacer sus compras. Sin embargo, muchos madrileños piensan que la «tienda» más estimulante y la que tiene los mejores precios es el Rastro. Pero, ¡cuidado! Para comprar allí hay que saber regatear. Si uno no regatea, paga el precio más alto. Es como un juego que uno debe aprender a jugar. De hecho, muchas personas que visitan el Rastro por primera vez van con un amigo o una amiga que conoce las reglas de este juego tan popular.

Comprensión

Imagínese que está de vacaciones en Madrid y quiere ir de compras en el Rastro. Apunte la información que necesita para tener una buena experiencia.

1. El lugar donde se encuentra este mercado

   _____

2. Los días que uno puede ir de compras en el Rastro

   _____

3. Los medios de transporte público para llegar a este mercado

   _____

4. Algunas de las cosas que se venden allí

   _____

5. El juego que hay que aprender para comprar en el Rastro

   _____

Un paso más… ¡a escribir!

Imagínese que hay un mercado hispano como el Rastro en su ciudad y usted está allí de compras. Escriba un diálogo entre usted y el vendedor / la vendedora. ¡Y no olvide regatear!

MODELO:

COMPRADOR(A): ¿Cuánto cuesta esta chaqueta?
VENDEDOR(A): Cien dólares, joven.
COMPRADOR(A): ¿Cien dólares? Es demasiado cara.
VENDEDOR(A): ¡Pero es de muy buena calidad!
COMPRADOR(A): Le doy sesenta dólares.
VENDEDOR(A): Imposible. Se la dejo en ochenta.
COMPRADOR(A): Bueno, voy a pensarlo…

LECTURA

Cuento: «Un Stradivarius», por Vicente Riva Palacio (México, 1832–1896)

PISTAS PARA LEER

Vicente Riva Palacio fue abogado, político y además autor de poesía y cuentos. Su obra describe tradiciones culturales de México y España. En este cuento, el dueño de una tienda recibe la visita de un músico pobre. Pero el dueño no sospecha que el músico tiene un plan secreto. Al leer, ponga atención a lo que dice el músico. ¿Cuál es su plan secreto? ¿Cómo piensa realizarlo?

(Continúa.)

el encargo	*request, errand*
el obsequio	*gift*
las pulseras	*bracelets*
los alfileres	*pins*
la levita	*coat, frock*
forrada	*lined*
el ataúd	*coffin*
A no caber duda	*Without a doubt*
el giro	*money order*
se maltratara	*be damaged*
halagar	*to flatter, please*
la ganancia	*profit*
el empeño	*determination*
la alhaja de príncipe	*a prince's jewel*
el corretaje	*commission*
en el acto	*right away, on the spot*
la carraca	*piece of junk*

Parte I

—¿Qué es lo que usted desea? Pase usted, señor; aquí hay todo lo que puede necesitar.

—Mil gracias. Deseaba yo ver unos ornamentos de iglesia.

—Aquí encontrará usted cuanto necesite, y todo muy bueno, de muy buena clase, muy barato y para todas las fiestas del año.

—Pues veremos; porque tengo un **encargo** de un tío muy rico, de Guadalajara, que quiere hacer un **obsequio** a la Catedral.

El vendedor era el señor Samuel, un rico comerciante y dueño de una gran joyería situada en una de las principales calles de México; pero en ella tanto podían encontrarse collares y **pulseras,** aretes y **alfileres** de brillantes, de rubíes, de perlas y esmeraldas, como ornamentos de iglesia, como lujosos muebles y objetos de arte.

El cliente era un joven pálido, alto y delgado, mirada triste, **levita** negra vieja y pantalón negro y viejo. Además, llevaba en la mano izquierda un violín metido en una caja **forrada** de negro con adornos de metal amarillo, que parecía un pequeño **ataúd.**

A no caber duda, era un músico.

El músico dejó la caja sobre el mostrador. Comenzó don Samuel a presentar ornamentos y se hicieron cálculos, y comparaciones, y apuntes, y, por fin, después de cerca de una hora de conferencia, el músico tenía ya todos los datos para escribir al tío y esperar la respuesta y el **giro,** y recoger los objetos elegidos. Antes de retirarse dijo a don Samuel:

—¿Podría dejar yo aquí este violín, mientras no lo necesito, para no tener que cargar con él hasta mi casa, que vivo lejos?

—Sí, señor. Puede dejar el violín aquí en mi tienda —contestó don Samuel.

—Quisiera yo que no **se maltratara,** porque es un violín muy bueno y lo estimo mucho.

—¡Oh! Pierda usted cuidado: vea usted dónde lo pongo. Ahí lo encontrará cuando regrese.

Y como trataba de **halagar** a tan buen comprador, don Samuel colocó cuidadosamente la caja en el lugar más ostensible de la tienda.

Parte II

A la mañana siguiente, entre la multitud de compradores que entraron en la casa de don Samuel, llegó un señor como de cuarenta años, de aspecto aristocrático, elegantemente vestido. Buscaba un alfiler para corbata, y no pudo encontrar el que deseaba; pero, cuando ya se iba, le llamó la atención la caja del violín tan vieja en medio de tantos objetos brillantes y lujosos.

—¡Qué! ¿También vende usted instrumentos de música, o tan bueno es ese violín que lo guarda usted aquí, en esa caja tan horrible?

—No es cosa mía: me lo dejaron a guardar, y sólo ahí me pareció seguro.

—¡Hombre! pues es curioso: enséñemelo usted, que yo soy también aficionado a los violines: ¡debe ser cualquier cosa!

Don Samuel bajó la caja y la abrió: el señor tomó el instrumento, miró el violín con extrañeza y lo volvió por todos lados; y después de tan maduro examen, miró fijamente a don Samuel y le dijo con solemnidad:

—Pues no es cualquier cosa; éste es un violín de Stradivarius legítimo, y si usted quiere por él seiscientos pesos, en este momento, sin moverme de aquí, se los doy y me lo llevo.

Don Samuel abrió los ojos y la boca y los oídos, y hasta las manos, no sólo por el descubrimiento sino porque soñaba en una buena **ganancia** comprando el violín al pobre músico, que de seguro estaba necesitado y de seguro también no sabía el gran precio del instrumento. Se le ocurrió en seguida lo que debía hacer, y contestó a aquel señor diciéndole:

—Mire usted, el violín no es mío; pero si usted tiene tanto **empeño** en tenerlo hablaré al dueño, aunque me parece que será exigente y va a querer mucho por él.

—¿Que si tengo empeño? Pues ya lo ve usted; como que ésta es una **alhaja de príncipe.**

—¿Y hasta cuánto puedo ofrecer?

—Pues oiga usted mi última palabra. Si me lo consigue usted por mil pesos, le doy a usted cincuenta pesos de **corretaje,** y pasado mañana vendré a saber la resolución, porque tengo que salir para Veracruz y no puedo perder más tiempo.

Parte III

Al siguiente día el pobre músico llegó a la tienda de don Samuel; no había noticia aún del tío que encargaba los ornamentos, pero el músico venía a recoger su violín. Don Samuel lo sacó de la caja afectando la mayor indiferencia, y antes de entregarlo le dijo:

—Hombre, si quisiera usted vender este violín yo tengo un amigo que es aficionado y quiero hacerle un obsequio, supuesto que usted dice que es bueno.

—¡Oh! no, señor; yo no lo vendo.

—Pero yo lo pago muy bien; le daré a usted trescientos pesos.

—¿Trescientos pesos? Por seiscientos pesos no lo vendo.

—¡Bah! Para que vea usted que quiero favorecerle, le daré seiscientos.

—No, señor, de ninguna manera.

—Setecientos.

—Mire usted; estoy muy pobre, tengo que sostener a mi madre, que está enferma, y cubrir además otras necesidades. Si usted me diera ochocientos pesos se lo dejaría, pero **en el acto.**

Don Samuel hizo el cálculo. Ochocientos me cuesta: en mil se lo doy al señor que debe venir esta tarde, y que me ha ofrecido además un corretaje de cincuenta; gano doscientos cincuenta de una mano a otra. Y continuó diciendo en voz alta:

—Bien, joven; para que vea usted que quiero servirle, aquí están mis ochocientos pesos.

Y abriendo una caja de hierro, sacó en oro el dinero, que entregó al músico.

El joven lo recibió profundamente conmovido; y diciendo a media voz: «¡Madre mía! ¡madre mía!», salió del almacén.

Parte IV

Ocho días transcurrieron sin que el señor que deseaba comprar el violín se presentara en la tienda a cumplir su promesa, cuando entró por casualidad en ella uno de los más famosos violinistas europeos, que había llegado a México a dar algunos conciertos.

—A ver qué le parece a usted este violín —le preguntó don Samuel, que ya lo conocía, abriendo la caja y mostrándole el Stradivarius.

El maestro tomó el violín, lo inspeccionó con mucho cuidado y le dijo a don Samuel:

—Pues esto es una **carraca;** no vale más de cinco pesos.

—Pero amigo mío, ¿qué dice usted? ¿que este violín no es un Stradivarius?

(Continúa.)

—Don Samuel, este violín no es un Stradivarius ni vale más de cinco pesos —le dijo el músico por última vez.

Muchos años después don Samuel enseñaba el violín a sus amigos y clientes, diciendo:

—Ochocientos pesos me costó esta lección de música.

Comprensión

A. Narre el cuento con sus propias palabras, basándose en los siguientes temas.

Parte I: la descripción de don Samuel y el músico del violín
Parte II: lo que dice el señor de aspecto aristocrático y la reacción de don Samuel
Parte III: lo que ocurre cuando el músico pobre regresa a buscar su violín
Parte IV: la lección que aprende don Samuel

B. Responda brevemente.

1. ¿Piensa usted que hay una moraleja en este cuento? Explique.

_____

_____

2. ¿Cree usted que se puede justificar lo que hace el músico pobre? Explique.

_____

_____

3. ¿Opina usted que don Samuel merecía aprender la lección que aprendió? ¿Por qué (no)?

_____

_____

4. ¿Qué consejos le daría usted a don Samuel?

_____

_____

Un paso más… ¡a escribir!

¿Tiene usted un objeto de gran valor sentimental? ¿Qué es? ¿Vendería ese objeto? Imagínese que alguien quiere comprárselo. Explíquele por qué usted no puede venderlo. O quizá decida vender ese objeto por cierto precio… ¡Escriba el diálogo!

La familia y los consejos
CAPÍTULO 14

Actividades escritas ✏️

La familia, las amistades y el matrimonio

✳️ **Lea Gramática 14.1.**

A. Complete las oraciones usando las formas apropiadas de estos verbos: **abrazarse, besarse, casarse, divorciarse, echarse de menos, encontrarse, escribirse, hablarse, llamarse, mandarse, quererse, reconocerse, verse.**

> MODELO: Pedro sólo visita a su hermana dos veces al año. Cuando *se ven*, los dos *se abrazan* y luego *se hablan* por horas.

Use verbos en el presente para los números 1–3.

1. Graciela y Amanda son muy buenas amigas. _____ mensajes electrónicos y

   _____ por celular todos los días.

2. Mi novio y yo _____ mucho y _____ todos los días.

3. Carla vive en Puerto Rico y su novio vive en México. Ellos _____ y por eso

   _____ por celular casi todos los días.

Use verbos en el pretérito para los números 4 y 5.

4. Ernesto y su viejo amigo _____ en el café, y por un momento no

   _____. Pero luego conversaron por dos horas.

5. Susana y su esposo Eduardo _____ muy jóvenes. Después de cinco años de

   matrimonio empezaron a pelearse y por fin _____.

✴ Lea Gramática 14.2.

B. Complete el párrafo usando las formas apropiadas de **ser** o **estar**.

Hoy _____¹ domingo. Rafael y Graciela _____² en el parque. Rafael

_____³ un joven bien parecido. Graciela _____⁴ bonita y simpática.

Los dos _____⁵ unos jóvenes muy activos. En la mañana vinieron en bicicleta al lago

y nadaron por varias horas. Ahora _____⁶ muy cansados y tienen hambre. También

_____⁷ algo preocupados porque van a merendar con otra pareja, Amanda y Ramón,

y ellos no han llegado. Hace una hora que los esperan y no comprenden qué pasa porque

normalmente _____⁸ puntuales. Graciela dice que tal vez Amanda y Ramón

_____⁹ enojados. Rafael dice que no, que _____¹⁰ imposible, porque

ellos _____¹¹ muy enamorados. Dice que probablemente se les olvidó la merienda

precisamente porque _____¹² tan enamorados. Luego dice que deben empezar a comer.

Agrega que aunque Ramón _____¹³ muy buen amigo, a veces _____¹⁴

algo desconsiderado. ¡Rafael no _____¹⁵ contento porque tiene mucha hambre! La

merienda _____¹⁶ lista y a él no le gusta esperar cuando tiene hambre.

C. Ésta es la escena de la boda de una joven que se llama Alicia Márquez. Decríbala. ¿Qué ve en el dibujo? ¿Cómo son las personas? ¿Cómo están hoy? (cansados, tristes, etcétera) ¿Qué están haciendo?

1. La novia es baja y gordita. Está nerviosa y tiene _____

   _____

2. El novio _____

   _____

3. Los padres de la novia _____

   _____

4. La madrina _____

_____

5. Los pajes _____

_____

6. El cura _____

_____

7. Los padres y un hermano del novio _____

_____

D. Escoja uno de los siguientes temas y escriba una composición de 15 oraciones o más (2 ó 3 párrafos).

1. UN BUEN AMIGO / UNA BUENA AMIGA

   Describa a un buen amigo / una buena amiga. Use las siguientes preguntas como guía: ¿Cómo es su apariencia física? ¿Cómo es su personalidad? ¿Cuáles son las características de esta persona que a usted le agradan (*please you*) especialmente? ¿Es optimista? ¿comprensivo/a? ¿responsable? ¿inteligente? ¿leal? ¿Está siempre de buen humor? ¿Tiene esta persona algún defecto? ¿Es pesimista? ¿Está de mal humor frecuentemente? ¿Es irresponsable? ¿Qué actividades les gusta hacer juntos? ¿Cree usted que su amistad va a durar toda la vida?

2. UNA BODA

   Describa su boda o la boda de un amigo / una amiga o familiar. Use las siguientes preguntas como guía: ¿Dónde tuvo lugar la boda? ¿en una iglesia? ¿en la playa? ¿en un parque? ¿en un hotel? ¿en una casa particular? ¿Quién hizo los preparativos para la boda? ¿Fue una boda muy grande y elegante o íntima y pequeña? ¿Qué tipo de vestido llevaba la novia? ¿Había muchas flores? ¿Hubo recepción? ¿Dónde? ¿Se sirvió comida? ¿pastel? ¿champaña? ¿Hubo baile? ¿Adónde fue usted / fueron los novios de luna de miel?

Las instrucciones y los mandatos

✱ Lea Gramática 14.3.

E. ¿Qué les dice usted a estas personas? Use un mandato apropiado y no olvide usar los pronombres (**me, te, le, nos, les; lo, la, los, las**) si es necesario.

MODELO: Su hermano/a siempre se pone su ropa y a usted no le gusta. →
¡No te pongas mi ropa! / Por favor no uses mi ropa.

1. Su mamá le sirve mucha sopa.

_____

2. A su hermanito/a le gusta jugar con sus libros y trofeos, aunque él/ella tiene muchos juguetes.

_____

3. A su novio/a le gusta llamarla/lo por la noche. Usted prefiere hablar con él/ella por la tarde.

_____

(Continúa.)

4. Usted necesita dinero para matricularse en la universidad. ¿Qué les dice a sus padres?

_____

5. Su mejor amigo/a nunca pone atención en clase.

_____

6. Su papá siempre saca la basura. Usted va a sacarla porque hoy es el cumpleaños de su papá.

_____

7. La doméstica necesita limpiar las ventanas; están muy sucias.

_____

8. Usted quiere jugar al tenis. Necesita una raqueta y su hermano tiene una.

_____

F. Déle instrucciones a un amigo / una amiga para llegar a su casa desde la universidad. (Use mandatos informales.)

_____

_____

_____

_____

Ahora déle las mismas instrucciones a su profesor(a) de español. (Use mandatos formales.)

_____

_____

_____

_____

_____

Las órdenes, los consejos y las sugerencias

✳ Lea Gramática 14.4.

G. Usted no quiere hacer estas cosas. Déle un mandato a otra persona de su familia para que las haga. Use frases como **quiero que, prefiero que, te aconsejo que** y **te recomiendo que.**

MODELO: preparar la comida → *Mamá, quiero que tú prepares la comida.*

1. limpiar la cocina

_____

2. enseñarme a cocinar

_____

3. ir al trabajo a medianoche

_____

4. bañar al perro

_____

5. devolver un libro a la biblioteca

_____

6. llamar a la abuelita

_____

7. prestarme dinero

_____

8. reparar el carro

_____

H. Imagínese que usted trabaja en una escuela secundaria donde va a enseñar un curso sobre la crianza de los adolescentes. Usted prepara una lista de consejos para los padres, dividida en cuatro categorías. Use frases como **es importante que, es indispensable que, es necesario que, es recomendable que, es mejor que** y un verbo en el subjuntivo para expresar sus consejos.

MODELO: Es importante que los padres enseñen a los jóvenes a ser responsables.

LAS AMISTADES:

1. _____

2. _____

LAS NOTAS ESCOLARES (EL PROGRESO ACADÉMICO):

3. _____

4. _____

LOS QUEHACERES EN LA CASA:

5. _____

6. _____

LA ROPA:

7. _____

8. _____

LAS DIVERSIONES:

9. _____

10. _____

I. Imagínese que usted es consejero/a de periódico. Lea la siguiente carta y contéstela con 15 oraciones o más (2 ó 3 párrafos).

Estimado Consejero:

Soy viudo y tengo tres hijos pequeños: de ocho, seis y tres años de edad. Mis padres y mi esposa murieron hace dos años y mis suegros viven en otra ciudad. Cuando mi esposa vivía yo trabajaba cincuenta horas a la semana y vivíamos bastante bien, pero ahora no puedo trabajar muchas horas, pues tengo que cuidar a mis hijos. Como paso mucho tiempo con ellos, no gano suficiente dinero: los niños necesitan ropa y no tienen muchos juguetes.

Tengo novia. Es una mujer joven, aunque es dos años mayor que yo. Estamos muy enamorados y queremos casarnos; el único problema es que ella dice que no puede criar a mis tres hijos. Me sugiere que me quede solamente con el más pequeño, el de tres años y que mande a los dos mayores a vivir con sus abuelos, mis suegros. Ella dice que quiere tener sus propios hijos conmigo. Quiero mucho a mis hijos pero también quiero a mi novia y la necesito. ¿Qué puedo hacer? ¿Qué me aconseja?

¿Qué le sugiere usted a este padre? ¿Le aconseja que trabaje más o que pase más tiempo con sus hijos? ¿Le sugiere que se case con la novia? ¿Qué puede hacer este hombre para resolver un problema tan serio?

La crianza y el comportamiento

✴ Lea Gramática 14.5

J. Guillermo está de mal humor y no quiere hacer nada hoy. Lee los mandatos que Ernesto le da a Guillermo a continuación. En cada caso indique la respuesta de Guillermo.

> MODELO: ERNESTO: Guillermo, barre el patio por favor.
> GUILLERMO: *¡Que lo barra Ernestito!* (Ernestito)

1. ERNESTO: Tiende la cama por favor.

   GUILLERMO: _____ (Berta, la doméstica)

2. ERNESTO: Lava estos platos que dejaste en la sala.

   GUILLERMO: _____ (Amanda)

3. ERNESTO: Lobo tiene hambre, dale de comer, por favor.

   GUILLERMO: _____ (Ernestito)

4. ERNESTO: Saca tu ropa de la secadora, por favor.

   GUILLERMO: _____ (mamá)

5. ERNESTO: Hace mucho calor hoy, riega las plantas del patio, por favor.

   GUILLERMO: _____ (el jardinero)

6. ERNESTO: Recoge estos papeles y libros, por favor.

   GUILLERMO: _____ (Amanda)

K. Ahora usted está de mal humor y no quiere hacer nada hoy. Su madre le pide que haga algunas cosas. En cada caso indique que usted quiere que otra persona haga la actividad: **su hermano/a, su padre, su abuelo,** etcétera.

> MODELO: SU MADRE: Saca la basura.
> USTED: *¡Que la saque mi hermano! Yo no tengo ganas.*

1. SU MADRE: Limpia el baño, por favor.

   USTED: _____

2. SU MADRE: Tráeme mis zapatillas, por favor.

   USTED: _____

3. SU MADRE: Prepara la cena, por favor.

   USTED: _____

4. SU MADRE: Ayúdame a limpiar las ventanas.

   USTED: _____

5. SU MADRE: Lleva estos paquetes al correo.

   USTED: _____

6. SU MADRE: ¿Estás de mal humor? ¿Por qué no vas al cine?

   USTED: ¿Yo? ¡No! _____

Resumen cultural

Complete las oraciones con la información cultural del **Capítulo 14.**

1. Además del castellano, ¿cuáles son los otros tres idiomas oficiales de España?

   _____

2. ¿Cómo se expresa *Cool!* en España? _____ Y, ¿cómo se dice

   está bien o **de acuerdo**? _____

3. ¿Quién pintó el cuadro *Las meninas*?

   _____

4. ¿Qué países han elegido a una mujer presidenta? Nombre la presidenta de cada país.

   _____

   _____

5. La madre de mi ahijado es mi _____.

6. ¿Cuál es otro nombre para la fiesta de los quince años? _____

7. ¿Cómo se llaman las catorce muchachas y los catorce muchachos que acompañan a la chica en su

   celebración de los quince años? _____

8. Para los supersticiosos en el mundo hispano, ¿qué día es un día de mala suerte?

   _____

9. Escriba la expresión (el refrán) que corresponde a estas situaciones:

   a. Se dice de una persona que siempre se expresa abiertamente:

      «_____»

   b. Usted se enfrenta a una decisión difícil. Se dice que usted está:

      «_____»

10. ¿Y el refrán que mejor corresponde a estas situaciones?

    a. No vivimos sólo para acumular dinero: «_____»

    b. Alguien murió: «_____»

11. ¿Cómo se llama la coreógrafa que en 1952 fundó el Ballet Folklórico de México?

    _____
    _____

12. ¿Qué tipo de baile presenta el Ballet Folklórico de México? _____
    _____

Actividades auditivas

La familia, las amistades y el matrimonio

A. Una mamá para toda la vida

VOCABULARIO ÚTIL

| verdadero | real, true |
| que me casara | that I get married |

Susana Yamasaki González conversa con Andrés, su hijo menor.
El niño le pregunta por qué él no tiene papá.

❖ ❖ ❖

¿Cierto (**C**) o falso (**F**)?

1. _____ Andrés no tiene papá.

2. _____ Según Susana, en una familia normal no siempre hay un papá y una mamá.

3. _____ La familia que tiene Susana en Japón es muy pequeña.

4. _____ Según Susana, hay muchos tipos diferentes de familia.

5. _____ Susana nunca va a casarse otra vez.

6. _____ Andrés no quiere tener padrastro.

B. La propuesta de matrimonio

VOCABULARIO ÚTIL

le propuso matrimonio	*(he) proposed to her*
inferiores	*inferior*
machista	*male chauvinist*
que se ocupe de	*who could take care of*
liberados	*liberated*
macho	*he-man*

Pilar Álvarez conversa con Clara Martin, su amiga estadounidense, en un café de la Plaza Mayor. Su novio le propuso matrimonio y ella está preocupada.

❖ ❖ ❖

Conteste las preguntas correctamente según el diálogo entre Clara y Pilar.

1. Según Pilar, ¿dónde es mejor la situación de la mujer?

   _____

2. Según Pilar, ¿qué piensan los hombres de las mujeres españolas?

   _____

3. José le propuso matrimonio a Pilar, pero ella no está contenta. ¿Cómo lo hizo José? ¿Qué le dijo?

   _____

4. ¿Qué le dice Clara en broma (*joking*)?

   _____

5. Y Pilar, ¿quiere ella casarse ahora? ¿Por qué?

   _____

Las instrucciones y los mandatos

C. Canal 10, ¡su televisión en español!

VOCABULARIO ÚTIL

los conjuntos juveniles	*young musical groups*
los ritmos contagiosos	*catchy rhythms*
los artistas	*performers* (lit. *artists*)
la temporada	*season* (*for sports or other seasonal events*)

Y ahora en KSUN, Radio Sol, un anuncio del Canal 10, ¡el canal que todos preferimos!

❖ ❖ ❖

Complete los espacios en blanco según el anuncio.

¡_____¹ de la televisión en español! ¡No se pierda la nueva programación de su

Canal 10! ¡_____² sus momentos más divertidos con nosotros!

Comience la tarde mirando la _____³ «Sueños de amor», con el famoso

actor Marcelo Chávez. Descubra los conjuntos juveniles del momento y mire el sensacional

_____⁴ de música rock, «¡Roquísimo!», con sus videoclips favoritos. Disfrute de

las canciones más románticas y _____⁵ los ritmos contagiosos de América

Latina en «Domingo de fiesta».

No olvide mirar, además, nuestros conciertos espectaculares con _____⁶ de

fama internacional.

¡_____⁷ los partidos más emocionantes de la temporada de béisbol! El Canal

10 tiene lo _____⁸ para usted y su familia. ¡Canal 10! ¡Su televisión en español!

D. Un joven muy maduro

VOCABULARIO ÚTIL

maduro	*mature*
la crianza	*upbringing*
mantener	*maintain*
el periodismo	*journalism*

Estela Ramírez de Saucedo conversa sobre su familia con su cuñado Raúl. Estela tiene algunas preocupaciones.

¿Qué consejos le da Raúl a Estela para las preocupaciones que ella tiene? Escriba los consejos de Raúl.

1. PREOCUPACIÓN: Estela está bastante cansada últimamente.
   CONSEJO:

   _____

2. PREOCUPACIÓN: Ernesto trabaja demasiado y no le ayuda con la crianza de los niños.
   CONSEJOS:

   _____

   _____

   _____

3. PREOCUPACIÓN: La vida de hoy en día es muy cara y no es fácil mantener a una familia con sólo un sueldo.
   CONSEJO:

   _____

Las órdenes, los consejos y las sugerencias

E. Anuncios comerciales: Desodorante Aroma, la revista *Juventud*

VOCABULARIO ÚTIL

frescos	*fresh*
la fragancia	*fragrance*
manchar	*to stain*
cómodos	*comfortable*

Y ahora una breve pausa comercial en KSUN, la estación favorita de todos en California.

Complete las oraciones correctamente.

1. El anunciador les recomienda a los radioyentes que _____ el mejor desodorante,

   Desodorante _____.

2. Se lo recomienda porque es muy importante que _____ todo

   el día.

3. Les sugiere a los radioyentes que _____ a usar el desodorante.

4. Si una persona quiere leer una revista escrita por jóvenes para jóvenes, el anunciador les

   recomienda que _____ (la revista)

   _____.

5. El anunciador dice: «Queremos que _____ y _____

   la revista…».

6. La revista es buena porque _____ y

   _____ muchas formas de _____.

La crianza y el comportamiento

F. Consejos de la doctora Ríos

VOCABULARIO ÚTIL

las malas palabras	*bad words*
a pesar de	*in spite of*
lo han regañado	*(they) have scolded him*
que los rodea	*who surround him*
el castigo	*punishment*
las golosinas	*candy, sweets*
créanme	*believe me*

La doctora Ríos publica una columna en el periódico contestando cartas de padres con problemas. Escuche lo que ella les dice a estos padres.

❖ ❖ ❖

Empareje estas frases correctamente. Tenga cuidado; en algunos casos hay dos respuestas.

1. _____ El problema básico de estos padres es…
2. _____ El niño no entiende…
3. _____ Según la doctora Ríos,…
4. _____ La doctora les recomienda…
5. _____ Cuando el niño tenga cuatro años…
6. _____ La doctora está segura de que si no las oye…

a. muy pronto el niño va a olvidar las palabras.
b. los padres pueden empezar a explicarle todo.
c. que no debe usar esas palabras nunca.
d. probablemente el problema son los adultos.
e. que su hijo usa malas palabras en público.
f. que ya no le digan nada al niño, que esperen.
g. el comportamiento del niño es normal.
h. que les digan a otras personas que no usen esas palabras.

G. Una mujer moderna

VOCABULARIO ÚTIL

el rol — *role*
anticuado — *old fashioned*
los chismes — *gossip*

Doña María Eulalia conversa con su hijo Javier. Los dos tienen opiniones diferentes sobre el rol de la mujer en el mundo moderno.

Hay una palabra o frase incorrecta en cada oración. Escriba una **X** en la palabra equivocada y luego escriba la palabra correcta.

1. Últimamente doña María Eulalia está saliendo mucho con una amiga. _____
2. Javier es un hombre moderno. _____
3. Doña María Eulalia sale a cenar con su amigo, don Enrique. _____
4. A Javier le molesta que su madre sea una mujer moderna. _____
5. Doña María Eulalia es una vieja típica. _____

¡A repasar!

H. Una receta mágica

VOCABULARIO ÚTIL

manda a pedir	*order out*
se niegan	*refuse*
¡Manos a la obra!	*At your service!*
los bifes	*steaks* (*Arg.*)

Hoy, al llegar a su casa después del trabajo, Víctor Ginarte llama por teléfono a su vecina, doña Zulema Roldán. Doña Zulema es una simpática viuda de sesenta años. Los dos vecinos son muy buenos amigos.

❖   ❖   ❖

Llene los espacios en blanco para completar el menú para la cena de Víctor y Adriana. Después, complete la receta para la preparación de la comida.

EL MENÚ
Casa de Víctor

Bistecs
Arroz con _____ 1

Ensalada de _____ y _____ 2

Pan
Vino
Café y _____ 3

Escoja las instrucciones de la siguiente lista: **busque, compre, corte, déjelos, fríalo, lave, ponga.**

PREPARACIÓN DE LOS BISTECS

Ingredientes:

Dos bifes

Una _____ [4]

Un _____ [5]

Un diente de _____ [6]

Aceite

Instrucciones:

_____ [7] en pedacitos muy pequeños una cebolla, un tomate

y un diente de ajo y _____ [8] todo en aceite. Después,

_____ [9] a freír dos bistecs en esa salsa a fuego lento.

_____ [10] cocinar por lo menos cinco minutos por cada lado.

Pronunciación y ortografía

Ejercicios de ortografía

ACCENT REVIEW (PART III)

In the imperfect tense, the first-person plural form (**nosotros/as**) of **-ar** verbs always has a written accent mark: **estudiábamos, cantábamos, jugábamos.** Do not forget that for regular **-er** and **-ir** verbs, all the imperfect forms have an accent mark: **comía, vivías, corríamos.** The **nosotros/as** forms of the irregular verbs **ser** and **ir** also have accent marks: **éramos, íbamos.**

A. Listen to the following narrative and write the verb forms. Use accent marks when necessary.

Cuando yo _____ [1] ocho años, mi hermano y yo _____ [2] mucho, pero

siempre _____ [3] juntos. Como yo _____ [4] el mayor, _____ [5]

muchos juguetes. Mi hermano también _____ [6] juguetes, pero siempre

_____ [7] jugar con los míos. Como yo _____ [8] que _____ [9] mis

juguetes, siempre _____ [10] tratos (*deals*) con él. Yo me _____ [11] sus dulces y

él _____ [12] jugar con todas mis cosas.

(Continúa.)

Todos los veranos _____¹³ de viaje con nuestros padres. _____¹⁴

mucho tiempo en el campo con los abuelos. No _____¹⁵ tareas. _____¹⁶ al

río a pescar o a veces nos _____¹⁷ en casa y _____¹⁸ todo el día.

Remember to include accent marks on the first and third persons of most preterite forms.

B. Listen and write the sentences you hear, adding an accent mark to the past-tense form if necessary.

1. _____

2. _____

3. _____

4. _____

5. _____

Remember that the meaning of some Spanish words changes depending on whether they have a written accent mark. Some of the most frequently used word pairs of this type are **él/el, mí/mi, tú/tu, sí/si, sé/se, dé/de,** and **té/te.**

C. Write the sentences you hear, remembering to add an accent mark to words when the meaning requires one.

1. _____

2. _____

3. _____

4. _____

5. _____

6. _____

7. _____

8. _____

Remember that an accent mark is needed on affirmative commands and present participles if one or more pronouns are added and on infinitives if two pronouns are added.

D. Listen and write the sentences you hear, adding accent marks where necessary.

1. _____

2. _____

3. _____

4. _____

5. _____

● Videoteca

Los amigos animados

A. Los consejos de un amigo

Ernesto Saucedo está en casa de Pedro Ruiz,
hablando de sus preocupaciones.

❖   ❖   ❖

¿Qué consejos le da Pedro a Ernesto para las preocupaciones que tiene?

PREOCUPACIONES DE ERNESTO   CONSEJOS DE PEDRO

1. Trabajo demasiado y no tengo tiempo para   _____
    la familia.
                                                   _____

                                                   _____
2. Hay mucho trabajo en la compañía y no
    puedo tomar vacaciones.   _____

                                                   _____
3. A veces tengo que trabajar los fines de
    semana.   _____

                                                   _____

B. El concierto de guitarra

Nora, Esteban y Carmen están en una fiesta
en casa de un compañero de clase.

❖   ❖   ❖

Diga el porqué de las siguientes circunstancias.

1. La fiesta es un poco aburrida porque

_____

2. Nadie baila porque

_____

3. No van a poner discos porque

_____

4. Esteban llevó su guitarra española porque

_____

5. Los chicos cantan «Cielito lindo» porque

_____

Escenas en contexto

Sinopsis
José Miguel le habla a Paloma de un problema personal que
tiene. Él sospecha que una amiga abusa de las drogas.

VOCABULARIO ÚTIL

Cuéntame	*Tell me*
prometerme	*to promise me*
me cae muy bien	*I really like him/her*
sucedió	*happened*
sin despedirse	*without saying good-bye*
«entre la espada y la pared»	*"between a rock and a hard place"*
lo dudo	*I doubt it*
Tú siempre llamas al pan, pan y al vino, vino.	*You always tell it like it is.*
la opción	*choice*
verdadera	*true*

Lea estas preguntas y luego vea el video para contestarlas.

A. ¿Cierto (**C**) o falso (**F**)?

1. _____ José Miguel y Teresa se conocieron hace una semana.

2. _____ José Miguel dice que Teresa le cae bien.

3. _____ Después del cine, José Miguel y Teresa fueron a cenar.

4. _____ Paloma le aconseja a José Miguel que no vuelva a ver a Teresa.

B. Ponga en orden cronológico esta narración sobre Teresa y José Miguel.

1. _____ A Teresa se le cayó la mochila.

2. _____ Teresa se bajó del auto sin despedirse.

3. _____ José Miguel vio la bolsa de plástico pero no le dijo nada a Teresa.

4. _____ José Miguel y Teresa fueron al cine.

5. _____ Teresa puso la bolsa de plástico en la mochila.

C. Complete con la información correcta.

1. José Miguel quiere hablarle a Teresa sobre lo que pasó, pero tiene miedo de saber la verdad

    sobre ella. ¿Qué expresión usa Paloma para describir la situación de José Miguel?

    «Estás _____.»

2. Paloma le recomienda a Miguel que _____

    _____

Lecturas

Escuche a sus hijos

> 💡 **PISTAS PARA LEER**
>
> Este artículo viene de una revista hispana de los Estados Unidos y trata el tema de las relaciones entre padres e hijos. Varios jóvenes hispanos ofrecen su opinión. Antes de leer, identifique los nombres en la actividad de **Comprensión.** Luego busque el nombre y la edad de cada persona en el artículo. ¡Ahora léalo!

VOCABULARIO ÚTIL

cuanto antes	*as soon as possible*
anime	*encourage*
a gusto	*comfortable*
los valores	*values*
habrá	*there will be*

(Continúa.)

ESCUCHE A SUS HIJOS

En este artículo algunos jóvenes hispanos de los Estados Unidos les ofrecen sugerencias a los padres.

«Cuando su hijo tenga un problema en la escuela, resuélvalo **cuanto antes**», dice Fernando, de 14 años. «No lo deje para luego, pensando que se va a resolver solo o que es simplemente una etapa. Una vez saqué una mala nota en mi clase de historia y no se lo dije a mis padres porque me moría de miedo. Yo, de verdad, quería contárselo, pero no sabía cómo ellos iban a reaccionar.»

«Si usted es una madre soltera, **anime** a su hijo a encontrar otro adulto modelo, como un tío, un muchacho mayor o algún amigo de la familia», sugiere Rubén, de 16 años. «Muchos adolescentes se sienten más **a gusto** con los padres de sus amigos que con los suyos. Cuando su hijo esté en casa de un amigo, no lo llame para darle órdenes.»

«Si usted es de otro país, haga un esfuerzo por entender que nosotros hemos crecido en una cultura diferente con reglas diferentes», dice Angélica, de 15 años. «En el país de mi padre, las niñas pasan mucho tiempo en casa. Quiero que él comprenda que yo me crié en los Estados Unidos y que ésta también es mi cultura. Trato de llegar a la hora que él me dice, pero necesito un poquito más de libertad.»

«Es difícil hablar de cosas serias», agrega Rubén. «Si su hijo no quiere hablar con usted, no lo obligue. Trate de encontrar un momento durante la semana —una tarde o una noche— para hacer cosas divertidas juntos, ir de compras, ver una película, salir a comer.»

«Si nos crían con disciplina y nos enseñan los buenos **valores**, no tendrán que gritarnos», dice Julieta, de 13 años. «Mi mamá y yo nos sentamos a conversar y hablamos de mis problemas. Cuando hago algo incorrecto, ella me lo explica, pero siempre termina diciéndome que me quiere mucho. No trate de controlar todos nuestros actos ni de estar siempre con nosotros; el exceso de control pone distancia entre los padres y los hijos.»

«Mis padres piensan que uso la computadora demasiado», observa Maya, de 16 años. «Se preocupan cuando me ven texteando o mandándoles e-mails a mis amigas. Creen que estoy perdiendo el tiempo. Pero ellos no entienden que la tecnología es parte de mi vida. Si usted tiene hijos adolescentes, no los critiquen por usar el Internet, por escuchar el iPod y textear a sus amigos. Comprenda que así nos comunicamos los jóvenes hoy día. La tecnología es algo normal para nosotros. Si hacemos nuestra tarea y nos portamos bien, ¿cuál es el problema?»

«Por lo general, los adolescentes lo critican todo», comenta Eduardo, de 17 años. «¡Están descubriendo el mundo a su manera! No les diga siempre 'no', así **habrá** menos conflicto. Si usted los trata con amor y respeto, ellos reaccionarán positivamente.»

Comprensión

¿Quién les daría los consejos siguientes a los padres: Fernando (**F**), Rubén (**R**), Angélica (**A**), Julieta (**J**), Eduardo (**E**) o Maya (**M**)?

1. _____ Demuéstreles respeto y amor y habrá menos conflicto.

2. _____ Comprenda que sus hijos viven en un mundo distinto de aquél en el que usted creció.

3. _____ Resuelva inmediatamente cualquier problema relacionado con la escuela.

4. _____ Si usted creció en otro país, déles más libertad a sus hijos aquí en los Estados Unidos.

5. _____ Cuando sus hijos han hecho algo incorrecto, converse con ellos y explíqueles su error.

6. _____ Haga cosas con sus hijos, pero no los presione para que hablen cuando ellos no quieran hacerlo.

7. _____ No trate de estar siempre al lado de sus hijos; esto puede crear más distancia entre ustedes.

8. _____ Entiendan que la tecnología es algo normal para nosotros.

9. _____ Deje que sus hijos hagan amistad con otros adultos, un familiar o un joven mayor.

Un paso más… ¡a escribir!

Basándose en su propia niñez o adolescencia, haga una lista de cinco sugerencias para mejorar la comunicación entre un muchacho o una muchacha y sus padres. Puede dirigir sus consejos tanto a los hijos como a los padres.

LECTURA
Cuento: «Ya llega el día», por los autores de *Dos mundos*

PISTAS PARA LEER

La narradora de este cuento es Susana Yamasaki, una mujer peruanojaponesa de 33 años. Susana está divorciada y vive con sus padres y sus dos hijos en Cuzco. Antes de leer, considere estas preguntas: ¿Qué opina usted del machismo? ¿Cómo lo define? ¿Conoce a alguien que esté en la misma situación de Susana?

VOCABULARIO ÚTIL

¡Basta!	*Enough!*
sí misma	*herself*
No tiene sentido	*It makes no sense*
no le alcanzaba	*wasn't enough*
el porvenir	el futuro
el apoyo	*support*
las raíces	*roots*
hasta la médula	*to the core*
cumplir	*to comply*
sumisa	*submissive*
encarnar	*to embody*

Susana escuchó el despertador y lo apagó, aunque ya llevaba tiempo despierta, pensando en Édgar. Cuando su esposo dormía con ella, era él quien apagaba el aparato y luego la despertaba suavemente. Pensar en Édgar en este momento, tan temprano, era una mala manera de comenzar el día. **«¡Basta!»,** se dijo Susana a **sí misma.** **«No tiene sentido** seguir viviendo en el pasado, imaginándome la familia que Édgar no quiso crear conmigo. ¡Basta de recuerdos!»

(Continúa.)

Su vida había cambiado mucho desde los días felices de su matrimonio, cuando todavía no existía la sombra del divorcio. Ahora tenía dos empleos, de secretaria y de guía de turistas, porque uno solo **no le alcanzaba** para tantos gastos. El cambio más importante, sin embargo, era tener dos hijos que cuidar. Los padres de Susana la ayudaban con la crianza de Armando y Andrés. «Mis hijos tienen dos abuelos tan buenos como el pan», pensó Susana. Pero sólo ella tenía la obligación y la responsabilidad de criar a esos niños.

Le gustaba despertarse temprano para reflexionar en silencio. Sus padres también se levantaban con los primeros rayos de sol. Los tres disfrutaban de la calma de la mañana, cuando todavía no había empezado el ruido, el ciclón de los niños. Armando tenía 13 años y Andrés 9, pero cuando estaban juntos no había diferencia de edad. Jugaban y peleaban como chicos al fin.

Hoy sábado Susana tenía planes personales. Se tomaría libre la mañana del trabajo para ocuparse un poco de sí misma. Iría a la peluquería y luego haría algunas compras. En realidad no quería estar aquí en la oscuridad, recordando el pasado y pensando en el futuro. Pero no podía evitarlo. Llegaban a su mente imágenes de su juventud y posibles visiones del **porvenir.** Lo más gratificador de estos momentos era imaginarse a sus hijos de adultos, dos hombres a su lado, dándole amor y **apoyo:** el amor y el apoyo que su esposo no tuvo el valor de darle.

¿Qué los separó? ¿Qué factores convirtieron a Susana y a Édgar en dos extraños? Eran demasiado jóvenes cuando se casaron; casi no se conocían. Después, cuando por primera vez hablaron del divorcio, Susana pensó que ella tenía la culpa de este fracaso: «Porque no pude ser la esposa tradicional que Édgar buscaba.» Luego trató de entender la conducta de Édgar. Se preguntó si tal vez el problema fuera la diferencia cultural entre ellos. Él era peruano y ella, pues… ella se sentía peruana de corazón, pero sus **raíces** estaban en una isla asiática lejana.

Susana había nacido en Cuzco de padres japoneses y había crecido en un hogar donde se hablaban dos lenguas y donde las costumbres japonesas convivían con las peruanas. La suya era una casa bilingüe, bicultural, donde un día se comía sushi o sopa misotaki y otro día ají de gallina o ceviche. Era una casa en la que nunca se cuestionaba el valor de las dos culturas. Y esta familia no era la excepción; había muchos hogares como el de los Yamasaki en Perú.

No, la diferencia de razas y culturas no fue la causa del fracaso de este matrimonio. Édgar no era un hombre racista ni prejuicioso, sólo un hombre típico: macho **hasta la médula.**

«¡Qué tontas somos a veces las mujeres!», pensó Susana. «La sociedad nos enseña a ser dependientes, aplaude nuestro sentimentalismo desde que somos niñas; mientras más sentimentales, más femeninas; mientras más tontas y calladas, más atractivas. ¡Y lo aceptamos todo sonriendo!» Quizás aquel amor que ella sentía por su esposo era sólo necesidad: necesidad de estar casada y **cumplir** con las normas de la sociedad.

Pero Susana no supo ser ni sentimental ni callada. No pudo cumplir. Ella quería trabajar, soñaba con tener su propia agencia de viajes. Édgar, en cambio, quería una esposa **sumisa,** ama de casa, una madre para sus hijos. Quería una mujer sin aspiraciones y sin identidad propia. Quizás pensó que Susana, siendo japonesa, estaría dispuesta a **encarnar** a la mujer asiática estereotípica: callada, obediente, invisible. ¡Qué ideas tan absurdas! Cuando Édgar se dio cuenta de que Susana nunca sería un estereotipo, se fue. Un día desapareció y ella tuvo que enfrentarse a la vida sola, madre ya de un niño y en espera de otro. Édgar regresó algún tiempo después, para pedirle el divorcio y desaparecer definitivamente…

«¡Basta ya de recuerdos!» se dijo Susana a sí misma. «Ya llega el día y es hora de comenzar… hora de vivir.» Se levantó y fue al cuarto de Armando y Andrés. Les dio un beso a sus hijos y pensó, «Ustedes no serán como su padre.»

● **Comprensión**

A. Describa a la familia de Susana.

1. sus hijos

_____

2. sus padres

_____

3. su esposo

_____

B. Comente estos aspectos de la vida de Susana.

1. su matrimonio

_____

2. su opinión del machismo

_____

3. sus empleos

_____

4. sus planes y sueños

_____

5. su visión del futuro

_____

Un paso más... ¡a escribir!

Escriba una composición de dos páginas basándose en uno de los siguientes temas.

1. Imagínese la vida de Susana de aquí a cinco años. ¿Estará casada ella? ¿Tendrá su propio negocio? ¿Qué estarán haciendo sus hijos? Escriba una segunda parte del cuento. Si quiere, puede empezar así: **Pasaron cinco años y un día Susana se levantó pensando...**

2. Piense en Armando, el hijo mayor de Susana. ¿Qué estaría pensando este chico la misma mañana en que Susana se quedó en la cama recordando a Édgar? ¿Cuáles son los recuerdos del niño sobre el divorcio y sobre su padre? Escriba el monólogo de Armando. Puede usar esta frase para comenzar: **No quiero levantarme hoy porque estoy triste pensando en...**

El porvenir CAPÍTULO 15

Actividades escritas

El futuro y las metas personales

✴ **Lea Gramática 15.1.**

A. Haga dos listas: una de cinco cosas que usted hará en el futuro y otra de cinco cosas que no hará en el futuro.

(Yo) Haré un viaje alrededor del mundo.   *No viajaré en barco.*

_____   _____

_____   _____

_____   _____

_____   _____

_____   _____

B. Reaccione ante las siguientes situaciones, usando el futuro en una pregunta para expresar «probabilidad».

MODELO: Es la boda de su hija. Todos están listos, pero el novio no ha llegado. (estar) →
¿Dónde estará?

1. Usted tiene un niño pequeño. Normalmente duerme muy bien, pero hoy está llorando mucho. (tener hambre o estar enfermo)

_____

2. Usted entra en la clase. Los estudiantes están allí, pero el profesor no ha llegado. (venir hoy)

_____

(Continúa.)

3. Es el cumpleaños de su novio/a. Usted le quiere comprar algo. Ve rosas, chocolates, joyas. No sabe qué comprar. (gustar más)

_____

4. Usted escucha un ruido horrible afuera de su casa. (ser un accidente o una explosión)

_____

5. Su nuevo amigo / nueva amiga lo/la invita a usted a comer en su casa. Dice que le preparará una comida deliciosa. (saber cocinar)

_____

✳ Lea Gramática 15.2.

C. Complete las siguientes conversaciones según el contexto. Use la forma correcta —subjuntivo o indicativo— de estos verbos: **decir, llegar, mostrar, preparar, saber, tener.**

1. ESTELA: ¿Sacaste ya la basura, hijo?

   GUILLERMO: No, mamá, todavía no la saco.

   ESTELA: Sácala antes de que _____ tu papá.

2. ERNESTO: Amanda, ¿siempre _____ tú el almuerzo a las doce los sábados?

   AMANDA: Sí, pero hoy no lo voy a preparar hasta que mamá me _____ que es hora de hacerlo.

3. ERNESTO: ¿Ya te mostró su coche nuevo mi hermana Paula?

   ESTELA: No. ¿Es bonito?

   ERNESTO: ¡Qué coche! Llámame después de que te lo _____; quiero saber tu opinión.

4. PAULA: Andrea, ¿_____ tiempo libre hoy? Necesito hablar contigo.

   ANDREA: No, lo siento. Te llamaré en cuanto _____ unas horas libres.

5. AMANDA: Graciela, ¿_____ las respuestas al Ejercicio 7?

   GRACIELA: No, pero voy a preguntarle a mi papá. En cuanto las _____ te llamaré.

D. Complete las oraciones de manera apropiada para hablar de su futuro. Use la forma correcta del presente de subjuntivo.

1. Voy a comprar un carro nuevo en cuanto _____.

2. Trabajaré en una compañía grande e importante cuando _____.

3. No me casaré hasta que _____.

4. Compraré una casa antes de que _____.

5. Tendré hijos tan pronto como _____.

6. Compraré muebles antiguos después de que _____.

_____

7. Empezaré a ahorrar dinero para mi jubilación tan pronto como _____

_____.

8. Aprenderé a cocinar bien en cuanto _____.

 E. Escriba una composición de 15 oraciones o más sobre sus planes para el futuro. Use las siguientes preguntas como guía:

¿Se graduará de la universidad? ¿Estudiará más para sacar otro título (*degree*)? ¿Trabajará? ¿Dónde? ¿Abrirá su propio negocio? ¿Qué venderá? ¿Comprará casa? ¿Se casará / se divorciará? ¿Tendrá hijos? ¿Cuántos? ¿Se mudará a otra ciudad / otro estado? ¿Viajará mucho? ¿Seguirá los estudios del español o aprenderá otro idioma? ¿Cuál?

Cuestiones sociales

✳ Lea Gramática 15.3.

F. Alberto y Carmen participan en una discusión en la clase de español. Están discutiendo sobre la pena de muerte. Escriba la forma correcta del presente de subjuntivo de los siguientes verbos: **haber, poner, poder** y **tener.**

ALBERTO: No podremos controlar la tasa de delitos[a] en este país a menos que se _____[1]

en efecto la pena de muerte. (pone/ponga)

CARMEN: ¿Y tú crees que la pena de muerte resuelve el problema de la delincuencia? Si

esperamos reducir la tasa de crímenes violentos en nuestra sociedad, tenemos que

reformar nuestro sistema de educación de manera que todos _____[2] recibir

instrucción escolar. (pueden/puedan)

ALBERTO: Es una propuesta[b] excelente y estoy de acuerdo con tal de que ningún asesino[c]

_____[3] derecho a la libertad provisional.[d] (tiene/tenga)

PROF. MARTÍNEZ: Creo que todos queremos cambiar la sociedad para que _____[4] menos

violencia. (hay/haya)

G. Complete las oraciones lógicamente según el contexto. Use la forma correcta del presente de indicativo o de subjuntivo de los verbos siguientes: **apreciar, dar, pagar, poder, preferir, sacar, tener.**

MODELO: Las compañías buscan empleados que *sepan* trabajar bien.

1. En nuestro país todos queremos un empleo que _____ bien.

2. Este año todos vamos a trabajar mucho para que el jefe nos _____ un aumento.

3. No creo que todos (nosotros) _____ recibir un aumento este año; la situación económica está peor cada día.

---

[a]*crime* [b]*proposal, proposition* [c]*murderer* [d]*libertad... parole*

(*Continúa.*)

4. Necesitamos buscar una compañía que _____ mayor interés en el bienestar de los empleados.

5. Hay varias compañías que _____ a sus ejecutivos y se preocupan por su bienestar.

6. Pues, entonces, esta compañía nos va a nos pagar bien en cuanto _____ la maestría en comercio.

7. De todos modos, creo que las compañías _____ a los candidatos con más educación.

★ Lea Gramática 15.4.

H. Un amigo / Una amiga de usted da opiniones acerca de todo, pero usted no siempre está de acuerdo con lo que opina. Reaccione a las siguientes afirmaciones de su amigo/a usando expresiones de duda como **no creo que, dudo que, es imposible que,** o expresiones positivas como **es verdad que, es seguro que, creo que** o exclamaciones como **qué bueno que, qué lástima que.**

MODELO: Marta estudia muchísimo. →
Yo no creo que ella estudie tanto como tú crees. (Es verdad que Marta estudia ocho horas al día.)

1. El aborto es un homicidio.

_____

2. Las guerras son necesarias para el progreso.

_____

3. Hoy hay mujeres en todas las profesiones.

_____

4. La religión es lo más importante de la vida.

_____

5. Los desamparados son personas perezosas.

_____

6. El terrorismo es el problema más serio del mundo moderno.

_____

7. La diversidad cultural es la causa de todos los problemas de este país.

_____

8. En la América Latina también existe la discriminación racial.

_____

I. Escoja uno de los siguientes temas y escriba una composición de 15 oraciones o más (2 ó 3 párrafos).

1. LA DIVERSIDAD CULTURAL

¿Cree usted que hay aspectos positivos de la diversidad cultural? ¿Hay aspectos negativos? Explique cuáles son los aspectos positivos y negativos de la diversidad cultural de este país, en su opinión. Piense en sus vecinos, sus compañeros de clase, sus restaurantes favoritos, la música, etcétera.

2. LA EDUCACIÓN BILINGÜE

En muchos países hispanos los padres inscriben a sus hijos en escuelas bilingües: español–francés o español–inglés. La educación bilingüe es también muy importante en varios estados y ciudades de este país. Muchas personas la consideran necesaria. Explique cuáles son los aspectos positivos y los aspectos negativos de la educación bilingüe. Piense en los muchos estudiantes que toman clases de idiomas en la universidad. ¿Sería más fácil enseñarles otro idioma a la edad de 7 u 8 años o es mejor esperar para estudiar otro idioma?

La tecnología: posibilidades y consecuencias

✱ Lea Gramática 15.5–15.6.

J. Complete cada hipótesis empleando las formas correctas del pasado del subjuntivo de los siguientes verbos: **comprar, haber, hablar, poder, querer, saber, ser.**

MODELO: Si *pudiera,* volvería a la universidad, pero no puedo.

1. Si no _____ tantos trabajadores indocumentados, nuestros sueldos serían mejores.

2. Creo que si los latinoamericanos _____ que no es tan fácil ganarse la vida aquí, se quedarían en su país.

3. Si las compañías no _____ ganar tanto dinero, nos pagarían más.

4. Si los ejecutivos _____ más considerados con los empleados, los sueldos serían justos.

5. También si _____ menos cosas superfluas, tendríamos más dinero para las necesidades diarias.

6. Si los candidatos presidenciales _____ más de las cuestiones sociales, los ciudadanos estarían mejor informados para votar.

K. Usted está en una reunión de personas que se preocupan por los problemas de las escuelas públicas. Está allí para representar a los estudiantes de su universidad. En este momento la gente está charlando en grupos pequeños. Complete los trozos de conversación, usando el presente o el pasado de subjuntivo.

1. AMA DE CASA 1: Si las universidades _____ bien a los maestros, no habría

   tantos problemas. (preparar)

   AMA DE CASA 2: Tienes razón. Hasta que todos (nosotros) _____ en serio la

   carrera de maestro, nada se va a resolver. (tomar)

2. MÉDICO 1: Yo sugiero que _____ exámenes comprensivos a fin de año.

   (haber)

   MÉDICO 2: Fernando, si los maestros _____ lo que tú aconsejas, tendrían

   que construir muchas escuelas nuevas. (hacer)

(Continúa.)

MÉDICO 1: No, yo no quiero que _____ más escuelas. (construir)

MÉDICO 2: Entonces, ¿qué van a hacer los maestros con los niños que no

_____ lo suficiente para aprobar[1] el examen? (saber)

3. ABUELO: Me preocupa que mis nietos no _____ asistir a buenas

escuelas. ¡No hay una sola escuela buena en nuestro barrio! (poder)

ABUELA: Exageras. Dudo que _____ verdad lo que dices. ¿Has visitado

todas las escuelas? (ser)

4. JOVEN 1: No tendríamos tantos problemas si toda esta gente _____ por

el candidato conservador. (votar)

JOVEN 2: Bah, no creo que el candidato conservador _____ tanto interés

en la educación. (tener)

PADRE DE FAMILIA: Prefiero que no (nosotros) _____ del pasado. Es importante

que _____ de resolver los problemas del presente para que

nuestros hijos _____ la mejor formación posible. (hablar /

tratar / obtener)

5. NIÑO 1: ¡Ojalá que esta reunión _____ pronto! (terminar)

NIÑO 2: No terminará hasta que todos los adultos _____ de acuerdo.

(ponerse)

L. Diga lo que pasaría si…

MODELO: Si prohibieran las armas de fuego (*firearms, weapons*),… → *habría menos crímenes violentos.*

1. Si los niños no pasaran tanto tiempo viendo la televisión,…

_____

2. Si la gente no tomara bebidas alcohólicas antes de manejar,…

_____

3. Si la venta de drogas no estuviera prohibida,…

_____

4. Si todos nos dedicáramos más a nuestro trabajo,…

_____

5. Si hubiera más coches híbridos,…

_____

---
[1]*pass*

M. Piense en el progreso de la tecnología. En su opinión, ¿son buenos todos los inventos? A continuación aparece una lista de inventos de las últimas décadas. Escoja siete u ocho y divídalos en dos grupos. Escriba un párrafo sobre los inventos beneficiosos y otro sobre los inventos peligrosos o dañinos (*harmful*). Escriba una composición de 15 oraciones o más (2 párrafos).

INVENTOS: coches eléctricos o híbridos, energía solar, alimentos transgénicos (*genetically modified foods*), computadoras portátiles, bombas «inteligentes», corazones artificiales, teléfonos celulares, cirugía (*surgery*) robótica, trabajos por Internet, ciberasistentes (*cyber aids, like PDAs*), selección genética, energía nuclear, teléfonos celulares con cámara, cámaras digitales, conexión inalámbrica (*wireless*) al Internet, televisión por satélite, análisis de ADN (*DNA*)

Resumen cultural

Conteste las preguntas y complete las oraciones con la información cultural del **Capítulo 15.**

1. Nombre dos maneras de decir *Cool!* en México.

   _____

2. ¿Cuál es una manera informal de decir **¿Cómo estás?** o **¿Qué pasa?** en México?

   _____

3. ¿Qué grupo minoritario es el más grande de los Estados Unidos?

   _____

4. ¿Quién es Federico García Lorca? _____

5. ¿Cómo se llama el tratado por el cual México perdió el territorio de lo que ahora es California, Arizona, Nuevo México, Nevada, Utah, Colorado y Wyoming? _____

6. ¿Qué tema tratan los murales de Siqueiros? _____ Describa su arte.

   _____

7. Si enviamos un documento por correo electrónico, lo mandamos como archivo _____.

8. Cuando vamos al sitio Web de una organización, vamos primero a _____.

9. Para proteger su computadora de los gusanos y otros virus es recomendable tener

   _____ .

10. ¿Cómo se llama el correo electrónico que nosotros no pedimos y que viene de personas o

    agencias que no conocemos? _____

11. Si no queremos que otros miembros de la familia o los colegas usen nuestra computadora

    podemos ponerle una _____ .

12. ¿A qué se refiere la divisoria tecnológica? _____

    _____

Actividades auditivas

El futuro y las metas personales

A. Las predicciones de don Julián

VOCABULARIO ÚTIL

el adivino   *fortune teller*
nunca fallan   *they never fail*

A continuación, el programa de entrevistas de Mayín Durán para KSUN, Radio Sol de California.

¿Cuáles son las predicciones de don Julián en cuanto a las preocupaciones de los radioyentes?

PREOCUPACIONES	PREDICCIONES
1. Su hijo va a Miami en agosto. ¿Habrá un ciclón en el Caribe ese mes?	_____
2. Su esposa saldrá para Nueva York. ¿Llegará el avión bien?	_____
3. Su novio quiere casarse con ella. Ella no está lista y quiere saber si su novio va a esperar el tiempo que ella necesita.	_____

B. La profesión y la personalidad

VOCABULARIO ÚTIL

la labor humanitaria	*humanitarian work*
¡Adivinen!	*Guess!*
el trabajador social	*social worker*
las investigaciones	*research*
que realices tu sueño	*that your dreams come true*
los genios	*geniuses*

Carmen, Alberto y Esteban están en la clase de español hablando sobre las profesiones que piensan seguir.

Diga qué profesión deciden seguir estas personas y por qué va bien con su personalidad.

1. Alberto dice que piensa ser _____.

   Va bien con su personalidad porque _____.

2. Carmen dice que va a ser _____.

   Va bien con su personalidad porque _____.

3. Esteban dice que quiere ser _____.

   Va bien con su personalidad porque _____.

Cuestiones sociales

C. El viaje de Carmen

VOCABULARIO ÚTIL

Hospitalarios	*Hospitable*
perceptiva	*perceptive*
los piropos	*flirtatious remarks*
los silbidos	*whistles*

Carmen regresó a San Antonio ayer, después de hacer un viaje por América Latina. Hoy está hablando con su amigo Raúl sobre sus experiencias.

❖   ❖   ❖

Complete las oraciones según el diálogo.

1. A Carmen los mexicanos le parecieron _____ y _____.

2. Carmen cree que los puertorriqueños son _____ y los argentinos son

   _____.

3. Según Raúl, Carmen está describiendo _____.

4. Carmen dice que hay _____ del carácter de un país que uno puede ver durante un viaje corto.

5. Según Carmen, ¿cuál fue la mejor parte del viaje?

   _____

D. ¿Qué piensan ustedes?

VOCABULARIO ÚTIL

grave	*very serious*
las muertes	*deaths*
la causa	*cause*
se quedó sin	*was left without*

En la clase de la profesora Martínez, varios estudiantes hablan de los problemas de nuestra sociedad. Están tratando de decidir cuál es el más grave.

Aquí hay una lista de los problemas que mencionan los estudiantes de la profesora Martínez. Escriba al lado de cada problema por qué lo consideran serio los estudiantes o la profesora.

1. **las armas de fuego:** _____

   _____

2. **el aborto:** _____

   _____

3. **los desamparados:** _____

   _____

4. **el desempleo:** _____

   _____

La tecnología: posibilidades y consecuencias

E. Es lindo soñar.

VOCABULARIO ÚTIL

Oigan	*Listen*
si yo me sacara	*if I won (the lottery)*
¿Seguirías estudiando?	*Would you continue studying?*
invertiría	*I would invest*

Mónica, Alberto, Carmen y Esteban están conversando sobre qué harían si se ganaran la lotería.

Escoja la(s) respuesta(s) más lógica(s).

1. ¿Qué haría Esteban si se sacara la lotería?

    a. Compraría una casa.

    b. Viajaría por todo el mundo.

    c. Compraría varios coches de lujo.

    d. Le daría dinero a su familia.

2. ¿Qué haría Carmen?

    a. Viajaría por todo el mundo.

    b. Compraría dos casas.

    c. Les compraría un coche nuevo a sus padres.

    d. Ahorraría el resto del dinero.

3. Carmen seguiría estudiando porque…

    a. le gusta mucho estudiar.

    b. la educación es para toda la vida.

    c. ella quisiera estudiar toda la vida.

    d. es fácil perder el dinero.

4. Alberto dice que si él se ganara cincuenta millones de dólares,…

    a. compraría dos casas, una para él y otra para su familia.

    b. invertiría en empresas norteamericanas solamente.

    c. no estudiaría más.

    d. invertiría en empresas que no dañan el medio ambiente.

5. Si Mónica se ganara la lotería, ella…

    a. no haría nada de lo que sus compañeros dijeron.

    b. no compraría un coche de lujo pero sí compraría un coche híbrido.

    c. terminaría sus estudios y luego viajaría por un año.

    d. compraría muchos boletos de lotería para toda su familia.

F. El idioma es algo vivo.

(*Continúa.*)

VOCABULARIO ÚTIL

interactivo	*interactive*
Es una pena	*It's too bad*
aproveches/aprovecho	*you take advantage / I take advantage*
modestia aparte	*all modesty aside*

La profesora Martínez y el profesor de matemáticas, Alejandro López, conversan hoy durante su almuerzo sobre el tema de la tecnología.

❖ ❖ ❖

¿Cuál es el debate entre la profesora Martínez y el profesor López sobre las computadoras? Diga cuál es la reacción de la profesora Martínez ante las afirmaciones de su amigo.

1. PROF. LÓPEZ: Yo uso un programa interactivo en mi salón de clase ahora. Los estudiantes aprenden mucho. ¿Y tú no usas programas interactivos en tus clases?

PROF. MARTÍNEZ: _____

2. PROF. LÓPEZ: ¿Sólo usan computadoras en el laboratorio? ¿Eso es todo?

PROF. MARTÍNEZ: _____

_____

3. PROF. LÓPEZ: Pero las computadoras pueden ofrecernos muchos beneficios. Es una pena que tú no los aproveches.

PROF. MARTÍNEZ: _____

4. PROF. LÓPEZ: No te gusta usar computadoras en el salón de clase.

PROF. MARTÍNEZ: _____

_____

¡A repasar!

G. ¡Estamos de acuerdo!

VOCABULARIO ÚTIL

dedicarles	*to devote to them*
te distraes	*you amuse yourself*
los colegas	*colleagues*
hacerle la lucha	*to try* (coll. *Mex.*)
el acceso	*access*

Estela y Ernesto conversan sobre el tema del trabajo.

❖ ❖ ❖

Conteste las preguntas según el diálogo.

1. ¿De qué se cansa Estela?

   _____

2. Según Ernesto, ¿cuáles son las ventajas de ser ama de casa?

   _____

   _____

3. Según Ernesto, ¿cuál es una de las desventajas de su trabajo?

   _____

4. A Estela y Ernesto les interesan varios temas de los artículos de Pedro. ¿Cuáles son?

   _____

   _____

5. ¿Qué solución propone Ernesto para cambiar la vida de él y la de Estela?

   _____

   _____

Videoteca

Los amigos animados

A. Los inmigrantes indocumentados

Alberto, Esteban y Nora conversan en casa
de Nora. Hablan sobre los inmigrantes
indocumentados.

❖ ❖ ❖

(Continúa.)

Conteste correctamente.

1. ¿Por qué se identifica Nora con los inmigrantes indocumentados?

_____

2. ¿Por qué no están de acuerdo Nora y Alberto con la opinión de Michael, el hermano de Esteban?

_____

3. Según Alberto, ¿cómo es el trabajo del campo?

_____

4. ¿Cómo lo sabe Alberto?

_____

5. Al final, ¿por qué se siente mejor Nora?

_____

6. ¿Ha cambiado la opinión de Esteban?

_____

B. ¿Nos ahorran tiempo las computadoras?

En la universidad, Mónica, Luis y Esteban conversan sobre las computadoras.

❖ ❖ ❖

¿Con quién asocia usted las siguientes afirmaciones? ¡**OJO**! Hay más de una respuesta para cada persona.

Esteban _____

Mónica _____

Luis _____.

a. Usa la computadora para hacer muchas cosas.
b. Dice que usará más la computadora en el futuro.
c. Siente que pasa todo el día trabajando en la computadora.
d. Cuando no tenía computadora, pensaba que tenerla le ahorraría mucho tiempo.
e. Le(s) molesta mucho la buzonfia.
f. Sólo abre los mensajes de la gente que conoce.
g. No le(s) gustaría tener que usar una máquina de escribir.
h. Cree que cada día dependemos más de las computadoras.

Escenas en contexto

Sinopsis

La señorita Castillo le ayuda a uno de los estudiantes en el laboratorio de computadoras.

VOCABULARIO ÚTIL

manejar	*to manage, work*
intenta	*try*
mandar	*to send*
la cuenta	*account*
el error tipográfico	*typo*
adjuntar	*to attach*
elegir (elija)	*to select*

Lea estas preguntas y luego vea el video para contestarlas.

A. ¿Cierto (**C**) o falso (**F**)?

1. _____ El estudiante está frustrado porque no puede leer sus mensajes electrónicos.

2. _____ La señorita Castillo quiere hacerlo primero y luego le pide al estudiante que lo haga.

3. _____ La señorita Castillo le dice que primero escriba la dirección electrónica del profesor.

4. _____ Después se hace clic, y el documento se manda.

5. _____ El estudiante tiene teléfono celular.

B. Complete con la información correcta.

1. Mariela dice que prefiere que el estudiante lo haga porque así

   _____.

2. ¿Cuáles son los pasos que le explica la señorita Castillo?

   Primero _____

   Ahora _____

   Ahora, con el ratón, _____

   Es necesario que _____

   Al final, _____

Lecturas

LECTURA

Cuento: «Colores que vuelan», por los autores de *Dos mundos*

PISTAS PARA LEER

La gente emigra generalmente por razones políticas, económicas o profesionales. En el caso de México, muchos de los inmigrantes que vienen a los Estados Unidos son personas que buscan trabajo. Ése es el caso del protagonista de este cuento: un hombre que llega al «Norte» en busca de empleo y, gradualmente, se integra a la sociedad estadounidense. ¿Cómo logra adaptarse el personaje?

VOCABULARIO ÚTIL

el arco iris	*rainbow*
salió retratado	*his photograph appeared*
el conserje	*janitor*
desteñida	*faded*
nunca se apartaba	*was never away*
el gancho	*hook*
los tambos	*trash cans* (*Mex.*)
se desate un tornado	*a tornado strikes*
el mero mero	verdadero, real (*Mex.*)
fiel	*loyal*
sordo	*deaf*
el seguro	*insurance*
el esmero	*care*
los escritos	*writing, articles*

Francisco Santana siempre iba a recordar el 2009 como el año de la felicidad. Su hija, Leticia, se había graduado en la escuela secundaria. Y lo había hecho de una manera especial: con «colores volantes», *flying colors,* según le dijo una de las maestras en la ceremonia de graduación.

—Qué manera de hablar tan chistosa tiene esta gente —le comentó Francisco a su esposa, Margarita, riéndose—. ¡Colores que vuelan! ¿Como los del **arco iris**?

—Eso quiere decir con buenas notas —le explicó ella.

—Lo importante —agregó Francisco— es que nuestra hija se graduó y la pusieron en la lista de alumnos excelentes. Y más importante aún es que Leti pronto va a ser maestra.

Francisco también recordaría el 2009 como el año en que **salió retratado** en el periódico. Era el periódico de Midwestern University, la universidad donde él trabajaba de **conserje**. ¡Caray, qué honor salir así, como una persona famosa! Francisco —Pancho, como lo llamaban los amigos— no lo pudo creer cuando vio la fotografía.

—¿Ese tipo tan feo soy yo? —le preguntó a Margarita.

—¡Claro que eres tú! ¡Y muy bien que te ves!

Sí, él era aquel hombre de la foto con su uniforme de kaki, la gorra de safari **desteñida,** la bolsa para la basura que **nunca se apartaba** de su lado y el **gancho** para recoger los papelitos y los desperdicios. Francisco Santana, Empleado del Año.

Margarita se alegró mucho y Leticia también reaccionó con alegría. Las dos estaban orgullosas de él. Francisco llevaba menos de diez años en el Norte y ya había salido en el periódico. Leti le leyó el artículo lentamente, para que él lo entendiera, y se lo tradujo al español… *Desde las siete de la mañana hasta las cinco de la tarde, Francisco Santana trabaja manteniendo limpio el campus…*

«¡Qué fuerte es el invierno en esta tierra!», exclamó Pancho, mientras vaciaba su bolsa de basura en uno de los grandes **tambos** del campus. Trabajar al aire libre en diciembre era como respirar hielo. Él trataba de moverse mucho, de caminar aprisa, casi trotando. El ejercicio probablemente le hacía bien. Lo mantenía en buena forma, como decía Leti, *in good shape.* En ocho años de nevadas en esta ciudad de Kansas llamada Topeka, él sólo había tenido un par de resfríos.

«Cuántas cosas pueden pasar en un año», se dijo Francisco a sí mismo, «Cosas terribles y cosas fantásticas.» El mundo estaba lleno de catástrofes, guerras y terrorismo, y sin embargo Pancho estaba teniendo experiencias maravillosas. La graduación de Leti, por ejemplo. Y luego en la universidad lo felicitaban porque ahora él, un conserje que recogía basura, era famoso.

Desde las siete de la mañana —como decía el artículo— hasta las cinco de la tarde, Francisco Santana mantiene limpio el campus. ¡Llueva, nieve o **se desate un tornado**! Siempre puntual, Pancho recoge una hoja de papel, una bolsita de hamburguesa o pizza, un lápiz perdido, una caja vacía, un cuaderno olvidado…

«*Mr. Santana es uno de nuestros mejores empleados. ¡El mejor del año!*» Así lo describía el presidente de la Midwestern University en el periódico. Un señor tan poderoso, un hombre que tantas cosas decidía, el **mero mero** jefe decía que él, «*good old Pancho*», era un empleado responsable y **fiel.**

El periodista que entrevistó a Francisco era un joven de mochila y tenis sucios, alto como tantos aquí. El muchacho le hablaba despacio, como si Francisco fuera **sordo…**

—*Mr. Santana, how . . . does it feel . . . to be . . . Employee of the Year?*

Luego el joven se puso a conversar en español. Francisco le agradeció el esfuerzo. El periodista le dijo que México era un país «*muy hermouso*», que había estado en Puerto Vallarta y le había parecido un «*paradiso*», que las mujeres mexicanas eran «*muy bounitas*».

—*I want to ask you a few questions, if you don't mind . . .*

El muchacho le hizo preguntas sobre su vida, que cuánto tiempo hacía que había venido, que de qué parte de México era, que cuántos hijos tenía. Pero el joven no le preguntó si Francisco tenía documentos legales. «No tiene por qué preguntarme eso», pensó Pancho, aunque estaba listo para responderle con orgullo que sí, que ya tenía su tarjeta, la deseada *Green Card.*

Después Pancho trató de hacerle algunas preguntas al periodista…

—Pues bien, joven, ¿qué significa para usted ser «Empleado del Año»?

—*It's a great honor, Mr. Santana.* Un honor grande.

—¿Significa que me van aumentar el sueldo?

—No sé… No creo.

—¿Me van a dar más beneficios del **seguro** médico?

—Yo no tengo esa información, Mr. Santana. Usted debe hablar con su jefe…

El periodista no pudo contestar ninguna de las preguntas, mucho menos la que más le interesaba a Francisco: —Si soy Empleado del Año, entonces… los estudiantes me van a saludar, ¿verdad? ¿Ya no me van a mirar como si yo fuera menos que un animal?

En todos los años que Francisco Santana llevaba trabajando en la Midwestern University, nadie se había parado a conversar con él. La gente pasaba y ni siquiera le decía «*Hello*». Algunos le ofrecían sonrisas incómodas, obligatorias. Sin quererlo, él ya se había acostumbrado a trabajar en silencio, como una sombra.

«Nunca es uno demasiado viejo para las buenas sorpresas», pensó Pancho, sintiéndose optimista. Para él, el 2009 sería el año de la felicidad. Su hija se había graduado y era una persona con conocimientos. Leti

(Continúa.)

iba a ser maestra; les iba a enseñar cosas del mundo y de la historia a los hijos de inmigrantes mexicanos. Ella los ayudaría a hacerse gente buena, a triunfar en la vida.

Por primera vez en la tierra del Norte, Francisco Santana se sentía visible. En la universidad habían notado su existencia, se habían dado cuenta de que él trabajaba con **esmero** y dedicación. Como decía el artículo: puntualmente, llueva, nieve o se desate un tornado.

—Los **escritos** tienen un poder muy extraño —le comentó Pancho a Margarita—. ¡Ahora todo el mundo me saluda! Los estudiantes y las secretarias y los profesores me dicen «*Good Morning, Mister Santana. How are you?*» Entiendo ahora por qué la gente quiere ser famosa. ¿Te imaginas, Margarita, que de pronto me llamen «Míster»?

Francisco Santana, «*good old Pancho*», nunca olvidaría este año. Entre tantas cosas increíbles, había aprendido que en los días más fríos y grises de diciembre, hay ciertos colores que vuelan por el aire.

Comprensión

Defina las siguientes palabras y frases. ¿Quién las dice o las piensa? ¿Qué significan?

1. el año de la felicidad

    _____

2. colores volantes

    _____

3. Empleado del Año

    _____

4. ¡Llueva, nieve o se desate un tornado!

    _____

5. No puedo darle esa información.

    _____

6. ¡Te ves muy bien en la foto!

    _____

7. *Green Card*

    _____

8. *good old Pancho*

    _____

9. ¡Buenos días, Mr. Santana!

    _____

10. Usted es un excelente empleado.

    _____

Un paso más... ¡a escribir!

Escriba un drama para representar este cuento. Su obra teatral debe tener cuatro escenas correspondientes a las cuatro partes de «Colores que vuelan». Incluya diálogos entre Francisco y los otros personajes: Margarita, Leticia, el presidente de la universidad y el periodista. ¡Y luego presente su drama en clase!

LECTURA

Cuento: «El monopolio de la moda», por Luis Britto García (Venezuela, 1940)

☀ PISTAS PARA LEER

En su obra, el escritor Luis Britto García describe el mundo moderno. Este cuento presenta una sátira de la sociedad de consumo. Su tono es muy intenso. Fíjese en la primera oración, que tiene sólo cuatro palabras. Ahora compárela con la última oración. ¿Cuántas líneas hay? ¿Qué efecto se consigue con esta estructura? Lea el cuento en voz alta. ¿Qué siente al leerlo así? ¿Se identifica con el personaje? Explique.

VOCABULARIO ÚTIL

convendrás	*you will arrange*
han cedido el paso	*have given way*
a cuyos efectos	*for this purpose*
el concesionario	*car dealer*
sobregirado	*overdrawn*
el mobiliario	*household goods*
elijas	*choose*
inhóspito	*unwelcoming*
sombrío	*somber, dark*
te arranques	*tear up*
incineres	*incinerate, burn up*
las cenizas	*ashes*
fluye	*flows*
el pavor	*terror, panic*
el cobrador	*collector*
babosos	*slimy*
comprometido	*committed*
los deudores	*indebted persons*

Ahora reposa y siéntate. Dentro de un instante entrará un vendedor a explicarte que tu televisor está pasado de moda y que debes comprar un nuevo modelo. En pocos minutos **convendrás** con él las condiciones del crédito, lograrás que te acepten el viejo modelo en el diez por ciento del precio y te dirás que en verdad una mañana de uso ya es suficiente. Al encender el nuevo aparato lo primero que notarás será que las modas del mediodía **han cedido el paso** a las modas de las dos de la tarde y que una tempestad de insultos te espera si sales a la calle con tus viejas corbatas de la una y veinticinco. Así atrapado, debes llamar por teléfono a la tienda para arreglar el nuevo crédito, **a cuyos efectos** intentarás dar en garantía el automóvil. El computador de la tienda registrará que el modelo es del día pasado y

(Continúa.)

por lo tanto inaceptable. Lo mejor que puedes hacer es llamar al **concesionario** y preguntarle sobre los nuevos modelos de esta mañana. El concesionario te preguntará qué haces llamándolo por ese teléfono de modelo anticuado, y le dirás es cierto, pero ya desde hace media hora estás **sobregirado** y no puedes cambiar de **mobiliario.** No hay más remedio que llamar al Departamento de Crédito, el cual accederá a recibir el viejo modelo por el uno por ciento de su precio a condición de que constituyas la garantía sobre los mobiliarios nuevos de las dos de la tarde para así recibir el modelo que **elijas,** de las diez, de las once, de las doce, de la una, de las dos y aun de las tres y media, éste el más a la moda pero desde luego al doble del precio aunque la inversión bien lo vale. Calculas que eso te da tiempo para llamar a que vengan a cambiar el congelador y la nevera, pero otra vez el maldito teléfono anticuado no funciona y minuto tras minuto el cuarto se va haciendo **inhóspito** y **sombrío.** Adivinas que ello se debe al indetenible cambio de los estilos y el pánico te irá ganando, e inútil será que en una prisa frenética **te arranques** la vieja corbata e **incineres** los viejos trajes y los viejos muebles de ayer y las viejas cosas de hace una hora, aún de sus **cenizas fluye** su irremediable obsolencia, el líquido **pavor** del que sólo escaparás cuando, a las cuatro, lleguen tu mujer y tus hijos cargados con los nuevos trajes y los nuevos juguetes, y tras ellos el nuevo vestuario y el nuevo automóvil y el nuevo teléfono y los nuevos muebles y el nuevo televisor y la nueva cocina, garantizados todos hasta las cinco, y el nuevo **cobrador** de ojos **babosos** que penetra sinuosamente en el apartamento, rompe tu tarjeta de crédito y te notifica que tienes **comprometido** tu sueldo de cien años, y que ahora pasas a los trabajos forzados perpetuos que corresponden a los **deudores** en los sótanos del Monopolio de la Moda.

Comprensión

A. Ponga en el orden correcto los siguientes sucesos, según el cuento.

_____ Un cobrador rompe la tarjeta de crédito del personaje.

_____ Llegan su esposa y sus hijos.

_____ El personaje conversa con un vendedor.

_____ Llama al Departamento de Crédito.

_____ Se arranca la corbata e incinera sus muebles.

B. Responda brevemente.

1. ¿Quién es la persona que dice «reposa y siéntate» en el cuento?
2. ¿Por qué siente pánico el personaje?
3. ¿Qué problemas tiene con su teléfono?
4. Describa la situación en que se encuentra el personaje.
5. ¿Por qué termina en los «sótanos del Monopolio de la Moda»?

Un paso más... ¡a escribir!

1. ¿Piensa usted que compramos muchos productos por la influencia de los anuncios comerciales?
2. ¿Cree que dependemos demasiado de las tarjetas de crédito en nuestra sociedad? ¿Cuál es el riesgo de usar demasiado una tarjeta de crédito?
3. ¿Sigue usted los estilos populares de la moda o prefiere tener su propio estilo? ¿Es difícil en nuestra sociedad tener una imagen personal diferente? ¿Por qué? ¿Cree usted que de verdad existe un «monopolio de la moda»?

Hablando del pasado

Actividades escritas 🖉

Capítulo 7, which concludes Part A of the *Dos mundos Cuaderno de actividades,* has been included here for instructors whose classes may not have gotten through it in the first semester.

Mis experiencias

✳ **Lea Gramática 7.1–7.2.**

A. Imagínese que un compañero / una compañera de su clase de español le pregunta si usted va a hacer las siguientes cosas. Dígale que usted ya las hizo **ayer (anteayer, anoche, la semana pasada,** etcétera).

MODELO: ¿Vas a hacer tu tarea de español esta noche? → *No, ya hice mi tarea ayer.*

1.   ¿Vas a estudiar esta noche?

   _____

2.   ¿Vas a ver una película mañana en la noche?

   _____

3.   ¿Vas a visitar a tus padres este fin de semana?

   _____

4.   ¿Vas a hacer ejercicio conmigo ahora? (conmigo → contigo)

   _____

5.   ¿Vas a ir de compras el sábado?

   _____

B. Complete el párrafo usando el pretérito de los verbos que aparecen entre paréntesis.

Ayer _____¹ (ser) un día difícil. ____ _____² (Levantarse: Yo) muy

tarde porque no _____³ (oír) el despertador. No ____ _____⁴

(ducharse); ____ _____⁵ (vestirse) rápido y _____⁶ (salir)

para el trabajo… Pero primero _____⁷ (ir) a la gasolinera y _____⁸

(poner) gasolina. Luego _____⁹ (manejar) muy rápido y casi

_____¹⁰ (llegar) a tiempo a mi trabajo… Bueno, _____¹¹

(llegar) un poco tarde, pero solamente cinco minutos. El jefe ____ _____¹²

(ponerse) furioso y me _____¹³ (dar) más trabajo que nunca. _____¹⁴

(Trabajar: Yo) todo el día; no _____¹⁵ (almorzar) ni _____¹⁶

(descansar) en todo el día. _____¹⁷ (Salir) del trabajo a las 6:00 de la tarde…

_____ _____¹⁸ (Tener que) correr para llegar a la universidad, a la

clase de las 7:00 de la noche. Pues… _____¹⁹ (asistir) a clase, pero no

_____²⁰ (oír) nada de lo que el profesor _____²¹ (decir).

¡_____²² (Dormir) durante las tres horas de la clase! Y ahora el problema es que

el miércoles tengo un examen… ¡Ay! ¿Qué voy a hacer?

C. Escriba una composición de 12 a 15 oraciones sobre el fin de semana pasado. ¿Adónde fue? ¿Con quién(es)? ¿Fue al cine? ¿Visitó a algún amigo? ¿Se divirtió? ¿Tuvo que trabajar? ¿Qué hizo el viernes por la noche? ¿y el sábado por la mañana/tarde/noche? ¿y el domingo por la mañana/tarde/noche?

MODELO: El viernes por la tarde salí del trabajo a las 6:00 y regresé a casa. A las 8:00 mi novia y yo cenamos en…

Las experiencias con los demás

★ Lea Gramática 7.3–7.4 y repase 7.1–7.2.

D. Complete el primer párrafo con lo que usted hizo ayer y el segundo con lo que hizo su amigo/a.

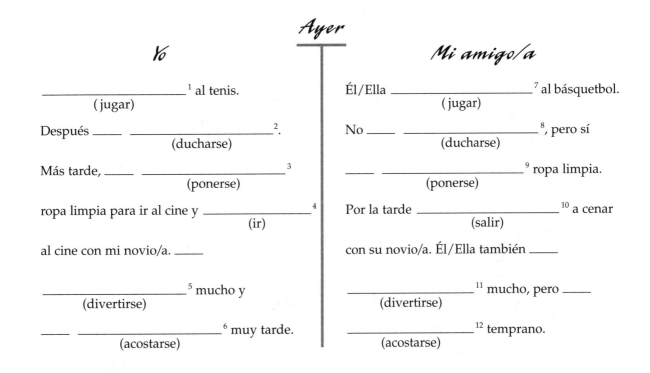

Ayer

Yo

_____ ¹ al tenis.
(jugar)

Después ____ _____ ².
(ducharse)

Más tarde, ____ _____ ³
(ponerse)

ropa limpia para ir al cine y _____ ⁴
(ir)

al cine con mi novio/a. ____

_____ ⁵ mucho y
(divertirse)

____ _____ ⁶ muy tarde.
(acostarse)

Mi amigo/a

Él/Ella _____ ⁷ al básquetbol.
(jugar)

No ____ _____ ⁸, pero sí
(ducharse)

____ _____ ⁹ ropa limpia.
(ponerse)

Por la tarde _____ ¹⁰ a cenar
(salir)

con su novio/a. Él/Ella también ____

_____ ¹¹ mucho, pero ____
(divertirse)

_____ ¹² temprano.
(acostarse)

E. Diga qué actividades hicieron las siguientes personas el fin de semana pasado; incluya por lo menos dos actividades para cada persona o grupo: mi hermano/a, mi mejor amigo/a, mis padres/hijos, mis amigos y yo, mi padre y yo, mi esposo/a (novio/a) y yo.

MODELOS: Mi hijo y yo → *Trabajamos en el jardín y después exploramos el Internet.*

Mi papá → *Mi papá jugó al golf con un amigo y por la noche fue al cine con mi mamá.*

1. _____

2. _____

3. _____

4. _____

5. _____

6. _____

F. Supongamos que usted y su esposo/a tuvieron que viajar fuera de la ciudad. Su hijo/a de dieciséis años se quedó solo/a en casa. Son las diez de la noche y usted está preocupado/a. Lo/La llama por teléfono y le hace muchas preguntas. Escriba un diálogo de 12 a 15 oraciones entre usted y su hijo/a sobre lo que él/ella hizo durante el día. Usted debe hacerle preguntas como: **¿Hiciste la tarea para la clase de biología?** Su hijo/a debe contestarlas y hacer otros comentarios: **Sí, mamá. Hice toda la tarea para la clase de biología y también terminé el proyecto para la clase de historia.** Use actividades como **almorzar, asistir a clases, desayunar, hacer la tarea, ir a trabajar, lavar los platos, levantarse, pasar la aspiradora, sacar al perro a pasear, practicar, recoger el periódico, sacar la basura, tender la cama.**

G. Mire los dibujos y escriba una narración de 12 a 15 oraciones sobre lo que hicieron Esteban y Raúl durante sus últimas vacaciones. No escriba simplemente una lista de actividades; haga una narración con detalles interesantes. (Es posible escribir más de una oración por dibujo.) ¡Sea creativo!

Hablando del pasado

✱ Lea Gramática 7.5.

H. ¿Cuánto tiempo hace que usted...

> MODELO: ¿Cuánto tiempo hace que usted compró ropa nueva? →
> *Hace dos meses que compré ropa nueva.*

1. se graduó en la escuela secundaria?

   _____

2. conoció a su profesor(a) de español?

   _____

3. limpió su casa/cuarto?

   _____

4. fue al cine con su novio/a?

   _____

5. se divirtió mucho con sus amigos?

   _____

I. Piense en sus compañeros de clase. ¿Qué actividades hicieron ellos?

> MODELO: hace diez días (que) → *Elena visitó a sus padres hace diez días.* o
> *Hace diez días que Elena visitó a sus padres.*

1. hace dos días (que)/

   _____

2. hace tres años (que)/

   _____

3. hace diez años (que)/

   _____

4. hace treinta segundos (que)/

   _____

5. hace una semana (que)/

   _____

J. Complete los párrafos con la forma correcta de los verbos entre paréntesis.

1. Colón _____ (llegar) a América en 1492, hace más de 500 años. El primer lugar que _____ (ver) _____ (ser) Guanahaní, una hermosa isla. Allí él y sus compañeros _____ (encontrar) a muchos indígenas pacíficos y amables pero muy tímidos.

2. Hace más o menos doscientos treinta años que los Estados Unidos _____ (declarar) su independencia de Inglaterra. El primer presidente de este país _____ (ser) George Washington. El país _____ (empezar) con trece colonias y ahora tiene cincuenta estados. En 1861, hace aproximadamente ciento cuarenta y cinco años, _____ (empezar) la Guerra Civil entre el Norte y el Sur. Esta guerra destructiva _____ (terminar) en 1865.

3. México _____ (declarar) su independencia de España hace más o menos ciento noventa y cinco años, en 1810. En 1822, cuando _____ (terminar) la guerra de independencia, Agustín de Iturbide se proclamó emperador, con el nombre de Agustín I. Agustín de Iturbide _____ (ser) emperador solamente de 1822 a 1823. Durante los años de la Guerra Civil de los Estados Unidos, México _____ (tener) otro emperador, el emperador Maximiliano de Austria. Maximiliano _____ (ser) emperador de México de 1864 a 1867. En 1867 _____ (regresar) el presidente Benito Juárez del exilio.

Resumen cultural

Complete con la información cultural del **Capítulo 7.**

1. ¿Cómo se dice "hey" o "buddy" en Argentina? _____

2. Nombre dos ciudades principales de Argentina. _____ y _____

3. El cinco de mayo de _____ los mexicanos ganaron la _____ contra las tropas francesas de Napoleón III.

4. ¿Quiénes son los cuatro criollos que contribuyeron a la independencia de Sudamérica? _____, _____, _____ y _____

5. ¿Qué es el Camino Inca? _____

_____

6. Los indígenas del Imperio Incaico son los _____.

7. ¿Qué expresión se usa para decir que es mejor estar solo/a que con un compañero / una

   compañera desagradable? _____

8. ¿Cuál es otra palabra que se usa para nombrar el idioma español? _____

9. Nombre los seis países sudamericanos por los cuales pasa la cordillera (las montañas) de los

   Andes. _____

   _____

10. _____ es el famoso artista español que pintó la obra *Guernica*.

11. *Xóchitl, la niña de las flores* es un libro del escritor salvadoreño _____.

12. ¿Qué celebración fue nombrada Patrimonio Oral e Inmaterial de la Humanidad?

    _____

13. El baile más popular del Carnaval de Oruro en Boliva es _____.

Actividades auditivas

Listening Comprehension Strategies

In **Paso A** and in **Capítulo 2** you found guides to help you get the most out of listening comprehension activities. Now that you may be starting your second semester with *Dos mundos,* remember that listening strategies can improve your comprehension without frustration or stress. At this point in your study, you have probably developed many useful strategies for working through the assignments in the **Actividades auditivas.** Those included here are intended to enhance your listening experience.

Some of you may be working with *Dos mundos* for the first time. If so, this section will be especially helpful. You may also want to review the listening guidelines found in the **Actividades auditivas** of **Paso A** and **Capítulo 2.**

Before starting, remember these basic steps.

- First, find a well-lit place in which to work—one where you can listen and write comfortably, without interruptions. Make sure you have the audio controls of the CD/audio player as well as the *Cuaderno* within easy reach. Do not begin listening until you are thoroughly familiar with the mechanism of your CD/audio player and feel comfortable using it.

Mis experiencias

A. ¡Otra fiesta!

> - The first step is to look at the accompanying drawing—a young man talking to an older lady. Both seem happy, and the older lady seems to be telling the young man that she went dancing. Make a mental note of this, and then read everything that is printed for the segment. Now you know that the young man is Raúl and that the lady is his grandmother. With this context in mind, listen to the segment to find out about the grandmother's dancing experience.
> - Let your mind create scenes that correspond to what you're hearing. Enjoy your exposure to the spoken language. This additional exposure will help you feel confident in real-life situations, especially now that you are beginning to use the past tense.
> - Notice that the preterite verb forms are included on top, after the directions. A good strategy is to number the verbs as you listen, then copy the verbs in the correct blank once you stop the CD/audio player. For instance, in the dialogue, the grandmother says **Anoche fui a una fiesta y bailé mucho.** The answers to question 1 are **fue** and **bailó,** so you should put the number 1 by those two words. The grandmother says **fui, bailé,** but **fue** and **bailó** are the correct answers because we are talking *about* her.
> - If the speakers are speaking too quickly for you, try this strategy: While listening a second time, listen only for the answers to questions 2, 4, and 6. Then, listen a third time for the answers to questions 1, 3, and 5. Now, stop the CD/audio player and write the answers in the correct blanks. You may want to listen a fourth time to verify that all your answers are correct.

VOCABULARIO ÚTIL

la libertad	*freedom*
extraño	*I miss*
los chistes	*jokes*
abrazos	*hugs*

Raúl Saucedo está en la Ciudad de México para pasar las vacaciones de Semana Santa con su familia. En este momento llama por teléfono a su abuela para saludarla.

❖ ❖ ❖

Complete correctamente las oraciones según el diálogo. Éstos son los verbos que necesita: **bailó, dijo** (use dos veces), **fue, llamó, pasó, regresó y salió.**

1. La abuela _____ a una fiesta anoche y _____ mucho.

2. Raúl _____ varias veces a su abuela ayer.

3. La abuela _____ de su casa a las 7:00 de la noche y

   _____ a las 5:00 de la mañana.

4. Después de la fiesta, la abuela _____ media hora charlando con don Enrique.

5. Raúl _____: —Abuela, ¡cuánto extraño sus chistes!

6. La abuela _____: —Entonces, tienes que venir a verme.

B. ¡Qué fin de semana!

> • You know the initial steps: Look at the title and at the drawing, read everything written about the segment, and listen a first time to get the gist of the dialogue. What are these two girls talking about? From the drawing you can already guess that one of them had a terrible day (**¡Tuve muchos problemas!**)
> • Now look at the activity: There are five multiple choice questions and for some questions there is more than one answer. A useful strategy here is the most common one: Decide which two questions to answer and listen only for those answers, for example, questions 1 and 3. Since you have already listened once, look at the answers and cross out any that seem completely illogical. Listen again for answers to questions 2 and 4. Listen a third time for the rest of the answers (in this case, question 5). You may even want to listen a fourth time to check your work.

VOCABULARIO ÚTIL

¡Qué fin de semana!	*What a weekend!*
arruinó	*she ruined*
¡Pobre de ti!	*You poor thing!*
tal vez esté celoso	*maybe he's jealous*

Es un domingo en la noche. Amanda está hablando por teléfono con su amiga Graciela.

Escoja la(s) mejor(es) respuesta(s). **¡OJO!** A veces hay más de una respuesta correcta.

1. Amanda está enojada con Guillermo porque…

   a. usó su bicicleta.

   b. gastó su dinero.

   c. usó todo su champú.

   d. llegó tarde de la escuela.

2. Otros problemas de Amanda son que…

   a. no pudo lavarse el pelo.

   b. la gata le arruinó el vestido.

   c. su novio no llegó.

   d. no recibió flores de su novio.

3. Diego…

   a. le escribió una carta a Amanda.

   b. a veces llama a Amanda.

   c. lavó el coche de Amanda.

   d. invitó a Amanda a comer en un restaurante.

(Continúa.)

4. Amanda cree que Ramón…

   a. es gordo.

   b. está celoso.

   c. es tímido.

   d. no tiene ganas de ir al cine.

5. Ramón sabe que Diego le escribió a Amanda porque…

   a. habló con él en la escuela.

   b. él encontró la carta.

   c. él leyó la carta.

   d. Diego es hermano de Graciela.

Las experiencias con los demás

C. Estela necesita un médico.

> - Follow the same initial steps. Because the answers here are visual, you may have to rely much more on the mental image you create of the dialogue.
> - Before listening a second time, select which questions you will focus on and think about what is shown in each of the drawings. For example: Number 1: there are three alternatives for Thursday night's dinner: a. Ernesto cooking and the children happy (**Ernesto cocinó.**); b. Ernesto and the children at a restaurant (**Fueron a un restaurante. / Cenaron en…**); c. Ernesto cooking and the children unhappy (**Ernesto cocinó; a los niños no les gustó.**). As you listen, you will hear several key phrases: ERNESTO: **Preparé yo la cena…** ; ESTELA: ¿ **…los niños pudieron comer lo que cocinaste?…** ; ERNESTITO: ¡No! **¡Ni el perro quiso comer lo que papá cocinó!** From this, you know that drawing **c** is the correct answer.
> - Use the same procedure to answer the other questions.

VOCABULARIO ÚTIL

el desastre	*disaster*
el día libre	*day off*
tampoco	*neither*
pelear	*to fight*
tumbaron	*they knocked down*

Estela Saucedo fue a Oaxaca para visitar a una amiga enferma. Pasó tres días con su amiga y regresó a su casa hoy, domingo, por la mañana. Poco después de llegar, Estela entró en la cocina con su esposo y sus dos niños…

¿Cuál es la escena verdadera?

1. _____ El jueves en la noche.

2. _____ El viernes por la mañana.

3. _____ El viernes en la tarde.

4. _____ También el viernes en la tarde.

(*Continúa.*)

5. _____ El domingo en la mañana.

D. ¡Una mujer valiente!

> 💡 • After listening the first time you have made a mental picture: Essentially, two young ladies are talking. One tells the other, who was absent from class, an anecdote told by their teacher.
> • The anecdote: On her wedding day, a girl seems to have been stood up. But, she is a brave girl who takes steps to remedy the situation.
> • Your task is to order several statements to summarize the anecdote. Read all the statements, and then listen again to firm up your mental image. Listen once or twice more as necessary to verify that you have the correct order.
>
> There are no suggestions for the rest of the segments in this chapter. We feel confident that you will be able to do each one of them successfully by following the preliminary steps outlined here and then mapping out an appropriate strategy. Listen to each segment as many times as you consider necessary. Remember, needing to listen several times to something new, and not in your native language, is quite normal.

VOCABULARIO ÚTIL

valiente	*brave*
Te perdiste	*You missed*
¿Qué pasó?	*What happened?*
Me muero de curiosidad	*I'm dying of curiosity*
tenía	*had*
casarse	*to get married*
el cura	*priest*
Se olvidó	*He forgot*
las piyamas	*la pijama (Mex.)*
los casó	*(he) married them*

Amanda no asistió a su clase de lengua hoy. Su amiga Graciela la llama y le cuenta una anécdota divertida que les contó el profesor.

❖ ❖ ❖

Ponga en orden la anécdota del profesor.

_____ Él abrió la ventana del balcón sorprendido.

_____ El cura casó a los novios; él en pijama y ella de vestido blanco, largo.

_____ La novia esperó una hora en la iglesia, pero el novio no llegó.

_____ Ella tocó a la puerta de la casa del novio.

_____ Ella lo insultó y lo llamó irresponsable.

_____ La novia, sus padres, los invitados y el cura salieron de la iglesia y fueron a casa del novio.

_____ El novio dijo: —¡Olvidé la fecha!

Hablando del pasado

E. Noticias del mundo hispano

VOCABULARIO ÚTIL

las noticias	*news*
la Feria Hispana del Libro	*Hispanic Book Fair*
el huracán	*hurricane*
los heridos	*wounded (people)*
los muertos	*casualties*
la campaña	*campaign*
el gobierno	*government*
el narcotráfico	*drug dealing*

Y ahora en KSUN, Radio Sol, un segmento especial de noticias del mundo.

❖ ❖ ❖

¿Dónde ocurrieron los siguientes eventos, en Miami (**M**), San Juan (**S**) o en Bogotá (**B**)?

1. _____ Hubo un huracán y hubo heridos.

2. _____ Varios escritores participaron en la Feria Hispana del Libro.

3. _____ El huracán Francisco destruyó muchas casas y edificios.

4. _____ Comenzó una campaña del gobierno para combatir el tráfico de drogas.

5. _____ Hubo muchos otros eventos culturales.

F. La familia de Armando

VOCABULARIO ÚTIL

eran   *they were*
allegada   *close, near*

Armando González es el hijo mayor de Susana Yamasaki; tiene trece años. Armando necesita escribir una composición sobre su familia, que es de origen japonés, y decide entrevistar a su mamá.

❖   ❖   ❖

Complete la información que falta en la composición de Armando.

Mi familia

Mi mamá nació el _____¹. *Nació hace* _____² *así que tiene* _____³ *años. Mis abuelos llegaron de Japón hace más o menos* _____⁴. *Regresaron a Japón una vez a* _____⁵, *hace nueve años. Les gusta mucho Japón, pero aquí* _____⁶ *más allegada. Mi mamá nunca ha visitado Japón, pero algún día* _____⁷ *y yo quiero ir con ella.*

¡A repasar!

G. El toque perfecto

VOCABULARIO ÚTIL

el toque   *touch*
¡No me cuentes!   *Don't tell me about it!*
Lo pasamos muy bien   *We had a very good time*
el arroz con pollo   *chicken and rice (typical Caribbean dish)*
la arena   *sand*

Hoy, lunes, Carla Espinosa y Rogelio Varela conversan en la universidad después de una clase.

❖   ❖   ❖

¿Cierto (**C**) o falso (**F**)? Si la oración es falsa, haga la corrección necesaria.

1. _____ Rogelio se divirtió el sábado en la playa.

2. _____ Carla llamó a Rogelio, pero nadie contestó el teléfono.

3. _____ En la playa Carla y sus amigos tomaron el sol, cantaron, nadaron mucho y jugaron al fútbol.

4. _____ Arturo sabe cocinar porque aprendió de su madre.

5. _____ Rogelio durmió una larga siesta en la biblioteca.

Pronunciación y ortografía

Ejercicios de pronunciación

I. PRONUNCIACIÓN: z, ce, ci

Most Spanish speakers pronounce the letter **z** and the letter **c** before **e** and **i** exactly as they pronounce the letter **s**.

A. Listen and pronounce the following words. Avoid any use of the sound of the English *z*.

cabeza, brazos, luz, azul, zapatos, tiza, diez, trece, edificio, independencia, recepcionista

In some areas of Spain, the letter **z** and the letter **c** before **e** and **i** are distinguished from the letter **s** by pronouncing **z** and **c** with a sound similar to the English sound for the letters *th* in *thin* and *thick*.

B. Listen to a speaker from Spain pronounce these words.

cabeza, brazos, luz, azul, zapatos, tiza, diez, trece, edificio, independencia, recepcionista

II. PRONUNCIACIÓN: l

In Spanish the letter **l** is pronounced almost the same as the English *l* in *leaf*, but it is not at all similar to the American English *l* at the end of *call*.

A. Listen and pronounce the following words. Concentrate on the correct pronunciation of the letter **l**.

color, fútbol, tradicional, español, lentes, abril, hospital, fácil, aquel, papeles

B. Listen and pronounce the following sentences. Pay special attention to the correct pronunciation of the letter **l**.

1. ¿Vas a ir al hospital a ver a Miguel?
2. Mi automóvil está al lado de aquel edificio.
3. En abril no hace mal tiempo aquí.
4. ¿Cuál es tu clase favorita, la de español?
5. ¿Quieres comprar papel azul o blanco?
6. Este edificio es muy moderno; aquél es más tradicional.

Ejercicios de ortografía

I. THE LETTERS s AND z; THE COMBINATIONS ce AND ci

The letters **s**, **z**, and the letter **c** before the letters **e** and **i** are pronounced identically by most speakers of Spanish. When writing, it is necessary to know which of these letters to use.

A. Practice writing the words you hear with the letter **s**.

1. _____
2. _____
3. _____
4. _____
5. _____

B. Practice writing the words you hear with the letter **z**.

1. _____
2. _____
3. _____
4. _____
5. _____

C. Practice writing the words you hear with the letter **c**.

1. _____
2. _____
3. _____
4. _____
5. _____

II. STRESS ON PRETERITE VERB FORMS

Two of the regular preterite verb forms (the **yo** form and the **usted, él/ella** form) carry a written accent mark on the last letter. The accent mark is needed because these forms end in a stressed vowel.

A. Listen to the following preterite verbs and write each correctly with an accent mark.

1. _____   6. _____
2. _____   7. _____
3. _____   8. _____
4. _____   9. _____
5. _____   10. _____

● None of the forms of preterite verbs with irregular stems are stressed on the last syllable and consequently they are not written with an accent mark.

B. Listen and write the following preterite verbs.

1. _____   5. _____

2. _____   6. _____

3. _____   7. _____

4. _____

III. ORTHOGRAPHIC CHANGES IN THE PRETERITE

Some verbs have a spelling change in certain preterite forms.

In verbs that end in **-car, c** changes to **qu** in the preterite forms that end in **-e** in order to maintain the **k** sound of the infinitive. Common verbs in which this change occurs are **sacar** (*to take out*), **buscar** (*to look for*), **tocar** (*to touch; to play an instrument*), **comunicar** (*to communicate*), **explicar** (*to explain*), and **secar** (*to dry*). Compare these verb forms.

| yo saqué | yo busqué | yo toqué | yo sequé |
| él sacó | él buscó | él tocó | él secó |

In verbs that end in **-gar, g** changes to **gu** in the preterite forms that end in **-e** in order to maintain the **g** sound of the infinitive. Common verbs in which this change occurs are **entregar** (*to hand in*), **jugar** (*to play*), **llegar** (*to arrive*), **navegar** (*to sail*), **obligar** (*to oblige*), **pagar** (*to pay*), **apagar** (*to turn off*), and **regar** (*to water* [*plants*]). Compare these verb forms.

| yo pagué | yo jugué | yo llegué | yo obligué |
| él pagó | él jugó | él llegó | él obligó |

In verbs that end in **-zar, z** changes to **c** before **e**. Common verbs in which this change occurs are **abrazar** (*to embrace*), **almorzar** (*to have lunch*), **comenzar** (*to begin*), **cruzar** (*to cross*), **empezar** (*to begin*), **rechazar** (*to reject*), and **rezar** (*to pray*). Compare these forms.

| yo crucé | yo almorcé | yo empecé | yo comencé |
| él cruzó | él almorzó | él empezó | él comenzó |

Note that in the verb **hacer,** the **c** changes to **z** before **o** in order to maintain the same sound as in the infinitive.

yo hice   él hizo

In verbs that end in **-uir** (but not **-guir**), **i** changes to **y** whenever it is unstressed and between vowels. Common verbs in which this change occurs are **concluir** (*to conclude*), **construir** (*to construct*), **destruir** (*to destroy*), **distribuir** (*to distribute*), **huir** (*to flee*), and **incluir** (*to include*). Compare these verb forms.

yo	construí	concluí	distribuí
él	construyó	concluyó	distribuyó
ellos	construyeron	concluyeron	distribuyeron

Note the same change in the verbs **caer, creer,** and **leer.**

yo	caí	creí	leí
él	cayó	creyó	leyó
ellos	cayeron	creyeron	leyeron

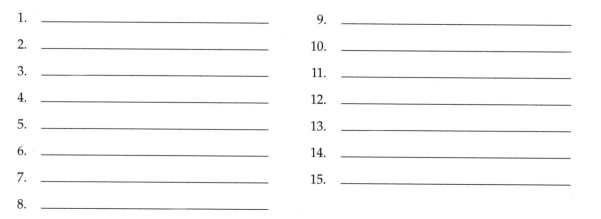

A. Listen to the sentences and write them correctly. Pay close attention to the spelling of preterite verbs and to the correct use of accent marks.

1. _____
2. _____
3. _____
4. _____
5. _____
6. _____
7. _____
8. _____
9. _____
10. _____

B. Now listen to a mixture of preterite verbs and write them correctly using a written accent when needed.

1. _____   9. _____
2. _____   10. _____
3. _____   11. _____
4. _____   12. _____
5. _____   13. _____
6. _____   14. _____
7. _____   15. _____
8. _____

● Videoteca

Los amigos animados

A. El secreto

Silvia Bustamante conversa con Alfredo Gil,
su amigo uruguayo, en la librería de la
universidad.

¿Con quién asocia usted la siguiente información, con Silvia (**S**), con Alfredo (**A**) o con Angélica (**AN**)?

1. ____ No estuvo en casa ayer.

2. ____ Fue al cine con algunos amigos.

3. ____ Tiene un secreto.

4. ____ Salió con una amiga de Silvia.

5. ____ No habló de Alfredo con su amiga.

6. ____ Se sorprendió cuando oyó que Angélica es amiga de Alfredo.

B. El periódico *La Voz*

En este segmento comercial de KSUN, el escritor
Pedro Ruiz habla del periódico mexicano *La Voz*.

¿Por qué recomienda Pedro Ruiz *La Voz*? Complete las oraciones.

Hace más de cincuenta años que *La Voz* comenzó a publicar los artículos más completos sobre

_____[1]. Durante todos esos años, *La Voz* les trajo a sus lectores las últimas

noticias _____[2]. *La Voz* también les ofrece a sus lectores interesantes artículos

sobre _____, _____ y _____[3].

Si a usted le gusta leer y quiere _____[4] bien informado, lea *La Voz*.

Escenas en contexto

Sinopsis
Roberto y Martín conversan sobre sus
actividades de ayer.

VOCABULARIO ÚTIL

callado/a	*quiet*
¿Saliste bien?	*Did you do well?*
Y a que no sabes…	*I bet you can't guess . . .*
me detuvo	*stopped me*
el exceso de velocidad	*speeding*
fue sin querer	*it wasn't on purpose*
la multa	*fine; ticket*
¡Qué pena!	*That's too bad!*
Lo siento	*I'm sorry*
¡Qué mala onda!	*How awful!*

Lea estas preguntas y luego vea el video para contestarlas.

A. ¿Cierto (**C**) o falso (**F**)?

1. _____ Martín tuvo un examen ayer en su clase de economía.

2. _____ Después de su examen, Martín almorzó en un restaurante chino.

3. _____ La comida estuvo excelente.

4. _____ Martín nunca llegó al trabajo porque un policía le puso una multa.

5. _____ Roberto no trabajó ayer.

B. Complete con la información correcta.

1. Martín tuvo un examen en su clase de _____.

2. Martín salió a almorzar en un restaurante con _____.

3. El jefe de Martín se enojó porque _____

4. Roberto se levantó tarde, _____, miró la televisión, fue al parque y

_____.

● Lecturas

LECTURA

Novela: «Ana Luisa», por José Emilio Pacheco

Selección de su novela *El principio del placer* (1994)

PISTAS PARA LEER

José Emilio Pacheco (1939) es un famoso escritor mexicano. En esta novela de Pacheco, un adolescente rico llamado Jorge cuenta su historia en forma de diario. Al comenzar su historia, Jorge conoce a Ana Luisa, una muchacha pobre en Veracruz, y **se enamora** de ella. Luego narra varias actividades: él viaja en **tranvía,** maneja un carro, va al cine, pasea por el zócalo y le escribe una nota de amor a Ana Luisa. La novela muestra así la primera experiencia romántica de Jorge. Al leer su diario, piense en esa experiencia: ¿Cómo es?

VOCABULARIO ÚTIL

se enamora	*falls in love*
el tranvía	*streetcar*
desenvuelto	*confident*
cuando saliera	*when she left*
pasará	*will happen*
Me volaron	*I failed*
la boleta	*report card*
Un mordelón nos detuvo	*We were stopped by a cop*
al volante	*behind the wheel*
pedía	*(he) asked for*
el permiso de aprendizaje	*learning permit*
Ni sombra de	*No sign of*
De vuelta	*After returning*
Me lo hubieras dicho	*You should've told me*
No he escrito	*I haven't written*
haberme enamorado	*having fallen in love*
no supe	*I didn't know*
podré	*I will be able*
me puse a dar vueltas	*I went for a stroll*
helados	*ice cream*
Ni te hagas ilusiones	*Don't get your hopes up*
Después de mucho dudarlo	*After much doubt*
la parada del tranvía	*streetcar stop*
Estoy enamorado de ti	*I'm in love with you*
te saludaré	*I will greet you*
que ya no te moleste	*that I don't bother you anymore*
la metida de pata	*blunder*

(Continúa.)

Hoy conocí a Ana Luisa, una amiga de mis hermanas, hija de la señora que les cose la ropa. Vive más o menos cerca de nosotros, aunque en una zona más pobre, y trabaja en «El paraíso de las telas».[1] Estuve timidísimo. Luego traté de aparecer **desenvuelto** y dije no sé qué estupideces.

Al terminar las clases me quedé en el centro con la esperanza de ver a Ana Luisa **cuando saliera** de la tienda. Me subí al mismo tranvía *Villa del Mar por Bravo* que toma para regresar a su casa. Hice mal porque estaba con sus amigas. No me atreví a acercarme, pero la saludé y ella me contestó muy amable. ¿Qué **pasará**? Misterio.

Exámenes trimestrales. **Me volaron** en química y en trigonometría. Por suerte mi mamá aceptó firmar la **boleta** y no decirle nada a mi padre.

Manejé desde Villa del Mar hasta Mocambo. Durán dice que lo hago bastante bien. Me parece buena persona aunque ya tiene como veinticinco años.[2] **Un mordelón nos detuvo** porque me vio muy chico para andar **al volante.** Durán lo dejó hablar mientras el tipo me **pedía** la licencia o el **permiso de aprendizaje.** Luego Durán le dijo quién era mi papá[3] y todo se arregló sin necesidad de dinero.

Ni sombra de Ana Luisa en muchos días. Parece que se tuvo que ir a Jalapa[4] con su familia. Doy vueltas por su casa y siempre está cerrada y a oscuras.

Fui al cine con Durán. A la entrada nos esperaba su novia. Me cayó bien. Es simpática. Está bonita pero un poco gorda y tiene un diente de oro. Se llama Candelaria, trabaja en la farmacia de los portales.[5] La fuimos a dejar a su casa. **De vuelta** le confesé a Durán que estaba fascinado con Ana Luisa. Respondió:
—**Me lo hubieras dicho** antes. Te voy a ayudar. Podemos salir juntos los cuatro.

No he escrito porque no pasa nada importante. Ana Luisa no vuelve todavía. ¿Cómo puedo **haberme enamorado** de ella si no la conozco?

Volvió Ana Luisa. Vino a la casa. La saludé, pero **no supe** cómo ni de qué hablarle. Después salió con mis hermanas. ¿En qué forma **podré** acercarme a ella?

Llegué al zócalo a las seis y media. Me encontré a Pablo y a otros de la escuela y **me puse a dar vueltas** con ellos. Al rato apareció Ana Luisa con Maricarmen y la Nena.[6] Las invité a tomar **helados** en el «Yucatán». Hablamos de películas y de Veracruz. Ana Luisa quiere irse a México.[7] Durán vino a buscarnos en el coche grande y fuimos a dejar a Ana Luisa. En cuanto ella se bajó, mis hermanas empezaron a burlarse de mí. Hay veces en que las odio de verdad. Lo peor fue lo que dijo Maricarmen:
—**Ni te hagas ilusiones,** chiquito: Ana Luisa tiene novio, sólo que no está aquí.

Después de mucho dudarlo, por la tarde esperé a Ana Luisa en la **parada del tranvía.** Cuando se bajó con sus amigas la saludé y le dejé en la mano un papelito:
*Ana Luisa: **Estoy enamorado de ti.** Me urge hablar contigo a solas. Mañana **te saludaré** como ahora. Déjame tu respuesta en la misma forma. Dime cuándo y dónde podemos vernos, o si prefieres **que ya no te moleste.***
Luego me pareció una **metida de pata** la última frase, pero ya ni remedio. No me imagino qué va a contestarme…

[1]Es una tienda de ropa.   [2]Durán trabaja para el padre de Jorge; es su asistente.   [3]Su papá es un militar rico y hombre de influencia.   [4]Ciudad en las montañas, capital del estado de Veracruz, México.   [5]Se refiere al centro de la ciudad.   [6]Maricarmen y la Nena son las hermanas de Jorge.   [7]Se refiere a la capital del país, Ciudad de México.

Comprensión

¿Qué hizo Jorge? Marque el orden correcto con números del 1 al 10.

_____ En la parada del tranvía, le dio una nota (un papelito) a Ana Luisa.

_____ Invitó a sus hermanas y a Ana Luisa a tomar helado.

_____ Conoció a Ana Luisa y se sintió tímido.

_____ Manejó el carro y lo paró un policía.

_____ Conoció a Candelaria, la novia de Durán, en el cine.

_____ Saludó a Ana Luisa en un tranvía.

_____ Dio vueltas por la casa de Ana Luisa y la encontró cerrada y oscura.

_____ Se encontró con varios amigos en el zócalo y dio vueltas con ellos.

_____ Habló de películas y Veracruz con sus hermanas y Ana Luisa.

_____ Tomó los exámenes de química y trigonometría.

 Un paso más... ¡a escribir!

Imagínese que usted tiene un nuevo amigo o una nueva amiga. Describa en una página dónde y cómo conoció a esa persona, adónde fueron durante el primer mes de conocerse y qué hicieron. Puede usar la forma de un diario como lo hace José Emilio Pacheco en su novela.

LECTURA

Canción: «Castillos en el aire», por Alberto Cortez

Selección de su libro *Soy un ser humano* (1985)

💡 PISTAS PARA LEER

Alberto Cortez (1940) es un famoso compositor y cantante argentino. Su canción «Castillos en el aire» cuenta la historia de un hombre que quiso volar. Primero, lea la canción en voz alta, notando la rima. Luego léala considerando estas preguntas: **¿Por qué quiso volar el hombre? ¿Cuál fue la reacción de la gente?** (Si quiere ver y escuchar a Alberto Cortez cantando esta canción, puede encontrarlo en el Internet.)

VOCABULARIO ÚTIL

los castillos	*castles*
Quiso	*He tried to*
las gaviotas	*seagulls*
alzó	*(he) raised, lifted*
ganando altura	*gaining altitude*
guardando cordura	*keeping their sanity*
el algodón	*cotton*
la razón	*reason, logic*
convocó al duende	*he summoned the elf (spirit)*
tienen mucho que ver	*have much to do*
dichoso	*happy*
cundió la alarma	*panic struck*
No vaya a ser que fuera contagioso	*In case it could be contagious*
contundente	*overwhelming*
la chifladura	*craziness*

(Continúa.)

Castillos en el aire

Quiso volar, igual que las **gaviotas**
libre en el aire, por el aire libre
y los demás dijeron: «Pobre idiota…
no sabe que volar es imposible.»

Mas él **alzó** sus sueños hacia el cielo
y poco a poco, fue **ganando altura**
y los demás, quedaron en el suelo
guardando cordura.

Y construyó castillos en el aire,
a pleno sol, con nubes de **algodón,**
en un lugar, adonde nunca nadie
pudo llegar usando la **razón.**

Y construyó ventanas fabulosas,
llenas de luz, de magia y de color
y **convocó al duende** de las cosas
que **tienen mucho que ver** con el amor.

En los demás, al verlo tan **dichoso,**
cundió la alarma; se dictaron normas.
No vaya a ser que fuera contagioso
tratar de ser feliz de aquella forma…

La conclusión es clara y **contundente,**
lo condenaron, por su **chifladura**
a convivir de nuevo con la gente,
vestido de cordura.

Por construir castillos en el aire,
a pleno sol, con nubes de algodón
en un lugar adonde nunca nadie
pudo llegar usando la razón.

Y por abrir ventanas fabulosas…
llenas de luz, de magia y de color
y convocar al duende de las cosas
que tienen mucho que ver con el amor.

Acaba aquí, la historia del idiota
que por el aire, como el aire libre,
quiso volar igual que las gaviotas…
pero eso es imposible… ¿o no?

Comprensión

Cuente la historia que se narra en esta canción, basándose en los siguientes temas.

1. Lo que quiso y pudo hacer el hombre.

2. Las cosas que construyó.

3. La reacción que tuvieron las otras personas (los demás).

4. El resultado del acto del hombre.

5. La pregunta al final de la canción: «¿o no?»

Un paso más… ¡a escribir!

Imagínese que usted conoce a una persona muy interesante que quiso hacer algo «diferente». Escríbale una canción o un poema a esa persona. ¿Qué quiso hacer él o ella? ¿Pudo hacerlo? ¿Cómo reaccionó la gente? Use «Castillos en el aire» como modelo y, si quiere, invente una melodía para su canción.

MODELO:

Quiso _____, igual que _____

y los demás dijeron: _____

Mas él/ella alzó sus sueños hacia el cielo

y poco a poco _____…

Expansión gramatical

This **Expansión gramatical** is intended to help expand your knowledge of Spanish grammar at a more advanced level. These topics are often encountered during a second-year course, but you may want to explore some of them on your own. Your instructor may also want to cover these areas after finishing *Dos mundos*. Answers to the exercises in this section are included in the Answer Key at the back of this *Cuaderno*.

The grammar that you have studied in *Dos mundos* is by no means all the grammar that you will need to know in order to read, write, and speak native-sounding Spanish, but don't be discouraged. You can already communicate with native speakers on a wide array of topics, and your ability to understand spoken and written material will allow you to interact comfortably with the Spanish-speaking world. Much of your knowledge of advanced grammar will come not from rules and exercises but from interacting with native speakers, reading, listening to the radio, and watching TV. All of these activities are powerful ways to acquire grammar in a meaningful context. Many nonnative speakers of Spanish become lifelong learners, continually adding to their repertoire of vocabulary and grammatical knowledge, all the while enjoying their contact with the Spanish-speaking world. **¡Buen viaje!**

1. Indicating to Whom Something Belongs: Possessive Pronouns

A. When a possessive adjective (**mi, tu, nuestro/a, vuestro/a, su**) functions as a noun, it is called a possessive pronoun (**mío/a, tuyo/a, nuestro/a, vuestro/a, suyo/a**).

| —¿De quién son estos pantalones? | —*Whose pants are these?* |
| —Son **míos.** | —*They're mine.* |

| —¿Son de Alberto estas corbatas? | —*Do these ties belong to Alberto?* |
| —Sí, creo que son **suyas.** | —*Yes, I think they're his.* |

B. Note that possessive pronouns change their form to show gender and number. When a possessive pronoun replaces a specific noun, many Spanish speakers use a definite article (**el, la, los, las**) with the pronoun.

	SINGULAR		PLURAL	
(yo)	el mío	la mía	los míos	las mías
(tú)	el tuyo	la tuya	los tuyos	las tuyas
(usted, él/ella)	el suyo	la suya	los suyos	las suyas
(nosotros/as)	el nuestro	la nuestra	los nuestros	las nuestras
(vosotros/as)	el vuestro	la vuestra	los vuestros	las vuestras
(ustedes, ellos/as)	el suyo	la suya	los suyos	las suyas

—¿Dónde están los coches?	—*Where are the cars?*
—**El mío** está aquí, pero **el tuyo** no.	—*Mine is here, but not yours.*
—¿Dónde están las calculadoras?	—*Where are the calculators?*
—**La mía** está en casa. ¿Dónde está **la tuya**?	—*Mine is at home. Where is yours?*
—¿Es suyo ese coche pequeño?	—*Is that small car yours?*
—No, **el nuestro** es el grande que está allí.	—*No, ours is the big one that is over there.*

C. In Spanish one possessive pronoun (**el suyo**) corresponds to the English possessive pronouns *yours* (singular or plural), *his, hers,* and *theirs.* Therefore, out of context, the sentence **El suyo no ha llegado** could correspond to all of the following English meanings: *His/Hers/Theirs/Yours (sing., pl.) hasn't arrived.* Normally, in conversation, context will tell you to what and to whom **suyo/a/os/as** refers.

—¿Es ésta la bicicleta de Mónica?	—*Is this Monica's bicycle?*
—No, es **la mía. La suya** está en casa.	—*No, it's mine. Hers is at home.*

As an alternative to **suyo,** you may use the article followed directly by **de** plus the name of the person.

—¿Es de Alberto esta patineta amarilla?	—*Does this yellow skateboard belong to Albert?*
—No, **la de Alberto** es roja.	—*No, Albert's is red.*

For more information on nominalization of adjectives see **Gramática 13.1** in the *Dos mundos* textbook.

Ejercicio 1

Carmen encuentra (*finds*) varias cosas en el salón de clase. Ella le pregunta (*asks*) a Alberto de quién son. Dé las respuestas de Alberto según el modelo (*according to the model*).

> MODELO: ¿De quién son estas plumas? ¿Son de los estudiantes? →
> Sí, son *suyas.* (No, no son *suyas,* son de la profesora Martínez.)

1. ¿De quién es este abrigo? ¿Es tuyo? _____

2. ¿De quién son estas mochilas? ¿Son de Pablo y Lan? _____

3. ¿De quién es este cuaderno? ¿Es mío? _____

4. ¿De quién son estas calculadoras? ¿Son de Mónica y Nora? _____

5. ¿De quién es este reloj? ¿Es de Luis? _____

6. ¿De quién es este diccionario? ¿Es nuestro? _____

7. ¿De quién son estas rosas? ¿Son de la profesora Martínez? _____

8. ¿De quién es esta patineta? ¿Es de Esteban? _____

9. ¿De quién es este disco compacto? ¿Es tuyo? _____

10. ¿De quién son estos papeles? ¿Son míos? _____

2. Asking and Answering Questions: Patterns in the Preterite

A. Four common question-and-answer patterns in the preterite include **yo** or **nosotros/as** verb forms in the answer. If the question refers to *you*, then your answer will use the **yo** form of the verb. If the question refers to *you and others*, then your answer will use the **nosostros/as** form of the verb.

INFORMAL SINGULAR

—*Did you . . . ?*
—*Yes, I did. / No, I didn't.*

QUESTION	ANSWER	EXAMPLE
¿ -aste?	-é.	—¿Terminaste? —Sí, terminé.
¿ -iste?	-í.	—¿Comiste? —No, no comí.

POLITE SINGULAR

—*Did you . . . ?*
—*Yes, I did. / No, I didn't.*

QUESTION	ANSWER	EXAMPLE
¿ -ó usted?	-é.	—¿Terminó usted? —Sí, terminé.
¿ -ió usted?	-í.	—¿Comió usted? —No, no comí.

INFORMAL AND POLITE PLURAL (**Latin America**); POLITE PLURAL (**Spain**)

—*Did you . . . ?*
—*Yes, we did. / No, we didn't.*

QUESTION	ANSWER	EXAMPLE
¿ -aron ustedes?	-amos.	—¿Terminaron ustedes? —Sí, terminamos.
¿ -ieron ustedes?	-imos.	—¿Comieron ustedes? —No, no comimos.

INFORMAL PLURAL (**Spain**)

—*Did you . . . ?*
—*Yes, we did. / No, we didn't.*

QUESTION	ANSWER	EXAMPLE
¿ -asteis vosotros/as?	-amos.	—¿Terminasteis vosotros/as? —Sí, terminamos.
¿ -isteis vosotros/as?	-imos.	—¿Comisteis vosotros/as? —No, no comimos.

B. If the question refers to others, the verb form in the question and answer will usually be the same.

—¿**Llegó** tu hermano a las ocho?   *—Did your brother arrive at eight?*
—No, **llegó** más tarde.   *—No, he arrived later.*

—¿**Viajaron** tus padres a Europa?   *—Did your parents travel to Europe?*
—Sí, **viajaron** a España y Portugal.   *—Yes, they traveled to Spain and Portugal.*

Ejercicio 2

Conteste sí o no.

MODELO: ¿Te lavaste el pelo? → Sí, *me lavé* el pelo. (No, no *me lavé* el pelo.)

Ayer,…

1. ¿fuiste a un concierto? _____

2. ¿cenaste con tus abuelos? _____

3. ¿escribiste un mensaje electrónico? _____

4. ¿compraste un auto? _____

5. ¿leíste un poema? _____

La semana pasada, ¿tú y tus amigos…

6. hicieron un viaje? _____

7. vieron una película buena? _____

8. ganaron dinero en la lotería? _____

9. dieron una fiesta? _____

10. sacaron muchas fotografías? _____

3. Using Regional Pronouns: *vos* and *vosotros/as* Forms

A. The pronouns **tú** and **usted(es)** are used by the majority of Spanish speakers and are recognized by everyone. However, as you know, Spanish has two other pronouns that are equivalent to English *you*: **vos** (*informal, singular*) and **vosotros/as** (*informal, plural*).

    In some countries, particularly Argentina, Uruguay, Paraguay, and most of Central America, speakers prefer to use the pronoun **vos** and its verb forms when speaking with friends and family. **Vos** is also used by many speakers in parts of Colombia, Chile, and Ecuador. If you travel to areas where **vos** is used, everyone will accept that you use **tú** and **usted** because you are a foreigner, but if you stay in one of those countries for any length of time, you will probably find yourself using **vos** and its verb forms with your friends.

    Like **tú,** the plural pronoun **ustedes** is recognized and used by all speakers of Spanish. However, in the northern and central areas of Spain, including Madrid, speakers distinguish between informal and formal *you* in the plural. They use **vosotros/as** as an informal plural pronoun and **ustedes** as a formal plural pronoun.

B. Except for the present indicative and subjunctive (and some forms you have not yet learned), the **vos** verb forms are almost identical to the **tú** verb forms. In the present tense, use the endings **-ás** for **-ar**

verbs, **-és** for **-er** verbs, and **-ís** for **-ir** verbs. Stem vowels do not change: **querés, podés, dormís.** Note in the examples that follow that, unlike the pronoun **tú,** the pronoun **vos** is commonly used in place of someone's name.

¿Qué **querés** comer **vos**?	*What do you want to eat?*

The affirmative **vos** commands are formed with the infinitive minus its **-r: terminá, comé, escribí.**

Vení con nosotros.	*Come with us.*

Most other tenses use the same forms as **tú.**

¿Adónde **fuiste** ayer **vos**?	*Where did you go yesterday?*
Y **vos,** ¿dónde **vivías** de joven?	*And you, where did you live in your youth?*
¿Qué **estás** haciendo **vos**?	*What are you doing?*
¿**Has** terminado **vos**?	*Have you finished?*

The subject pronoun **vos** is also used after a preposition. All other pronouns, as well as the possessive adjectives, are the same as the **tú** forms.

Este regalo es para **vos.**	*This gift is for you.*
Vos, ¿cómo es el clima en **tu** ciudad?	*What's the weather like in your city?*
¿En qué hotel **te quedaste vos**?	*At which hotel did you stay?*
No **te** vi ayer, **vos.** ¿Dónde **estabas**?	*I didn't see you yesterday. Where were you?*
Te voy a contar un buen chiste, **vos.**	*I'm going to tell you a good joke.*

C. Here is a review of the **vosotros/as** endings for the tenses you have learned so far. Like the pronoun **tú,** the pronoun **vosotros/as** is usually dropped.

PRESENT: habláis, coméis, recibís
PAST: hablasteis, comisteis, recibisteis
IMPERFECT: hablabais, comíais, recibíais
PRESENT PROGRESSIVE: estáis + hablando/comiendo/recibiendo
PRESENT PERFECT: habéis + hablado/comido/recibido
AFFIRMATIVE COMMANDS: hablad, comed, recibid

¿Qué **queréis** comer?	*What do you want to eat?*
¿Adónde **fuisteis**?	*Where did you go?*
Y **vosotros,** ¿dónde **vivíais** cuando **estabais** en Madrid?	*And you, where did you live when you were in Madrid?*
¿Qué **estáis** haciendo?	*What are you doing?*
¿**Habéis** terminado?	*Have you finished?*

The pronouns are **vosotros/as** (subject, object of preposition), **vuestro/a/os/as** (possessive), and **os** (all other object pronouns).

Soy de Madrid. ¿De dónde sois **vosotros**?	*I'm from Madrid. Where are you from?*
Estos billetes son para **vosotras.**	*These tickets are for you.*
¿Cómo es el clima en **vuestro** país en el invierno?	*What's the weather like in your country in the winter?*
No **os** vi ayer. ¿Dónde estabais?	*I didn't see you yesterday. Where were you?*
Os voy a contar una historia interesante.	*I'm going to tell you an interesting story.*
¿En qué hotel **os** hospedasteis?	*At which hotel did you stay?*

Ejercicio 3

Aquí tiene usted una conversación entre dos amigos en Argentina. Imagínese que el diálogo ahora tiene lugar en Cuba, y haga los cambios necesarios para cambiar las formas verbales de **vos** por las de **tú.**

—¿Vas a quedarte en casa esta noche vos? _____ 1

—No, pienso salir al cine. ¿Y vos? _____ 2

—No sé.

—¿Por qué no venís conmigo vos? _____ 3

—¿Qué pensás hacer después del cine? _____ 4

—Dar una vuelta por el centro. ¿Querés? _____ 5

—¿Tenés coche? _____ 6

—Claro que sí. ¿Qué decís? _____ 7

—De acuerdo. ¿A qué hora pasás a buscarme? _____ 8

—A las ocho.

Ejercicio 4

Esta conversación tuvo lugar en Madrid, pero vamos a suponer que estamos ahora en Santiago de Chile. Escriba el diálogo, haciendo todos los cambios necesarios para usar **ustedes** en vez de **vosotros/as.**

CHICA 1: ¿Qué pensáis hacer esta noche? _____ 1

CHICA 2: No sé. ¿Qué queréis hacer vosotros? _____ 2

CHICO: ¿Qué os parece ir al cine? Hay una nueva película francesa que tengo ganas de ver.

_____

_____ 3

CHICA 1: A vosotros os gustan las películas francesas, pero a mí no. Me aburren. ¿No os gustaría salir a

bailar un rato? _____

_____ 4

CHICO: Pero si vosotras sabéis que soy el peor bailador de Madrid. ¡No, gracias! ¿Qué tal si hacemos

una fiesta en casa? _____

_____ 5

CHICA 2: ¡Excelente idea! Vosotros dos invitáis a vuestros amigos y yo invito a los míos. ¿A qué hora?

_____

_____ 6

CHICA 1: ¿Qué os parece si empezamos a las diez?

_____ 7

4. The Passive Voice

A. The passive voice in Spanish, as in English, is constructed with the verb **ser** followed by a past participle. Most tenses of **ser** may be used, but the past tense is most common.

Los criminales **fueron arrestados** por la policía.	*The criminals were arrested by the police.*

The agent that performs the action is expressed in a phrase beginning with **por.**

La fiesta fue organizada **por** los estudiantes.	*The party was organized by the students.*

B. The past participle in these constructions must agree in number and gender with the subject of the sentence.

El **cuento** fue **escrito** por un escritor famoso.	*The short story was written by a famous writer.*
La **novela** fue **escrita** por Carlos Fuentes.	*The novel was written by Carlos Fuentes.*
Las **casas** fueron **destruidas** por el huracán.	*The houses were destroyed by the hurricane.*

Note that the passive voice is not common in Spanish and it is used mostly in reporting and news media.

Ejercicio 5

Cambie las oraciones de la voz pasiva a una declaración directa.

MODELO: La motocicleta fue reparada por Nacho. → Nacho *reparó* la motocicleta.

1. La Batalla de Puebla fue ganada por los mexicanos en 1862.

   _____

2. El incendio fue apagado por los bomberos.

   _____

3. Nora y Pablo fueron atacados por un loco.

   _____

4. El edificio fue diseñado por el arquitecto.

   _____

5. Los exámenes fueron calificados por la profesora Martínez.

   _____

5. Narrating Past Experiences: The Present Perfect and the Pluperfect

GRAMÁTICA ILUSTRADA

No he asistido a la escuela; he estado aquí en el hospital toda la semana.

Hemos venido a verte todos los días.

Te hemos traído muchos globos y muchas flores.

Como el médico no había llegado, la enfermera le puso la inyección al paciente.

Cuando el médico llegó, la enfermera ya le había puesto la inyección al paciente.

The present perfect (see **Gramática 10.1**) refers to events that did occur or did not yet occur at some unspecified point in relation to the here and now. Both Spanish and English use the present tense of the auxiliary verb (**haber** and *to have*) and a past participle to express this idea. Remember that regular past participles end in **-ado** or **-ido;** see page 366 of the textbook for a list of irregular past participles.

—¿**Has comido** cebiche?
—Sí, pero nunca **he probado** los calamares.

—*Have you eaten ceviche (before)?*
—*Yes, but I have never tried squid.*

—El doctor Rosas y yo ya **hemos visto** al paciente.
—Y, ¿**han hablado** con su esposa también?

—*Doctor Rosas and I have already seen the patient.*
—*And have you spoken with his wife, too?*

Another perfect tense that you may often hear is the pluperfect (past perfect or **pluscuamperfecto**) for actions that precede preterite events. This tense uses the imperfect tense of the auxiliary verb **haber.***

---

*For more on the perfect tense see **Expansión gramatical 9.**

PLUPERFECT		
(yo)	había	
(tú)	habías	
(usted, él/ella)	había	+ -ado
(nosotros/as)	habíamos	-ido
(vosotros/as)	habíais	
(ustedes, ellos/as)	habían	

PRESENT PERFECT: Ellos no **han vuelto.** — *They have not returned.*

PLUPERFECT: Ellos todavía no **habían vuelto** cuando yo llegué. — *They had not returned yet when I arrived.*

PRESENT PERFECT: **Hemos visto** las pirámides aztecas tres veces. — *We have seen the Aztec pyramids three times.*

PLUPERFECT: Como no **habíamos visto** las pirámides mayas, decidimos hacer un viaje a Guatemala. — *Since we had not seen the Mayan pyramids, we decided to take a trip to Guatemala.*

Remember that all pronouns must be placed before the auxiliary verb **haber.**

No **nos hemos acostado** todavía. — *We haven't gone to bed yet.*

¿Ya **te habías bañado** cuando tus amigos llegaron para la fiesta? — *Had you already taken a bath when your friends arrived for the party?*

Ejercicio 6

Marque todas las respuestas lógicas.

1. A los 7 años yo ya…

   a. había terminado la escuela primaria.

   b. había asistido al kínder.

   c. había aprendido a caminar.

   d. había visitado el consultorio de un médico.

2. A los 9 años yo ya…

   a. había manejado un camión.

   b. había viajado por avión.

   c. había tenido gripe varias veces.

   d. había estudiado en la universidad.

3. Hoy, cuando llegamos a clase, mis compañeros y yo ya…

   a. habíamos escrito la composición.

   b. habíamos desayunado.

   c. nos habíamos peinado.

   d. habíamos hablado con el presidente de Chile.

(Continúa.)

4. Cuando mi amigo llegó a la universidad hoy, todavía no…

   a. había hecho la tarea.

   b. había respirado.

   c. se había vestido.

   d. había leído la lección para hoy.

5. A los 8 años mis hermanitas ya…

   a. habían tenido varicela.

   b. habían escalado varias montañas.

   c. habían ganado un millón de dólares.

   d. habían estado resfriadas varias veces.

Ejercicio 7

Escriba la forma correcta de **haber** en el presente (**he, has, ha, hemos, habéis, han**) o en el imperfecto (**había, habías, había, habíamos, habíais, habían**), seguido del participio pasado.

1. Cuando mis padres llegaron, mis amigos y yo ya _____ la casa. (limpiar)

2. Como Estela y Ernesto nunca _____ a la Torre Eiffel, decidieron ir de vacaciones a París. (subir)

3. Andrea nunca _____ el acueducto en Segovia; algún día le gustaría ir a España. (ver)

4. A los 20 años Pedro Ruiz ya _____ varios artículos para el periódico *La Voz*. (escribir)

5. Son las diez de la noche y Guillermo todavía no _____ su tarea. (hacer)

6. Antes de acostarse, Amanda _____, pero se le olvidó lavarse los dientes. (ducharse)

7. Paula todavía no _____ a China. Espera hacer un viaje allí el año que viene. (viajar)

8. Cuando Estela y Ernesto regresaron del concierto, los niños ya _____. (acostarse)

6. *Por/Para:* Summary

You'll recall that **por** and **para** have a variety of meanings and correspond to English prepositions such as *for, by, through,* and *in order to.* Here are some additional meanings of **por** and **para.**

A. Por is used with **aquí** and **allí** to mean *around* or *in a general area.*

—¿Hay una gasolinera **por aquí**?

—Sí, hay una cerca, pero tenemos que bajar **por allí.**

—*Is there a gas station somewhere around here?*

—*Yes, there's one nearby, but we have to go down over there.*

Para is often used with **acá** and **allá,** instead of **aquí** and **allí,** to indicate destination.

—¿Quién es el muchacho que viene **para acá**?   —*Who's the guy coming this way?*
—Es Alberto.   —*That's Alberto.*

B. **Por** used with **trabajar** (and similar verbs) means *in place of.* **Para** used with **trabajar** refers to an employer or means *for someone's benefit.*

Puedo trabajar **por** ti el viernes, pero no   *I can work for you (in your place) Friday,*
    el sábado.   *but not Saturday.*
Daniel trabaja ahora **para** la compañía   *Daniel is working for Mexicana Airlines*
    Mexicana de Aviación.   *now.*

Here is a summary of the most common meanings of **por** and **para.**

por (*for, by, through*)

Substitution for:	Mientras el presidente estuvo en el hospital, el vicepresidente tomó varias decisiones **por** él. *While the president was in the hospital, the vice president made several decisions for him.*
In exchange for / Paying:	¡Pagué más de cien dólares **por** mi libro de química! *I paid more than a hundred dollars for my chemistry book!*
Movement by, through, or along a place:	Cuando manejamos a Acapulco, pasamos **por** muchos pueblos pequeños. *When we drove to Acapulco, we passed through many small towns.*
Length of time (may be omitted):	Anoche estudié la gramática (**por**) dos horas. *Last night I studied grammar for two hours.*
General time or area:	**por** la mañana, **por** la tarde, **por** la noche; **por** la playa, **por** el parque, **por** la ciudad, **por** aquí *in the morning, in the afternoon, at night; by (on) the beach, around (through) the park, around the city, around here*
Transportation:	Yo nunca he viajado **por** tren; siempre he viajado **por** avión. *I have never traveled by train; I have always traveled by plane.*

para (*for; in order to*)

Recipient:	Aquí hay un regalo **para** ti. *Here is a gift for you.*
Employer:	Me gustaría trabajar **para** las Naciones Unidas. *I would like to work for the United Nations.*
Destination:	El presidente de Colombia salió ayer **para** Madrid. *The president of Colombia left for Madrid yesterday.*
Telling time:	Son diez **para** las ocho. *It's ten to eight.*
Deadline:	Tenemos que terminar el trabajo **para** el miércoles. *We have to finish the work by Wednesday.*
Purpose:	Es necesario estudiar **para** sacar buenas notas. *It is necessary to study in order to get good grades.*

Ejercicio 8

Complete las oraciones con **por** y **para,** siguiendo las reglas a continuación. Luego apunte la regla que usted siguió. (Puede decirlo en inglés; vea el modelo.)

POR	PARA
1. substitution for	7. recipient
2. in exchange for / paying	8. employer
3. movement by, through, or along a place	9. destination
4. length of time (may be omitted)	10. telling time
5. general time or area	11. deadline
6. transportation	12. purpose

MODELO: Me encanta salir a pasear *por* la tarde. No salgo *por* la noche porque tengo miedo.

[_5_] [_5_]

1. ¿Cuándo sales _____ Machu Picchu? [_____]

2. ¿Qué es mejor, viajar _____ tren o viajar _____ avión? [_____] [_____]

3. Me encanta caminar _____ la playa, pero mis hermanos prefieren caminar

 _____ el bosque o la selva. [_____] [_____]

4. ¿Necesitas manejar _____ ir al supermercado que está cerca de tu casa? [_____]

5. Viajé _____ toda España porque estuve allí _____ dos meses. [_____] [_____]

6. ¿Es _____ el próximo lunes el informe sobre la selva amazónica? [_____]

7. ¡Ay, es tarde! Ya son veinte _____ las dos. [_____]

8. Mi tío es programador y trabaja _____ la compañía Microsoft de Chile. [_____]

9. Hoy es el cumpleaños de Estela. Ernesto compró un collar de perlas _____ ella. [_____]

10. El ladrón escapó _____ la ventana. [_____]

11. Regresé a la tienda y cambié el suéter _____ un saco de seda. [_____]

12. ¿Cuánto pagaste _____ ese (teléfono) celular? [_____]

13. ¿_____ quién son estos anillos? [_____]

14. Salimos hoy _____ Argentina. Tenemos que estar en Buenos Aires _____

 el 9 de julio. [_____] [_____]

15. Me gustaría sacar muy buenas notas en todas mis clases; esta noche debo estudiar

 _____ seis horas. [_____]

16. No te preocupes. Si te enfermas, yo puedo trabajar _____ ti. [_____]

7. Pronoun Placement: Summary

GRAMÁTICA ILUSTRADA

Amanda **le regala** una playera a Guillermo.

Ernestito **les pide** dinero a sus padres.

¿Las plantas? Guillermo **está regándolas** ahora.

Guillermo **las está regando** ahora.

¿El carro? Amanda va a **lavárnoslo** hoy.

Amanda **nos lo** va a lavar hoy.

¿Las legumbres? **Cómetelas** ahorita o no te voy a servir el postre.

¿La ropa? **No la lave** hoy, mejor mañana.

A single set of rules governs the placement of reflexive (**me, te, se, nos, os, se**), indirect (**me, te, le, nos, os, les**), and direct (**me, te, lo/la, nos, os, los/las**) object pronouns.*

_____

*Recognition: **os** is the reflexive, direct, and indirect object pronoun that corresponds to the subject pronoun **vosostros**; **te** is the reflexive, direct, and indirect object pronoun that corresponds to the subject pronoun **vos.**

A. Object pronouns directly precede a conjugated verb (a verb with endings in any tense).

—¿Cuándo **te diviertes** más?   —*When do you have the most fun?*
—Cuando mi novio **me lleva** a bailar.   —*When my boyfriend takes me dancing.*

—¿Qué **te dijo** Carmen?   —*What did Carmen tell you?*
—**Me dijo** que tenía prisa.   —*She told me that she was in a hurry.*

—¿Has visto a Alberto hoy?   —*Have you seen Alberto today?*
—No, no **lo he visto** todavía.   —*No, I haven't seen him yet.*

—Por lo general, ¿cuándo **se acuestan** ustedes?   —*What time do you usually go to bed?*
—**Nos acostamos** muy tarde, a la una o a las dos de la madrugada.   —*We go to bed very late, at one or two in the morning.*

B. When a conjugated verb is followed by an infinitive or a present participle, object pronouns can either precede the conjugated verb or follow and be attached to the infinitive or the present participle.

—¿Qué ibas a **decirme**? *o*
—¿Qué **me ibas a decir**?   —*What were you going to tell me?*
—**Quería decirte** que te amo. *o*
—**Te quería decir** que te amo.   —*I wanted to tell you that I love you.*

—¿Ya llamaste a Alberto y a Esteban?   —*Did you already call Alberto and Esteban?*
—No, pero **estoy llamándolos** ahora. *o*   —*No, but I am calling them now.*
—No, pero **los estoy llamando** ahora.

—¿Ya terminaste la tarea?   —*Did you already finish the homework?*
—No, pero **estoy terminándola** ahora. *o*   —*No, but I'm finishing it now.*
—No, pero **la estoy terminando** ahora.

C. These same pronouns follow and are attached to affirmative commands but precede negative ones.

—**Tráigame** el café después de la cena.   —*Bring me the coffee after dinner.*
—No **me traiga** el café ahora.   —*Don't bring the coffee to me now.*

—¡**Hazlo** ahora!   —*Do it now!*
—¡No **lo hagas** mañana!   —*Don't do it tomorrow!*

D. Double pronoun sequences such as **me lo** (*it to me*) and **se los** (*them to her/him/you/them*) also follow the rules previously described.

—¡**Démelos**!   —*Give them to me!*
—¡No **me los dé**!   —*Don't give them to me!*

—¿**Te preparo** la cena ahora?   —*Shall I fix dinner for you now?*
—Sí, **prepáramela**, por favor.   —*Yes, fix it for me, please.*

—¿Tienes el libro?   —*Do you have the book?*
—No, Carmen no **me lo ha dado** todavía.   —*No, Carmen hasn't given it to me yet.*

—¿Cuándo vas a **llevarle** los documentos a la señorita Saucedo?   —*When are you going to take the documents to Miss Saucedo?*
—Ya **se los llevé** ayer.   —*I already took them to her yesterday.*

E. Note that it is necessary to add an accent on the verb under the following circumstances.

1. Present participles with one or two pronouns attached (**bañándome**)
2. Affirmative commands with one or two pronouns attached (**lléveselo**)
   (Exceptions include one syllable commands that have only one pronoun attached: **hazme, ponle, dinos**)
3. Infinitives with two pronouns (**vendérmelo**)

These accents are necessary to preserve the original stress on the verb form.

Ejercicio 9

Los Ruiz están de vacaciones en Acapulco. Acaban de regresar de la playa y Clarisa le pide muchas cosas a su madre. Dé la forma correcta de los mandatos de Clarisa, usando el mandato informal y el pronombre **me.**

> MODELO: traer / refresco → Mamá, *tráeme* un refresco, por favor.

1. hacer / un sándwich _____
2. lavar / el traje de baño _____
3. poner / música _____
4. comprar / una playera _____
5. dar / la loción _____

Ejercicio 10

Guillermo le hace preguntas a Amanda y ella siempre contesta que no. ¿Qué dice Amanda? Conteste con **me lo** o **me la** y el mandato.

> MODELO: ¿Te traigo el libro? → No, *no me lo traigas.*

1. ¿Te arreglo el radio? _____
2. ¿Te abro la puerta? _____
3. ¿Te presto el dinero? _____
4. ¿Te preparo el sándwich? _____
5. ¿Te enciendo el televisor? _____
6. ¿Te digo la verdad? _____

Ejercicio 11

El secretario de Paula le hace algunas preguntas. Ella siempre contesta que sí. Dé las contestaciones de Paula usando mandatos formales y dos pronombres.

> MODELO: ¿Le doy los cuadernos a la señora González? → Sí, *déselos.*

1. ¿Le pido los documentos a la señora Vargas ahora? _____
2. ¿Le leo el mensaje del señor Ruiz? _____
3. ¿Le presto el dinero a la recepcionista? _____
4. ¿Le escribo las cartas a máquina? _____
5. ¿Le cuento las noticias al señor Ochoa? _____

Ejercicio 12

Es Nochebuena en casa de los Saucedo. Los regalos están en la sala pero sin etiquetas. Todos quieren saber quién les hizo esos regalos. Amanda y Guillermo contestan.

> MODELO: DORA: ¿Quién me regaló esta magnífica licuadora? (papá) →
> AMANDA Y GUILLERMO: *Te la* regaló papá.

1. ANDREA: ¿Quién me dio esta bata tan fina? (nosotros)

   _____

2. DORA Y JAVIER: ¿Quién nos dio estas herramientas tan útiles? (Raúl)

   _____

3. RAÚL: ¿Quién me regaló este magnífico reloj? (papá y mamá)

   _____

4. JAVIER: ¿Quién me ha comprado estas lindísimas corbatas? (la abuela)

   _____

5. DORA: ¿Y quién me regaló esta sartén tan moderna? (Estela)

   _____

6. AMANDA: Oye, Guillermo, ¿quién nos trajo estas playeras tan hermosas? (Raúl)

   _____

8. Hypothesizing about the Past: *si hubiera* _____ *-do... habría* _____ *-do*

In both English and Spanish hypothetical sentences in the past consist of two clauses: an *if* clause and a *then* clause. *If I had done something (but I didn't), then I would have . . .* In English the verb in the *if* clause is in the past perfect (*had done*) and the verb in the *then* clause is in the conditional perfect (*would have*).

> *If the president had resigned, the country would have been better off.*

In Spanish, the verb in the *if* clause is in the past perfect subjunctive: the past subjunctive form of **haber** (**hubiera, hubieras, hubiera, hubiéramos, hubierais, hubieran**), plus a past participle. The verb in the conclusion or *then* clause is in the conditional perfect: the conditional form of **haber** (**habría, habrías, habría, habríamos, habríais, habrían**), plus a past participle.

---

if clause = past subjunctive of **haber** + past participle

then clause = conditional of **haber** + past participle

Si **hubiera ganado** las elecciones, el candidato **habría hecho** varios cambios para mejorar la situación económica.	*If he had won the election, the candidate would have made various changes to improve the economic situation.*

Si el gobierno **hubiera protegido** la selva tropical, **se habrían salvado** varias especies de pájaros.

If the government had protected the rain forest, several species of birds would have been saved.

These forms are not frequently heard in everyday conversation, but they are quite common in writing and more formal speech.

Ejercicio 13

Aquí tiene usted las opiniones de varios ciudadanos. Escriba la forma correcta del verbo **haber.**

MODELO: UNA AMA DE CASA: Si *hubiera* ganado el candidato popular, no *habríamos* tenido tantos problemas políticos.

1. UNA AMA DE CASA: Si (nosotros) _____ conservado la electricidad, no _____ subido los precios.

2. UN HISTORIADOR: Si la tasa de la natalidad mundial no _____ aumentado tanto en el último siglo, no _____ habido tantas guerras.

3. UN INGENIERO: Si este puente se _____ construido de cemento reforzado, no se _____ caído durante el terremoto.

4. UNA TRABAJADORA SOCIAL: Menos jóvenes se _____ metido en pandillas si el gobierno _____ gastado más en la educación.

5. UN POLICÍA: Si se _____ legalizado la cocaína, muchas personas se _____ hecho drogadictos.

6. UNA ECOLOGISTA: Nosotros no _____ sufrido una crisis de energía si el gobierno _____ proporcionado más fondos para la energía renovable (energía «verde»).

7. UNA MADRE ORGULLOSA: Si mi hijo no _____ estudiado tanto, nunca se _____ graduado de la Facultad de Medicina.

8. UNA MAESTRA: Si nosotros _____ gastado menos en el presupuesto militar, _____ ahorrado lo suficiente para pagarles la educación universitaria a muchos jóvenes pobres.

9. The Perfect Tenses: Summary

A. The perfect tenses in both Spanish and English are formed with the auxiliary verb **haber** (*to have*) and a past participle. You have already studied one of these tenses, the present perfect. (See **Gramática 10.1** for the present-tense forms of **haber** with past participles.)

Nunca **he viajado** a Brasil.

I have never been to Brazil.

B. The past perfect indicative (pluperfect) describes an action that preceded another action in the past. It consists of an imperfect form of **haber** (**había**) plus a past participle. (See **Expansión gramatical 5** for the imperfect forms of **haber**.)

¡Perdimos el vuelo! Cuando llegamos al aeropuerto, el avión ya **había salido.**	*We missed the flight! When we arrived at the airport, the plane had already left.*

C. In **Expansión gramatical 8** you were introduced to two other perfect tenses: the conditional perfect (**habría llegado**) and the past perfect subjunctive (**hubiera llegado**).

Si los demócratas **hubieran ganado** las elecciones, **habrían proporcionado** más fondos para el bienestar social.	*If the democrats had won the election, they would have allotted more funds for social welfare.*

D. The present perfect subjunctive is often used to indicate a completed action in sentences of subjective reaction or doubt. It consists of the form **haya** plus a past participle.

¡Qué bueno que el partido conservador **haya ganado** las elecciones!	*I am glad that the conservative party has won the election!*

Ejercicio 14

Complete las oraciones con una forma del verbo auxiliar **haber** en el indicativo (**he, has, ha, hemos, habéis, han**) o en el subjuntivo (**haya, hayas, haya, hayamos, hayáis, hayan**), seguido del participio pasado del verbo entre paréntesis.

MODELOS: Los obreros siempre *se han opuesto* a las reducciones en los sueldos. (oponerse)

Es una lástima que los obreros no *hayan protestado* cuando les redujeron el sueldo. (protestar)

1. —Esteban, ¿_____ _____ la película *Mar adentro*? (ver)

   —Ay no, Carmen. No la _____ _____ todavía. (ver)

   —Pues, es una lástima que no la _____ _____ porque es excelente. (ver)

2. —Y tú, Carmen, ¿_____ _____ *La hija de la fortuna*? (leer)

   —No, porque no _____ _____ un curso de literatura latinoamericana. (tomar)

3. —¿Todavía no _____ _____ Pablo del cine? (volver)

   —No, y tampoco _____ _____ la tarea. (hacer)

   —¡Imposible! No creo que no la _____ _____ antes de irse. (hacer)

4. —Alberto, ¿cuántas veces _____ _____ tarde a la clase este semestre? (llegar)

   —Ni una vez este semestre. ¿Por qué, Nora?

   —Hmmm... ¿y cuántas mentiras _____ _____? (decir)

   —¿Crees que soy mentiroso, Nora?

   —No, Alberto, pero dudo que me _____ _____ la verdad. (decir)

Ejercicio 15

Complete las oraciones con el imperfecto del verbo **haber** y el participio pasado del verbo que aparece entre paréntesis.

MODELO: Antes de cumplir los diez años, Raúl ya *había aprendido* inglés en México. (aprender)

1. Carmen, Esteban y Alberto sacaron una D en el examen porque no _____

   _____. (estudiar)

2. ¡Qué mala es esa chica! Nos dijo que antes de tomar la prueba ella se _____

   _____ todas las respuestas en la mano derecha. (escribir)

3. ¡Qué casa tan bella! ¡Nunca _____ _____ (yo) una casa tan linda! (ver)

4. Alberto está enojado con Lan porque ella le preguntó si él _____

   _____ durante el examen ayer. (copiar)

5. —Lan, ¿es verdad que todavía no _____ _____ _____

   cuando tu novio llegó a tu casa esta mañana? (levantarse)

   —No exageres, Alberto. Ya _____ _____ _____, pero

   todavía no _____ _____ _____. (levantarse, ducharse)

6. ¡Qué mala suerte! Cuando llegamos, la fiesta ya _____ _____.

   (terminar)

10. The Subjunctive: Summary

Remember that the subjunctive is used in dependent clauses when the verb in the main clause implies certain conditions. The following is a summary of the most common occurrences of the subjunctive in Spanish.

FOLLOWING **querer** and **sugerir (Gramática 11.2)**

Lan, no quiero que tú **salgas** con ese hombre.

Lan, I don't want you to go out with that man.

Andrea quiere que sus hijas **se vistan** para ir a la iglesia

Andrea wants her daughters to get dressed to go to church.

FOLLOWING **cuando (Gramática 11.3)**

La fiesta empezará cuando tú **llegues.**

The party will begin when you arrive.

Saldremos a cenar cuando ellos **vuelvan.**

We'll go out for dinner when they return.

WITH "SOFTENED" COMMANDS **(Gramática 14.4)**

Te aconsejo que **regreses** temprano porque mañana tenemos un examen a las ocho.

I advise you to return early because we have a test tomorrow at eight.

Es importante que todos los niños **tengan** la oportunidad de asistir a la escuela.

It's important that all children have the chance to go to school.

WITH *LET/HAVE* COMMANDS **(Gramática 14.5)**

—Tenemos que **resolver** el problema de la venta ilegal de armas nucleares.

—We have to solve the problem of the illegal sale of nuclear weapons.

—¡No, que lo **resuelva** el gobierno!

—No, let the government solve it!

IN TIME CLAUSES **(Gramática 15.2)**

Tendremos problemas de superpoblación **hasta que logremos** controlar la tasa de la natalidad.

Tan pronto como saque su título, Luis trabajará para una empresa de Internet.

We will have overpopulation problems until we manage to control the birth rate.

As soon as he gets his diploma, Luis will work for an Internet company.

IN ADJECTIVE CLAUSES **(Gramática 15.3)**

En las guarderías infantiles necesitamos personal que **sepa** educar a los niños.

In child care centers we need personnel who know how to educate children.

WITH PURPOSE CLAUSES **(Gramática 15.3)**

Vamos a hablar con nuestros hijos sobre las drogas y el sexo **para que estén** bien informados. La ignorancia es su peor enemigo.

Let's talk with our children about drugs and sex so that they will be well informed. Ignorance is their worst enemy.

EXPRESSING OPINIONS **(Gramática 15.4)**

Dudo que **se pueda** erradicar el crimen en las ciudades grandes.

No creo que la construcción de más reactores nucleares **resuelva** la crisis de la energía.

I doubt we can eradicate crime in large cities.

I don't believe that building more nuclear reactors will solve the energy crisis.

EXPRESSINGS REACTIONS **(Gramática 15.4)**

Ojalá que **podamos** descubrir una vacuna contra el SIDA.

¡Qué lástima que Paula no **haya terminado** su carrera universitaria!

I hope we can discover a vaccine for AIDS.

What a pity that Paula didn't finish her college education!

IN IF CLAUSES **(Gramática 15.5)**

Si **conserváramos** más el agua, no habría escasez.

Si **dejáramos** de usar el automóvil como transporte personal, no habría tanta contaminación ambiental.

If we conserved more water, there wouldn't be a shortage.

If we quit using the automobile for personal transportation, there would not be so much air pollution.

IN IF CLAUSES IN THE PAST TENSE **(Expansión gramatical 8)**

Si **hubieran instalado** detectores de metales en las escuelas, habrían muerto menos estudiantes el año pasado.

Si las empresas de energía **hubieran invertido** en la energía solar, no habría habido tantos apagones.

If they had installed metal detectors in schools, fewer students would have died last year.

If the energy companies had invested in solar energy, there would not have been so many blackouts.

Ejercicio 16

Todas estas oraciones requieren el subjuntivo. Complételas con la forma correcta del verbo entre paréntesis, según el contexto.

MODELO: Es necesario que ustedes *pongan* atención en clase. (poner)

1. Compraré una casa más grande en cuanto _____ dinero. (tener)

2. ¡Ernestito, no quiero que _____ a la pelota aquí dentro! (jugar)

3. Te sugiero que _____ a la biblioteca y _____ los libros que necesitas. (ir, buscar)

4. Es necesario que todos _____ a tiempo a clase. (llegar)

5. Siento mucho que _____ enfermo, Esteban. ¡Qué _____ _____ pronto! (estar, mejorarse)

6. Espero que no _____ cola en el cine. ¡No me gusta esperar! (haber)

7. —Quiero comprar una casa que _____ un jardín grande. (tener)

   —Dudo que (tú) la _____ aquí tan cerca de la playa. (encontrar)

8. Si Alberto _____ más responsable, no llegaría tarde a clase. (ser)

9. Si (yo) _____ _____ todos los apuntes, habría aprobado el examen. (repasar)

10. Es probable que nadie _____ la respuesta a tu pregunta. (saber)

Ejercicio 17

Algunas de estas oraciones requieren el subjuntivo, pero otras no. Lea cada una con cuidado antes de completarlas.

MODELOS: Si tú *supieras* la verdad, estarías furioso. (saber)

Es verdad que el agujero en la capa de ozono *se pone* cada año más grande. (ponerse)

1. Siempre que tenemos dinero, _____ a Cancún. (ir)

2. Cuando _____ dinero, iremos a Cancún. (tener)

3. —No creo que nadie _____ vivir en este barrio tan peligroso. (querer)

   —Pues, yo no creo que el barrio _____ tan peligroso como tú dices. (ser)

4. Si _____, iré a tu casa después del trabajo. (poder)

5. Si _____, iría a tu casa, pero mi carro está descompuesto. (poder)

6. Los ciudadanos no _____ bien informados. ¡Es importante que _____ bien informados! (estar, estar)

7. Ésta es una universidad excelente. Hay profesores que _____ enseñar. (saber)

8. Si nosotros _____ _____ un carro más grande el año pasado, todos podríamos viajar juntos ahora. (comprar)

9. Al profesor le sorprendió que los estudiantes no _____ la tarea a tiempo. (entregar)

10. Dudo que _____ el problema de las pandillas sin que el gobierno _____ fondos para centros educativos en toda ciudad grande. (resolverse, proporcionar)

Answer Key

▲ = *Answers may vary.*

CAPÍTULO 8

ACTIVIDADES ESCRITAS   **A.** 2. lo   3. las   4. los   5. los   6. los   7. la   8. La   9. Lo   10. lo   11. los   12. los   **B.** *Escoja la frase más apropiada para cada comida. Para número 8, piense en otra comida.*   **C.** *Incluya toda clase de comidas:* **mariscos** (*langosta, almejas, etcétera*), **carnes** (*bistec, pollo, chuletas, etcétera*), **legumbres** (*bróculi, zanahorias, lechuga, rábanos, etcétera*), **fruta** (*papaya, sandía, manzana, durazno, etcétera*), **postres** (*arroz con leche, flan, pastel, etcétera*).   **D.** *Escoja cuatro comidas para cada categoría y escriba los precios. Puede visitar su supermercado favorito para verificar los precios.*   **E.** *Sus respuestas deben ser originales. Si sus respuestas son negativas, use palabras como* **nada, nadie, nunca, tampoco** *para contestar. Ejemplo: No compro nada de carne porque soy vegetariano/a.*   **F.** 1. Se asan los chiles.   2. Se pelan.   3. Se les quitan las semillas.   4. Se cortan varias rebanadas de queso.   5. Se pone una rebanada de queso en cada chile.   6. Se baten los huevos.   7. Se mojan los chiles en el huevo batido.   8. Se fríen.   **G.** *Explique cómo hace usted tres platos. Mire el* **modelo** *y no olvide usar la forma* **se** *impersonal.*   **H.** 1. pedir   2. sirven/se sirve   3. sirven / se sirve   4. pedimos   5. pedir   6. pedir   7. sirven / se sirven   8. pedimos   9. pido   10. sirven / se sirven   11. pido   12. pides   13. pido   14. pides   15. sirven   16. pedir   **I.** *Sus respuestas deben ser originales.*   **J.** *El diálogo debe ser original. Vea las* **palabras y expresiones útiles** *que aparecen con las instrucciones.*   **Resumen cultural** 1. los guanacos   2. un pingüino   3. verduras; hortalizas.   4. ejotes, elote, aguacate, tomate, guajolote, chocolate, chile   5. árboles de Navidad; porque tienen fruta de colores brillantes   6. Bolivia; es un tipo de brocheta de corazón de carne de res con una salsa picante de maní.   7. Es el pescado crudo preparado en jugo de limón, con camote y varias especias; de Perú.   8. nieve; zumo   9. ¡Estoy muy enojado/a!   10. hallaca; humita   11. El Salvador; es una masa de maíz rellena de frijoles y/o carne, y/o queso   12. El 15 de septiembre.   **ACTIVIDADES AUDITIVAS**   **A.** 1. S   2. Q   3. Q   4. S   5. Q   **B.** 1. C   2. F: Ayer fue el cumpleaños del papá de Graciela.   3. C   4. F: Graciela pidió dos tortas de jamón y queso.   5. F: La familia comió bistec, arroz, enchiladas de pollo y un pastel de chocolate.   6. C   **C.** Superofertas: carne molida $2.99; chuletas de puerco $3.49; bistec $6.49; naranjas $.69; uvas $.98; fresas $1.25   **D.** 1. Quieren preparar quesadillas porque tienen hambre.   2. Ernestito lee el libro de recetas.   3. Son complicados y difíciles.   4. tortillas, chiles y queso.   5. Se pone la tortilla en una sartén caliente. Se pone el queso y un poco de chile en la tortilla. Se dobla la tortilla. Se tapa y se cocina.   **E.** 1. La abuela está contenta porque llegó su nieto, Raúl.   2. Raúl prefiere la comida que prepara su abuela.   3. La abuela dice que después de estudiar tanto Raúl debe descansar, comer y dormir.   4. La abuela dice que preparar los platos favoritos de Raúl no es trabajo.   5. Van a cenar en casa.   **F.** 1. a   2. d   3. c   4. b   5. d   **G.** 1. Es muy elegante, uno de los mejores de la ciudad.   2. Van a tomar vino blanco.   3. Piden una ensalada de la casa.   4. La carne es de la mejor calidad y está al punto, como ella la pidió.   5. Dice que tiene cinco diplomas de las mejores escuelas francesas de cocina.   6. Porque no tiene cuchillo par cortarla.   **PRONUNCIACIÓN Y ORTOGRAFÍA**   **Ejercicios de ortografía**   1. ¿Dónde está el restaurante?   2. La dirección es calle Décima, número veintidós.   3. Buenas tardes, ¿tienen una reservación?   4. No, no hicimos reservaciones.   5. Aquí tienen el menú. ¿Qué quieren tomar?   6. Ella quiere té frío y yo prefiero café con azúcar.   7. ¿Qué van a pedir?   8. Yo quiero el sándwich de jamón.   9. El jamón tiene muchas calorías. Yo voy a pedir la sopa de espárragos y una porción de melón o plátano.   10. Yo también quiero la sopa de espárragos.   11. ¿Cómo vamos a pagar?   12. ¡Con mi tarjeta de crédito, claro!   13. ¿Te gustó la comida?   14. Sí, y comí mucho.   **VIDEOTECA**   **Los amigos animados**   **A.** 1. al mar   2. Los viernes, sábados y domingos   3. con Manuel Rodríguez   4. las 6:00 de la tarde a las 2:00 de la mañana   5. 3-17-21-14   **B.** a, b, d, e, g, h, j, k   **Escenas en contexto**   **A.** 1. F   2. F   3. C   4. F   5. F   **B.** 1. ceviche de camarones, chuletas de cerdo   2. 1/2, tomates; 1/2, cebollas; 1/4, espárragos; limones   3. hace sol   **LECTURAS**   **Lectura: ¡Buen provecho!**   *Comprensión*   1. b, d, i, j   2. e, l   3. a, e, k   4. f, h   5. c   6. k   7. g, j, k   8. a, j, m   **Nota cultural: Una receta: Los ricos polvorones**   **A.** *Puede seguir el modelo de los polvorones para describir su plato favorito.*   **B.** *Su postre puede ser algo simple pero original.*

CAPÍTULO 9

ACTIVIDADES ESCRITAS   **A.** 1. Paula se parece a Andrea, su hermana gemela.   2. Guillermo se parece a su papá.   3. Ernesto se parece a su papá, Javier. No se parece a su hermano menor, Raúl.   4. Raúl no se parece mucho a nadie.   5. Clarisa y Marisa se parecen a su mamá, Andrea. *Al describir a su familia, sus oraciones deben ser originales.*   **B.** *Sus respuestas deben ser originales. Use la estructura del **modelo** para hablar de las personas con quienes (no) se lleva bien. No se olvide de explicar por qué.*   **C.** 1. él, ti 2. ellas 3. ti 4. ellos, nosotras 5. ti 6. él, mí   **D.** *Sus respuestas deben ser originales. Recuerde usar los verbos en el imperfecto:* **jugaba, saltaba, leía,** *etcétera.*   **E.** *La descripción de un día típico de su niñez debe ser original. Lea el **modelo** con cuidado y recuerde usar los verbos en el imperfecto:* **tenía, asistía, me lavaba, leía,** *etcétera.*   **F.** *Sus respuestas deben ser originales. Recuerde usar los verbos en el imperfecto:* **desayunaba, hacía la tarea, bailaba, charlaba con…, viajábamos,** *etcétera.*   **G.** *Lea el **modelo** con cuidado y luego describa su escuela secundaria. Recuerde usar los verbos en el imperfecto:* **estaba, era, estudiaba, tenía, pasaba,** *etcétera.*   **H.** 1. supe, sabías 2. conocí, conocías 3. pude, podías 4. quiso, quería 5. tenías, tuve **I. ▲** 1. La iba a sacar pero…   2. Lo iba a cortar pero…   3. Lo iba a pasear pero…   4. Lo iba a recoger pero…   5. Lo iba a regar pero…   **Resumen cultural** 1. la opresión y la resistencia política 2. de tal palo, tal astilla 3. el quechua, el aimara y el guaraní 4. k'anka 5. La Fundación Milagro; La educación de los niños pobres en los EU y México.   6. La cantante Shakira, para ayudar a los niños pobres de Colombia.   7. Las canciones de cuna sirven para adormecer al niño; otras canciones infantiles son para jugar con los niños y para enseñarles cosas.   8. «De tin marín, de dos pingüé, cúcara, mácara, títere fue.» 9. «Un elefante» 10. 40 millones; El crecimiento de la población en las ciudades y la injusta distribución de los recursos 11. Casa Alianza 12. Se produce en el CAINA y la escriben los chicos desamparados de Buenos Aires.   **ACTIVIDADES AUDITIVAS**   **A.** 1. b 2. c 3. a 4. b; arbol genealógico: 1. Eduardo 2. Pablo   **B.** 1. C 2. F 3. F 4. C 5. F   **C.** 1. gustaban 2. eran 3. leían 4. hacían   **D.** 1. andaba, leía 2. nadaba 3. era; pegaba. 4. ponía, era 5. llamaba, hacía   **E.** 1. c, d 2. a, b, d 3. a, c 4. c, d   **F.** 1. C 2. F; No, a él le gusta. 3. C 4. F; Le gustaba jugar en el parque. 5. F; Escuchaban programas de radio.   **G.** 1. E 2. E 3. M 4. E 5. M 6. M   **PRONUNCIACIÓN Y ORTOGRAFÍA**   **Ejercicios de ortografía**   **I.** 1. boca 2. sobrino 3. joven 4. viejo 5. bonito 6. rubio 7. vivo 8. ventana 9. vez 10. por favor 11. jugar 12. dormido 13. siglo 14. mango 15. limonada   **II.** 1. yo comía 2. Juan dormía 3. Marta peleaba 4. nosotros tomábamos 5. ellas corrían 6. yo montaba 7. tú tenías 8. usted quería 9. nosotros contábamos 10. ellos subían   **VIDEOTECA**   **Los amigos animados**   **A.** 1. Alicia 2. Roberto 3. Gabriela 4. Jorge   **B.** 1. 79 2. dos 3. nietos 4. hijos 5. esposo 6. hijos 7. Navidad 8. cumpleaños 9. preparaba 10. jugaban   **Escenas en contexto**   **A.** 1. D 2. D 3. A 4. A 5. D 6. A 7. A 8. D   **B.** 1. abuelos, diez 2. México, diecisiete 3. calle, parques 4. primos 5. los días festivos   **LECTURAS**   **Nota cultural: Un gran evento: El Festival Latino del Libro y la Familia** *Comprensión* 1. El primer Festival Latino del Libro y la Familia se celebró en Los Ángeles en 1997.   2. Uno de los objetivos del festival es celebrar la diversidad de la sociedad estadounidense.   3. En el programa «Leer es Poder,» líderes de varias profesiones leían pasajes de un libro.   4. En el festival de 2007, el alcalde Villagorosa habló sobre el tema de la inmigración.   5. En 2008 el festival hizo una gira por Los Ángeles, Houston y Chicago.   **Lectura: Retratos de familia** *Comprensión* **A.** 1. P 2. I 3. L 4. G 5. G 6. A 7. LU 8. P 9. L 10. I   **B.** 1. Es falso. La familia hispana es grande; normalmente la forman los padres, los hijos, los abuelos y otros parientes. 2. Es cierto. 3. Es falso. Los hispanos prefieren hablar de sus problemas con un miembro de la familia. 4. Es falso. Hay diferentes tipos de familia; por ejemplo, familias de padres divorciados.

CAPÍTULO 10

ACTIVIDADES ESCRITAS   **A.** *Sus respuestas deben ser originales. Use el presente perfecto:* **he** + *participio pasado.* **B.** *Sus respuestas deben ser originales. Use el presente perfecto:* **he** + *participio pasado, y también* **no** *o* **nunca** *antes del verbo.*   **C.** *Sus respuestas deben ser originales. Deben empezar con* **¡Qué…!**   **D.** *Invente un lugar perfecto, con todas las cosas que le gustan.*   **E.** *Escoja dos medios de transporte y describa las cosas que le gustan y las que no le gustan de cada uno.*   **F.** *En su carta, presente razones convincentes para el uso del transporte público.*   **G.** *Exprese su opinión sobre cinco de los problemas que se dan. Ejemplos:* **Me preocupa mucho la destrucción de las selvas tropicales. Me dan miedo los desperdicios nucleares.**   **H.** *Escriba el número de una solución posible al lado del problema correspondiente. Para el número 9, escriba otra solución que* *usted considera importante.* **I.** *Use las preguntas como guía para explicar sus ideas originales. Si prefiere, ponga las respuestas en un cartel con dibujos apropiados.* **Resumen cultural** 1. Borinquen; boricua 2. Costa Rica 3. Yucatán; la protección de especies en peligro de extención y la educación de la gente sobre la importancia de la biodiversidad 4. «Hoy no circula»; «Pico y Placa» 5. Octavio Paz 6. 100 7. la mariposa monarca (las Sierras de México); la tortuga marina (las playas del Pacífico y del Caribe de Yucatán y Centro América); el quetzal (las selvas tropicales de Centro América), el manatí (las aguas del Caribe) 8. Es un lugar de conservación en la selva tropical de Costa Rica. Tiene más de 100 especies de mamíferos, 400 especies de aves y más de 2.500 especies de plantas 9. los chasquis; por medio de los quipos 10. temporal; dar una bola 11. la seca (de diciembre a abril) y la húmeda (de mayo a noviembre) 12. el coquí **ACTIVIDADES AUDITIVAS** **A.** 1. Llovió mucho en la Ciudad de México. 2. Las calles estaban llenas de gente. 3. Es una isla que no tiene coches, ni tiendas ni teléfonos. 4. Es un lugar muy aburrido. 5. Quiere vivir con su futuro esposo. **B.** 1. h 2. j 3. f 4. b, c 5. d **C.** 1. rápida, confortable 2. ocho, doce, viernes, domingos 3. terminal 4. 56-12-48-83 5. su casa. **D.** AVIÓN: *Ventajas* 1. Es muy rápido. 2. Es cómodo. *Desventajas* 1. Es caro. 2. Hay problemas por los terroristas. TREN: *Ventajas (Nombre dos.)* Es más barato. / Es muy cómodo. / Uno puede caminar por los vagones. / Puede ver el paisaje. / Es más tranquilo. *Desventajas* 1. No es tan rápido como el avión. 2. No hay muchos trenes. **E.** 1. el agujero en la capa de ozono 2. el reciclaje: la gente no está reciclando lo suficiente 3. En California hay programas de reciclaje del agua. 4. En el este del país, varias fábricas han empezado a limpiar y repoblar lagos y ríos. **F.** 1. El planeta azul, océanos 2. El agua 3. 27, 20, 2 4. 13 5. nos duchamos, nos lavamos los dientes. **G.** 1. A 2. P 3. P 4. LD 5. P 6. LD 7. A **PRONUNCIACIÓN Y ORTOGRAFÍA** **Ejercicios de ortografía** **I.** 1. caro 2. tierra 3. perro 4. carro 5. pero 6. carretera 7. terremoto 8. seguro 9. maletero 10. arrecife **II.** 1. ¡Qué seco es este desierto! 2. ¡Cuánta lluvia! ¿Cuándo va a hacer sol? 3. ¡Qué selva más húmeda! 4. ¡Qué curva más peligrosa! 5. ¡Cuánto petróleo! ¿Cómo van a limpiar esa playa? 6. ¡Cuántos coches! ¿Por qué hay tanto tránsito hoy? **VIDEOTECA** **Los amigos animados** **A.** 500 ciudades, costo, mayor; vagones; asientos; ventanas panorámicas; rápidamente **B.** 1. Caracas, Venezuela 2. moderna, autopistas 3. playa 4. agua, arena 5. anuncio comercial **Escenas en contexto** **A.** 1. C 2. F 3. C 4. F 5. F **B.** 1. mecánico, 6:15 2. una guía turística sobre los pueblos pequeños peruanos 3. un asiento de ventanilla 4. una mochila **LECTURAS** **Lectura: «La creación del mundo»** *Comprensión* 1. c 2. b, d 3. d 4. c 5. b, d **Lectura: El huracán tropical** *Comprensión* 1. La gente pobre. Porque vive en colinas donde hay derrumbes y sus viviendas no pueden resistir el impacto de un huracán 2. Honduras, Nicaragua, Guatemala, El Salvador y Costa Rica 3. Charley, Frances, Iván 4. Charley destruyó 74.000 casas en La Habana y muchas plantaciones en las provincias; también arrancó 8.000 árboles 5. Cientos de miles de personas se quedaron sin hogar 6. La República Dominicana y Haití

CAPÍTULO 11

ACTIVIDADES ESCRITAS **A.** 1. Los frenos se usan para parar el carro. 2. El parabrisas se usa para protegernos del viento. 3. El cinturón de seguridad se usa para protegernos en caso de accidente. 4. Los cambios se usan para ajustar la velocidad del vehículo, para manejar, para estacionar. 5. El espejo retrovisor se usa para ver los coches que vienen detrás y a los lados de nuestro vehículo. **B.** *Para el primer tema* —**el coche ideal**— *invente un coche con todas las cosas que usted siempre ha querido tener en su coche. Para el segundo tema* —**un viaje en automóvil**— *escriba una narración en el pasado, sobre lo que hizo con sus amigos. Por ejemplo,* **Fui a Nueva York con unos amigos. Primero compré… y el mecánico revisó el coche. Durante el viaje…** **C.** Salga del hotel por la calle Amberes, doble a la derecha y siga derecho hasta Paseo de la Reforma. En Paseo de la Reforma, doble a la izquierda y siga derecho. Camine ocho cuadras; después de pasar la calle Escobedo, va a ver el Museo a la izquierda. 2. Camine hacia la calle Melchor Ocampo y doble a la izquierda. Siga por la calle Melchor Ocampo y doble a la derecha en la calle Pánuco. Vaya seis cuadras hasta la calle Río Tíber. Doble a la derecha en Río Tíber, pase la calle Lerma y el hotel está a la derecha. 3. Salga a la izquierda por la calle Escobedo. Siga derecho hasta Paseo de la Reforma. Doble a la izquierda en el Paseo y siga derecho. Después de pasar la calle Varsovia, va a llegar a la glorieta del monumento. 4. Doble a la izquierda en la calle Víctor Hugo. Siga por esa calle y cruce la calle Melchor Ocampo para doblar a la derecha en la calle Río de la Plata. Vaya dos cuadras hasta la calle Lerma y doble a la izquierda. Camine una cuadra, pase la calle Mississippí y el hotel está a la izquierda en la esquina de Mississippí y Lerma. **D.** *Sus oraciones deben empezar con* **(No) Quiero que** *y llevar cinco de estas formas del presente del subjuntivo:* **compren, hagan, vayan, pongan,**

salgan, tengan, traigan, vengan, vean. *No olvide escribir oraciones completas.* **E.** *Sus respuestas deben ser originales. Como todas se refieren a un futuro incierto, todas deben tener un verbo en el presente del subjuntivo.* **F.** *Su diálogo debe ser original.* **G.** *Sus respuestas deben ser originales y deben formarse con el imperfecto de* **estar** *y el participio presente de otro verbo. Vea el* **modelo.** *Otros ejemplos:* **estaban cenando, estaba leyendo.** **H.** *Sus respuestas deben ser originales con verbos en el pretérito. Vea el* **modelo.** **I.** *Su párrafo debe ser original con verbos en el pretérito y en el imperfecto.* **Resumen cultural** 1. Cuba 2. el festejo, el landó, la zamba malató y el alcatraz 3. los tarahumaras o los rarámuris 4. La Reserva Biosférica Ciénaga de Zapata; el cocodrilo cubano 5. guagua; colectivo; camión; chuzón 6. el cajón 7. la patente; la chapa; la matrícula 8. el peso uruguayo; el guaraní 9. el sudeste de lo que es ahora los Estados Unidos 10. *La relación* 11. al suroeste de Caracas en los Andes 12. por correr largas distancias 13. chico/a; championes 14. En Mérida, Venezuela; el Pico Espejo **ACTIVIDADES AUDITIVAS** **A.** a. 3 b. 4 c. 1 d. 2 **B.** 1. han desarrollado 2. biodegradable 3. el ambiente 4. asientos 5. volante 6. reciclado 7. llantas 8. puerta 9. eléctrico 10. moderna **C.** 1. F 2. C 3. C 4. C 5. F 6. F **D.** 1. el Correo Central 2. La Casa Rosada 3. la Plaza San Martín **E.** 1. Sí 2. No 3. Sí 4. No 5. No 6. No 7. Sí 8. No **F.** 1. Incluye un puerto más, Santo Tomás. 2. 17 días (no 14) 3. El precio es 10.500 pesos por persona (no 11.500). 4. Incluye desayuno continental y almuerzo. 5. No incluye la cena. No incluye una excursión pagada en cada lugar. Tampoco incluye el trámite de visas. **G.** 1. a. rutina b. aburrido 2. a. el Museo del Prado, el restaurante Casa Botín, la Plaza Mayor b. la Torre Eiffel c. el cambio de guardia en el Palacio Real d. Machu Picchu e. el carnaval **H.** 1. ocupada y contenta 2. 2:00; mediodía 3. planes; bosque tropical; el Viejo San Juan 4. trabajar 5. Puerto Rico **I.** 1. b, c 2. b, c 3. a, d 4. a 5. b, d **PRONUNCIACIÓN Y ORTOGRAFÍA** **Ejercicios de ortografía** **I.** 1. Cómpreme el boleto hoy. 2 ¿Las reservaciones? Hágalas mañana. 3. Levántense temprano para llegar a tiempo. 4. Pídale instrucciones a este señor. 5. Cuéntenos de su viaje. **II.** 1. Mi, tu 2. Te, té 3. Sí, si 4. De 5. sé, si, se **III.** 1. —Mi novio no conoce a mis padres. Quiero que los conozca. Debe llegar a las 7:00. Espero que no llegue tarde. 2. —Hijo, quiero que busques tu tarea ahora. —No importa, mamá. El profesor no quiere que la entreguemos. 3. —Usted traduce muy bien. Por favor, tradúzcame esta carta. —¿Y quiere que le explique la gramática también? 4. —Si quieren comenzar temprano, es mejor que comiencen a las 5:00. —Está bien, pero el director no quiere que empecemos hasta las 6:00. **VIDEOTECA** **Los amigos animados** **A.** 3, 4, 6, 7, 9 **B.** 1. en Sevilla 2. a la Plaza Mayor, al Museo del Prado 3. a unas discotecas 4. la medianoche **Escenas en contexto** **A.** 1. F 2. C 3. C 4. F 5. F **B.** 1. La Copa Alegre 2. derecha, Martín Gómez, dos cuadras, izquierda, Flores 3. derecha, Santiago de Chile; 100, izquierda **LECTURAS** **Lectura: El misterio de las ciudades mayas** *Comprensión* **A.** CONSTRUCCIÓN: altares, aldeas agrícolas, arquitectura, monumentos de piedra, centros urbanos, palacios, pirámides, templos GEOGRAFÍA: bosques, península, vegetación CIENCIA: astronomía, sistema numérico CULTURA: altares, calendarios, ciudades estados, escultura, monumentos de piedra, pintura, rituales religiosos, sacrificios, sistema de escritura. **B.** 1. epidemias 2. cambios en el clima 3. guerras 4. superpoblación 5. no pudieron dedicarse más a la agricultura 6. la desaparición de los sacerdotes **Nota cultural: De visita en México** *Comprensión* 1. f 2. a 3. j 4. i 5. c 6. h 7. b 8. e 9. g 10. d

CAPÍTULO 12

ACTIVIDADES ESCRITAS **A.** 1. los codos 2. las encías 3. hígado 4. las costillas 5. las nalgas 6. el corazón 7. la lengua 8. la calavera **B.** 1. Caminamos, saltamos, corremos y bailamos con los pies. 2. Pensamos con el cerebro. 3. Comemos, hablamos, cantamos y besamos con la boca. 4. Tragamos, hablamos y cantamos con la garganta. 5. Tocamos, comemos y escribimos con los dedos. **C.** 1. engordo 2. adelgazo 3. me puse alegre, me puse contento/a, me puse de buen humor, me alegré 4. te enojas, te pones de mal humor, te pones furioso/a 5. se enojó, se puso furioso, se puso de mal humor *Para 6–10 sus respuestas deben ser originales.* **D.** *Sus respuestas deben ser originales. Algunas posibilidades:* 1. estornudos, nariz tapada, comezón en los ojos 2. dolor de cabeza, estornudos, nariz tapada 3. frió, fiebre (calentura), puntitos rojos por todo el cuerpo 4. estornudos, nariz tapada o lo opuesta, comezón en los ojos y en los oídos 5. fiebre, dolor en el pecho, tos, dolor de garganta 6. dolor de cuerpa, dolor de cabeza, mareo, vómito **E.** *Use las preguntas como guía para su descripción.* **F.** 1. le sirva 2. les lleve 3. me traiga 4. le prepare 5. les tome **G.** *Sus repuestas pueden variar. Algunas posibilidades:* 1. ayuda al médico y atiende a los pacientes 2. opera a sus pacientes 3. atiende/ cura a los animales 4. ayuda a los pacientes que tienen problemas psicológicos 5. surte las recetas médicas   6. atiende a los pacientes que tienen problemas físicos; a veces les da masajes o les ayuda con sus ejercicios   **H.** *Sus respuestas pueden variar. Algunas posibilidades:*   1. Le recomiendo que tome Peptobismol y que no coma mucho.   2. ...que ponga el pie en alto, que se ponga un vendaje, que no camine, que use muletas.   3. ...que tome jarabe para la tos; también que haga gárgaras con agua de sal y que no hable mucho.   4. ...que se quede en la cama, que tome caldo de pollo y muchos líquidos. 5. ...que se ponga una curita.   **I.**   1. Sí, deles jarabe para la tos.   2. No, no le dé flores, dele una píldora (un antihistamínico).   3. Sí, póngale una curita.   4. No, no le dé licor (un martini), déle té caliente. 5. No, no le dé una curita; dele Tylenol y muchos líquidos.   **J.**   1. Se rompió   2. se cayeron   3. se acabó   **K.**   1. se me perdió   2. se les escaparon   3. se le cayeron   4. se le olvidaron   5. se le cayó; se le rompió / se le descompuso   **L.**   1. caía   2. rompí   3. corté   4. estornudé   5. enfermó 6. desmayó   **M.** *Su descripción debe ser original. No olvide usar el pretérito y el imperfecto.*   **Resumen cultural**   1. «Ojos que no ven, corazón que no siente.»   2. el 18 de septiembre   3. la medicina herbal, a base de conocimiento de la flora medicinal (las plantas medicinales)   4. partera   5. el jengibre, el áloe 6. los árabes   7. ojalá, almohada, álgebra, jarabe, alcohol, aceite, azúcar, alberca   8. té de manzanilla; té de albahaca, menta y canela   9. el mapudungun, el quechua, el rapa nui y el aimará   10. la guagua; el/la pololo/a   11. una medicina contra la malaria y una vacuna contra la meningitis   12. Averroes; Abulcasis   **ACTIVIDADES AUDITIVAS**   **A.**   1. Para el dolor de pecho de los que fuman.   2. Para tener buena salud.   3. Para el dolor de pies de los que corren.   4. Para tener buena salud.   5. Para el dolor de pecho de los que fuman.   **B.**   1. *X*—muy bien; no se ve saludable   2. *X*—subir; bajar 3. *X*—limones; naranjas y manzanas   4. *X*—frutas; postres   5. *X*—café; un vaso de jugo   6. *X*— saludable; estricta   **C. 1.**   1. catarro   2. gripe   3. suéter   4. llueve   5. manos   6. enfermedades 7. niños   8. vitamina C   9. gripe   10. tos   11. gárgaras   12. té   13. salud   **2.**   1. d   2. a   3. d 4. b, c   5. f   6. e   **D.**   1. b, c   2. a, b   3. a   4. a, b, c   5. b, c   **E.**   NOMBRE: Adela Martínez; SÍNTOMAS: tos, estornudos, fiebre, congestión, dolor en el pecho; RECOMENDACIONES: beber muchos líquidos, descansar, quedarse en cama; RECETA: un antibiótico; PREOCUPACIONES: No puede trabajar y tiene que darles un examen a los estudiantes.   **F.**   1. operación   2. inflamada, grande, dura   3. ¡Auxilio! ¡Socorro!   4. fiebre   5. pulso   6. inyección   7. directora del hospital   **G.**   1. c   2. a   3. a   4. c **H.**   1. ambulancia   2. inmediatamente   3. dolor   4. techos   5. espalda   6. brazo   7. pecho 8. libro   **I.**   1. R   2. C   3. C   4. R   5. R   6. C   7. C   8. C   **PRONUNCIACIÓN Y ORTOGRAFÍA** **Ejercicios de ortografía**   **I.**   1. frío   2. media   3. junio   4. biología   5. día   6. oír   7. secretaria 8. colegio   9. lluvia   10. continué   11. negocios   12. bueno   13. cuidado   14. se peina   15. reía **II.**   **A.**   1. ¿Cómo se llama?   2. ¿Cuándo es su cita con el doctor?   3. ¿Dónde le duele?   4. ¿Qué síntomas tiene?   5. ¿Por qué no viene a las seis?   6. ¡Qué moderno es este hospital!   7. ¡Cuántos pacientes hay en la clínica hoy!   8. ¡Qué choque más fuerte!   **B.**   1. corazón   2. dedos   3. así 4. escuchen   5. café   6. resfriado   7. herida   8. inglés   9. Perú   **C.**   1. pastel   2. ventilador 3. difícil   4. niñez   5. hospital   6. azúcar   7. automóvil   8. bistec   9. juventud   **D.**   1. psicólogo 2. plástico   3. típico   4. estómago   5. periódico   6. médicos   7. clínica   8. cómoda   9. músculos 10. gramática   11. América   12. teléfono   **E.**   1. resfrío   2. librería   3. María   4. sociología 5. continúa   **F.**   1. El doctor me recetó una medicina que no me gustó; no la tome.   2. No consulté con el médico ayer porque tuve que trabajar todo el día.   3. El accidente ocurrió a eso de las seis. El chofer del carro azul tuvo la culpa.   4. El paciente se enfermó y estuvo tres semanas en en el hospital. **G.**   1. De niños, mi hermano y yo éramos alérgicos.   2. Nuestro doctor nos ponía inyecciones.   3. Mi madre se volvía loca con tantas visitas al medico.   4. Después de los 15 años ya no me enfermaba tanto. **H.**   1. Lléveles los papeles a las enfermeras.   2. Póngale la inyección al paciente.   3. Dígame si le duele la pierna.   4. Lleve la receta a la farmacia.   5. Quítese la camisa, por favor.   **VIDEOTECA** **Los amigos animados**   **A.** 2   **B.**   1. Sí. Lo ideal es beber ocho vasos de agua al día.   2. Debe tomar un descanso. Juegue solamente tres o cuatro días a la semana.   **Escenas en contexto**   **A.**   1. a, d, h 2. g, i   3. b, f   4. c, e   **B.**   1. resfriado   2. congestión   3. tos   4. hacerle un análisis, embarazada 5. cambiarle los pañales, darle de comer   6. estornudaba, tosía   **LECTURAS**   **Lectura: La prevención del SIDA**   *Comprensión*   1. Es un virus que le quita al cuerpo sus defensas y lo expone a infecciones y enfermedades.   2. Hay más de 42 millones de personas en todo el mundo.   3. Cuando la gente comparte agujas o tiene relaciones sexuales con personas infectadas.   4. Uno tiene más tiempo para prevenir o combatir las enfermedades.   5. Practicar la abstinencia sexual; practicar la monogamia; usar un reservativo durante el acto sexual.   **Lectura: Cuento: «La prueba»**   *Comprensión*   1. d   2. h 3. f   4. e   5. b   6. a   7. c   8. g

CAPÍTULO 13

ACTIVIDADES ESCRITAS   **A.** *Sus respuestas deben ser originales.* 1. Prefiero los de… 2. Compro los de… 3. Prefiero las de… 4. Las de… son mejores. 5. Me gustan más los de…   **B.** 1. ésas 2. aquéllos 3. aquél 4. Prefiero éste. 5. ¿Cuánto cuestan éstas?   **C.** *Su composición debe ser original. Vea el* **modelo.** **D.** *Sus respuestas deben ser originales. Vea el* **modelo** *y use los pronombres demostrativos. Ejemplo:* 1. Ésta que está aquí cuesta $45.00. Ésa es más barata y aquélla más grande es más cara / es la más cara de las tres. **E.** *Sus respuestas deben ser originales. Vea el* **modelo.**   **F.** 1. por…, *el precio debe ser original* 2. para 3. por, por 4. para, para 5. para…, *respuesta original* 6. para…, *respuesta original*   **G.** *Su parte del diálogo debe ser original. Tenga cuidado con las preguntas. Antes de escribir la pregunta, lea la respuesta.* **H.** *Use el* **modelo** *como guía para narrar su propia experiencia.*   **I.** *Sus respuestas deben ser originales. Vea el* **modelo.** **J.** *Sus respuestas deben ser originales. Lea con cuidado lo que dice el comerciante antes de escribir su parte del diálogo.*   **K.** *Su composición debe ser original. Conteste las preguntas, pero no escriba una lista; escriba una composición con sus respuestas.*   **Resumen cultural** 1. sol; bolívar 2. una casaca; un cáncer 3. Andalucía 4. la cultura de los moros y la de los gitanos 5. Ojos de Brujo, Chambao 6. bolsa de lona o de plástico 7. María Elena Walsh 8. joyería; heladería 9. Es la casa redonda de los indígenas taínos, hecha de hoja de palma 10. el duro trabajo, el trato cruel y las enfermedades que trajeron los españoles 11. artefactos religiosos, llamados *cemíes*, de piedra, madera, concha o hueso, sillas ceremoniales llamadas dujos, hamacas y ropa de algodón, recipientes de cerámica y joyas de concha, hueso, piedra y plumas. 12. la guayabera   **ACTIVIDADES AUDITIVAS**   **A.** 1. a, d, f 2. 1–2. *Nombre dos:* relojes, anillos de diamantes, pulseras y collares de oro y plata 3–4. *Nombre dos:* vestidos de invierno, batas, ropa interior 5–6. *Nombre dos:* zapatos de tacón alto, zapatillas, botas de piel, botas de cuero 7–8. *Nombre dos:* licuadoras, abrelatas, sartenes, platos, vasos   **B.** 1. b 2. c, d 3. b, c 4. a, b **C.** 1. J 2. P 3. P 4. J 5. J   **D.** 1. C 2. C 3. F 4. F 5. C 6. C   **E.** 1. van a encontrar lo que buscan. 2. quisiera comprarle otra cosa; no es un regalo diferente y no es especial 3. son feos 4. conoce bien el gusto de Dora Lucía 5. va a ser una sorpresa y es un regalo muy especial **F.** 1. suéteres, invierno 2. lana, mano 3. 90 4. estudiante 5. 68   **G.** 4, 1, 6, 2, 3, 5, 7 **H.** 1. N 2. ES 3. E 4. E 5. N 6. E 7. ES 8. ES   **PRONUNCIACIÓN Y ORTOGRAFÍA**   **Ejercicios de ortografía**   **A.** 1. ¿La blusa? Estoy planchándola en este momento. 2. La licuadora no se lava. ¿Por qué estás lavándola? 3. ¿Los regalos? Luis y Marta están escogiéndolos ahora. 4. Sí, yo tengo las tijeras; estoy poniéndolas en su lugar. 5. Ése es mi anillo. ¿Estás limpiándolo? ¡Gracias!   **B.** 1. Tengo tu dinero y quiero dártelo ahora. 2. Aquí está mi raqueta. Voy a prestártela. 3. Juan tiene mis herramientas. Necesito pedírselas. 4. Si me haces preguntas tontas, no tengo que contestártelas. 5. Éste es mi hermano. Quiero presentártelo.   **VIDEOTECA**   **Los amigos animados**   **A.** 1. A 2. M 3. A 4. A 5. V 6. M   **B.** 1. suéter 2. regatear 3. Rastro 4. ganga   **Escenas en contexto**   **A.** 1. F 2. C 3. F 4. F 5. C   **B.** 1. lana 2. caras, otra tienda 3. 4.500 4. mediano, amarillo o blanco   **LECTURAS**   **Nota cultural: De compras en el Rastro**   *Comprensión* 1. la Plaza de Cascorro y calles cercanas 2. los domingos y días feriados 3. el metro y el autobús 4. animales, ropa, discos compactos, obras de arte y muchas otras cosas 5. Hay que aprender a regatear.   **Lectura: Cuento: «Un Stradivarius»**   *Comprensión*   **A.** *Su narración debe ser original.* **B.** *Sus respuestas deben ser originales.*

CAPÍTULO 14

ACTIVIDADES ESCRITAS   **A.** *Answers may vary. #s 1-3 should be in present tense, #s 4 y 5 should be in preterite tense.* 1. se escriben; se hablan (se llaman) 2. nos queremos; nos hablamos (nos abrazamos y nos besamos) 3. se echan de menos; se hablan (se llaman) 4. se encontraron; se reconocieron 5. se casaron; se divorciaron.   **B.** 1. es 2. están 3. es 4. es 5. son 6. están 7. están 8. son 9. están 10. es 11. están 12. están 13. es 14. es 15. está 16. está   **C.** *Sus respuestas deben ser originales pero basadas en el dibujo. Recuerde que debe usar la forma correcta de* **ser** *para expresar cualidades inherentes* (**es alto y delgado**) *y la forma correcta de* **estar** *para expresar estados transitorios* (**está cansada**). **D.** *Su descripción debe ser original. Recuerde que debe usar la forma correcta de* **ser** *para expresar cualidades inherentes* (**es bonita y generosa**) *y la forma correcta de* **estar** *para expresar estados transitorios* (**con frecuencia está de mal humor, está triste**).   **E.** 1. Mamá, no me sirvas tanta sopa. 2. No juegues con mis libros y trofeos; juega con tus juguetes. 3. No me llames por la noche; llámame por la tarde. 4. Por favor, denme dinero para la matrícula. / Mamá (Papá), por favor dame dinero… 5. Pon atención en clase.

6. Papá, no saques la basura hoy; yo la voy a sacar. 7. Por favor, limpie las ventanas. 8. Préstame tu raqueta por favor. **F.** *Use mandatos informales* (**tú**) *para darle las instrucciones a su amigo; use mandatos formales* (**usted**) *para darle instrucciones a su profesor(a).* **G.** Quiero que… / Prefiero que… / Te aconsejo que… / Te recomiendo que… 1. limpies la cocina. 2. me enseñes a cocinar. 3. (no) vayas al trabajo a medianoche. 4. bañes al perro. 5. devuelvas el libro a la biblioteca. 6. llames a la abuelita. 7. me prestes dinero. 8. repares el carro. **H.** *Usted debe escribir consejos para la crianza de los adolescentes. Fíjese en las diferentes categorías. Empiece con una de las siguientes frases:* **Es importante que, Es indispensable que, Es necesario que, Es recomendable que, Es mejor que.** *Luego exprese una idea original usando un verbo en el subjuntivo.* **I.** *Después de saludar a la persona; debe darle consejos para resolver su problema. Use* **le aconsejo que, le sugiero que, le recomiendo que** *y formas correctas del subjuntivo.* **J.** 1. ¡Que la tienda Berta (la empleada doméstica)! 2. ¡Que los lave Amanda! 3. ¡Que le dé de comer Ernestito! 4. ¡Que la saque mamá! 5. ¡Que las riegue el jardinero! 6. ¡Que los recoja Amanda! **K.** *Las respuestas van a variar.* 1. ¡Que lo limpie…! 2. ¡Que te las triga…! 3. ¡Que la prepare…! 4. ¡Que te ayude…! 5. ¡Que los lleve…! 6. ¡Que vaya…! **Resumen cultural** 1. el catalán, el vasco y el gallego 2. ¡Qué guay!; Vale 3. el pintor español Velázquez 4. Nicaragua-Violeta Chamorro, Panamá-Mireya Moscoso, Chile-Michelle Bachelet, Argentina-Cristina Fernández de Kirchner. 5. comadre 6. la fiesta rosa 7. las damas y los chambelanes 8. el martes 9. a. llama al pan, pan y al vino, vino b. entre la espada y la pared 10. a. entre más tienes, más quieres b. pasó a mejor vida 11. Amalia Hernández 12. Es un tipo de baile que combina rituales indígenas y elementos del folclor mexicano. **ACTIVIDADES AUDITIVAS** **A.** 1. F 2. C 3. F 4. C 5. F 6. F **B.** 1. En el país de Clara / en los Estados Unidos. 2. Piensan que las mujeres son inferiores (a ellos). 3. Le dijo que quiere una madre para sus hijos, una mujer que se ocupe de la casa. 4. Debes buscarle un umpleado doméstico. 5. No, porque no está preparada para el matrimonio / quiere terminar su carrera y trabajar unos años. **C.** 1. Disfrute 2. Pase 3. telenovela 4. programa 5. escuche 6. artistas 7. Vea 8. mejor **D.** 1. Descansa un poco. 2. Habla con él; Explícale bien la situación; Pídele que no trabaje tanto. 3. Busca un empleo. **E.** 1. usen, Aroma 2. se sientan cómodos 3. empiecen 4. compren, Juventud 5. busques y leas 6. entiende y expresa, ser joven en el mundo de hoy **F.** 1. e 2. c 3. d, g 4. f, h 5. b 6. a **G.** 1. X—amiga; un hombre (don Enrique) 2. X—moderno; anticuado 3. X—cenar; bailar 4. X—molesta; preocupa 5. X—típica; moderna **H.** 1. legumbres 2. lechuga y tomate 3. postre (pastel de chocolate) 4. cebolla 5. tomate 6. ajo 7. Corte 8. fríalo 9. ponga 10. Déjelos **PRONUNCIACIÓN Y ORTOGRAFÍA** **Ejercicios de ortografía** **A.** 1. tenía 2. peleábamos 3. estábamos 4. era 5. tenía 6. tenía 7. quería 8. sabía 9. prefería 10. hacía 11. comía 12. podía 13. salíamos 14. Pasábamos 15. hacíamos 16. Íbamos 17. quedábamos 18. jugábamos **B.** 1. Limpié mi cuarto ayer. 2. Mi mamá barrió el patio. 3. Mis hermanas jugaron todo el día. 4. Mi papá regresó temprano y fuimos todos al parque. 5. Luego mi padre la ayudó a mi madre a preparar la cena. **C.** 1. Buenos días. ¿Te llamas Verónica? 2. Sí, Verónica Ovando, a tus órdenes. 3. Mucho gusto. ¿Vienes con el chico de traje gris? 4. No, no vengo con él. ¿Quién es? 5. No sé. Juan, ¿tú lo conoces? 6. ¿No es tu pariente, Luisa? 7. ¡Es verdad! Es mi primo Julián. ¡Hola, Julián! 8. ¡Hola, chica! Si me presentas a tus amigos, los invito a tomar un café. **D.** 1. ¿La cena? Voy a preparártela. 2. ¿La tarea? Estoy haciéndola ahora, mamá. 3. Báñate y acuéstate, hijo. Ya es tarde. 4. Levántense todos. Ya son las ocho. 5. Llámame mañana. No me llames esta tarte. **VIDEOTECA** **Los amigos animados** **A.** 1. Toma vacaciones. 2. Trata de pasar más tiempo con Estela y tus hijos. 3. Habla con tu jefe. Explícale la situación. Dile que necesitas unos días libres. **B.** 1. la gente está sentada sin hablar y sin bailar 2. no hay música 3. Esteban tiene su guitarra y toca bien 4. siempre lleva su guitarra a las fiestas 5. aprendieron la canción en la clase de español **Escenas en contexto** **A.** 1. F 2. C 3. F 4. F **B.** 4, 1, 3, 5, 2 **C.** 1. «… entre la espada y la pared.» 3. hable con Teresa y que si ella acepta, que la lleve a hablar con el consejero de la universidad. **LECTURAS** **Nota cultural: Escuche a sus hijos.** *Comprensión* 1. E 2. A 3. F 4. A 5. J 6. R 7. J 8. M 9. R **Lectura: Cuento: «Ya llega el día»** *Comprensión* ▲ **A.** 1. Son jóvenes, ruidosos, ciclones; les gusta jugar. 2. Son callados, tranquilos, generosos. 3. Es un macho; no hay comunicación entre él y Susana. **B.** 1. Feliz al principio, difícil más tarde; termina en divorcio. 2. No le gusta y no va a permitir que sus hijos sean machistas como su padre. 3. Tiene dos, de secretaria y de guía de turistas, porque uno solo no es suficiente para mantener a sus hijos. 4. Espera tener el apoyo de sus hijos; sueña con tener su propia agencia de viajes. 5. Es optimista: No quiere seguir recordando su divorcio y su matrimonio. Dice que es hora de comenzar a vivir.

CAPÍTULO 15

ACTIVIDADES ESCRITAS   **A.** *Sus respuestas deben ser originales con verbos en el futuro.*   **B.** *Sus respuestas deben ser originales. Recuerde usar un verbo en el futuro para expresar su pregunta.*   **C.** 1. llegue 2. preparas, diga 3. muestre 4. tienes, tenga 5. sabes, sepa   **D.** *Sus respuestas deben ser originales con verbos en el presente del subjuntivo.*   **E.** *Su composición debe ser original. Use formas del futuro.*   **F.** 1. ponga 2. puedan 3. tenga 4. haya   **G.** 1. pague 2. dé 3. podamos 4. tenga 5. aprecian 6. saquemos 7. prefieren   **H.** *Sus respuestas deben ser originales. Use el subjuntivo si va a expresar duda o sorpresa* (**Dudo que las guerras sean necesarias… ¡Qué lástima que haya tantas guerras!**) *y el indicativo para expresar una afirmación* (**Creo que las guerras son muy destructivas.**).   **I.** *Su composición debe ser original.*   **J.** 1. hubiera 2. supieran 3. quisieran 4. fueran 5. compráramos 6. hablaran **K.** 1. prepararan, tomemos 2. haya, hicieran, construyan, sepan 3. puedan, sea 4. votara, tenga, hablemos, tratemos, obtengan 5. termine, se pongan   **L.** *Sus respuestas deben ser originales, pero todas deben tener un verbo en el condicional.*   **M.** *Su composición debe ser original.*   **Resumen cultural** 1. ¡Qué chido/a!, ¡Qué padre! 2. ¿Qué onda? 3. los hispanos 4. Lorca es un poeta y dramaturgo español. 5. El Tratado de Guadalupe-Hidalgo 6. el tema político-social; su arte emplea colores vivos y combina elementos precolombinos con surrealistas. 7. adjunto 8. la portada 9. un cortafuegos 10. el correo no deseado (el correo basura) 11. contraseña 12. Se refiere a la línea que separa a dos grupos de personas: las que tienen acceso a la tecnología computacional y las que no lo tienen.
ACTIVIDADES AUDITIVAS   **A.** 1. No habrá ciclón en Miami en agosto. 2. Su esposa tendrá un viaje muy feliz y el avión llegará bien. 3. Ella se casará cuando esté lista; su novio esperará (y será feliz con su esposo).   **B.** 1. trabajador social; para él es importante ayudar a la gente 2. doctora; es una labor humanitaria / le gustaría curar a los enfermos y descubrir nuevas medicinas 3. ingeniero; es una carrera para los genios   **C.** 1. hospitalarios, simpáticos 2. alegres, habladores 3. estereotipos 4. cosas básicas 5. La mejor parte fue los piropos y los silbidos (la atención) de los hombres. **D.** 1. Son fáciles de conseguir; causan muchas muertes 2. Muchas mujeres consideran el aborto como una solución fácil. 3. Hay familias enteras sin hogar. 4. Es la causa del desamparo; tiene consecuencias negativas. / Las familias pierden sus casas, no tienen que comer.   **E.** 1. b, c 2. b, d 3. b, d 4. a, d 5. b, c   **F.** 1. Sí, un poco, pero los estudiantes hacen las actividades en el laboratorio de lenguas. 2. Sí, es suficiente porque lo importante en la clase de lenguas es el trabajo del profesor con sus estudiantes. 3. ¡Sí, los aprovecho! Uso el correo electrónico y hago investigaciones en el Internet. 4. Lo que yo digo es que los estudiantes aprenden más español conmigo que con una computadora. (¡El idioma es algo vivo y humano!)   **G.** 1. Se cansa del trabajo doméstico. 2. Ella puede salir cuando quiere, visitar a sus amigas y pasar tiempo con los niños. 3. Él tiene que pasar todo el día en una oficina. 4. Son la violencia en el cine y la televisión; y el acceso fácil de los niños a las computadoras. 5. Ernesto podría trabajar menos y Estela podría volver a su carrera de periodismo.
VIDEOTECA   **Los amigos animados**   **A.** 1. Porque ella es mexicoamericana. 2. Ellos creen que no está bien pagado (no le pagan bien a la gente que lo hace). 3. Es un trabajo muy difícil, las condiciones son muy duras y no todos pueden hacerlo. 4. Él trató de trabajar en el campo el verano pasado pero tuvo que dejar el trabajo después de tres días. 5. Nora se siente mejor porque sus amigos dicen que necesitamos a los inmigrantes indocumentados en los Estados Unidos. 6. Sí, él dice que ahora su opinión es menos simplista.   **B.** Esteban: a, c, g; Mónica: a, c, d, e, g; Luis: a, b, e, f, g, h **Escenas en contexto**   **A.**   1. F 2. F 3. C 4. F 5. F   **B.** 1. se aprende mejor 2. Primero abra su cuenta de correo electrónico. Ahora ponga la dirección electrónica del profesor. Ahora con el ratón, escoja adjuntar documento. Es necesario que elija el documento que quiere mandar. Al final, haga clic para mandarlo.   **LECTURAS**   **Lectura: Cuento: «Colores que vuelan»** *Comprensión* ▲ 1. Francisco: su hija se graduó en la secundaria con muy buenas notas y él salió retratado en el periódico. 2. una maestra de Leticia: se refiere a las buenas notas de Leticia. 3. Margarita: Francisco, un empleado de la universidad, fue reconocido como un empleado muy dedicado y bueno. 4. el periodista: Francisco siempre trabajaba a pesar de la lluvia, nieve o tornados. 5. el periodista: no sabía si la universidad le daría un aumento a Francisco. 6. Margarita: Francisco salió muy bien en la foto del periódico. 7. Francisco: Francisco tiene su *Green Card,* la tarjeta de residente para vivir y trabajar en los Estados Unidos. 8. el presidente de la universidad: Francisco es un empleado muy responsable. 9. la gente de la universidad: después de salir el artículo, Francisco es «visible» y la gente lo saluda. 10. el presidente: Francisco trabaja con mucho esmero y dedicación.   **Lectura: Cuento: «El monopolio de la moda»**

Comprensión. **A.** 5, 4, 1, 2, 3 ▲ **B.** **1.** Puede ser el narrador que le habla a otro personaje, o el mismo personaje que se habla a sí mismo. **2.** Porque los estilos de la moda y los aparatos cambian con demasiada rapidez. **3.** Es muy anticuado y no funciona bien. **4.** Se siente desesperado porque no puede comprar todos los productos que la sociedad lo obliga a comprar; también, los estilos pasan de moda (o pierden su valor) en pocas horas y tiene que estar comprando cosas nuevas constantemente. **5.** Porque ya debe demasiado (su deuda es demasiado grande); se ha convertido en un deudor que nunca podrá terminar de pagar la deuda que debe.

CAPÍTULO 7 (APPENDIX)

ACTIVIDADES ESCRITAS **A.** ▲ **1.** No, ya estudié ayer. **2.** No, ya la vi anoche. **3.** No, ya los visité el mes pasado. **4.** No, ya hice ejercicio contigo la semana pasada. **5.** No, ya fui de compras el fin de semana pasado. **B.** **1.** fue **2.** Me levanté **3.** oí **4.** me duché **5.** me vestí **6.** salí **7.** fui **8.** puse **9.** manejé **10.** llegué **11.** llegué **12.** se puso **13.** dio **14.** Trabajé **15.** almorcé **16.** descansé **17.** Salí **18.** Tuve que **19.** asistí **20.** oí **21.** dijo **22.** Dormí **C.** *Su párrafo debe ser original. Recuerde que para hablar de su fin de semana debe usar formas verbales de la primera persona (**yo**): me levanté, estudié, trabaje, comí, corrí, escribí, fui, tuve, hice, etcétera. No escriba una lista de actividades. Incluya detalles interesantes.* **D.** **1.** Jugué **2.** me duché **3.** me puse **4.** fui **5.** Me divertí **6.** me acosté **7.** jugó **8.** se duchó **9.** se puso **10.** salió **11.** se divirtió **12.** se acostó **E.** *Las actividades deben ser originales. Piense en lo que hicieron los miembros de su familia y/o sus amigos. Mire los modelos y recuerde usar el pasado.* **F.** *Recuerde usar la segunda persona (**tú**) en el pretérito.* **G.** ▲ *Aquí describimos los primeros tres dibujos. Usted debe describir el resto, incluyendo detalles interesantes. Recuerde usar las formas verbales del pretérito, con la tercera persona singular o plural.* Manejaron a Ciudad Juárez. Llegaron a Ciudad Juárez por la tarde. Sacaron fotos, escucharon música y bailaron en la plaza… **H.** *Los detalles deben ser originales.* **1.** Hace un año que me gradué de la escuela secundaria. **2.** Hace dos semanas que conocí a mi profesor(a) de español. **3.** Hace tres días que limpié mi cuarto. **4.** Hace una semana que fui al cine con mi novio/a. **5.** Hace un mes que me divertí mucho con mis amigos. **I.** *Sus respuestas deben ser originales.* **J.** **1.** llegó, vio, fue, encontraron **2.** declaró/declararon, fue, empezó, empezó, terminó **3.** declaró, terminó, fue, tuvo, fue, regresó **Resumen cultural** **1.** che **2.** Buenos Aires, Córdoba **3.** 1862; Batalla de Puebla **4.** Bernardo O'Higgins, Simón Bolívar, José de San Martín, Antonio José de Sucre **5.** Es una caminata de 43 kilómetros que empieza en Chachabamba y termina en Machu Picchu. **6.** los quechuas **7.** Más vale solo que mal acompañado. **8.** el castellano **9.** Colombia, Ecuador, Perú, Bolivia, Chile, Argentina **10.** Pablo Picasso **11.** Jorge Argueta **12.** el Carnaval de Oruro **13.** la Diablada **ACTIVIDADES AUDITIVAS** **A.** **1.** fue, bailó **2.** llamó **3.** salió, regresó **4.** pasó **5.** dijo **6.** dijo **B.** **1.** c **2.** b, c **3.** a, b **4.** b **5.** b, c **C.** **1.** c **2.** b **3.** c **4.** c **5.** a **D.** 4, 7, 1, 3, 5, 2, 6 **E.** **1.** S **2.** M **3.** S **4.** B **5.** M **F.** **1.** 27 de abril de 1977 **2.** 33 años **3.** 33 **4.** 45 años **5.** visitar a sus abuelos y otros parientes **6.** tienen su familia **7.** le gustaría viajar a Japón (la tierra de sus padres) **G.** **1.** F: Carla se divirtió el sábado en la playa. **2.** C **3.** F: En la playa tomaron el sol, escucharon música, nadaron y jugaron al voleibol. **4.** C **5.** C **PRONUNCIACIÓN Y ORTOGRAFÍA** **Ejercicios de ortografía** **I. A.** **1.** saco **2.** sombrero **3.** silla **4.** casa **5.** seis **B.** **1.** brazo **2.** nariz **3.** izquierda **4.** rizado **5.** azul **C.** **1.** cierre **2.** lacio **3.** gracias **4.** bicicleta **5.** cereal **II. A.** **1.** comí **2.** estudié **3.** salí **4.** trabajé **5.** entendió **6.** llegó **7.** lavó **8.** corrí **9.** jugó **10.** terminó **B.** **1.** hice **2.** puse **3.** pude **4.** quise **5.** dijo **6.** trajo **7.** vino **III. A.** **1.** Juan no quiso buscar el reloj ni los lentes que perdió. **2.** Yo busqué el reloj, pero encontré solamente los lentes. **3.** Roberto no jugó al tenis porque llegó muy tarde. **4.** Yo llegué temprano y jugué con su compañero. **5.** No pude leer el periódico ayer; mi padre sí lo leyó. **6.** Hoy busqué el periódico, pero no llegó. **7.** Dije que no, pero mi hermano no me creyó. **8.** Esta tarde empecé a hacer la tarea a las dos; Luis empezó a las cuatro. **9.** Cuando llegamos a Acapulco, busqué mi traje de baño. **10.** Yo no pagué el viaje; pagó mi esposo. **B.** **1.** me bañé **2.** hablé **3.** dije **4.** manejaste **5.** llegué **6.** tuviste **7.** levantó **8.** salió **9.** vino **10.** desayunamos **11.** hicimos **12.** quiso **13.** compraron **14.** se lavó **15.** incluyó **VIDEOTECA** **Los amigos animados** **A.** **1.** A **2.** S **3.** A **4.** A **5.** AN **6.** S **B.** **1.** México **2.** nacionales **3.** arte, cultura y literatura **4.** estar **Escenas en contexto** **A.** **1.** F **2.** C **3.** F **4.** F **5.** C **B.** **1.** historia latinoamericana **2.** amigos (María y José) **3.** Martín llegó tarde al trabajo. **4.** desayunó, durmió **LECTURAS** **Lectura: Novela: «Ana Luisa»** *Comprensión* 10, 8, 1, 4, 6, 2, 5,

7, 9, 3   **Lectura: Canción: «Castillos en el aire»** *Comprensión* ▲ 1. El hombre quiso volar igual que las gaviotas. Sí pudo hacerlo y fue muy dichoso.   2. Construyó castillos en el aire con nubes de algodón y construyó ventanas fabulosas de luz, magia y color.   3. Los demás lo llamaron pobre idiota; le dijeron que volar es imposible.   4. Cundió la alarma, dictaron normas y lo condenaron a vivir con cordura.   5. *Aquí usted debe dar su interpretación personal de esta pregunta.*

EXPANSIÓN GRAMATICAL

Ejercicio 1 ▲ 1. Sí, es mío. / No, no es mío, es de *Lan.*   2. Sí, son suyas. / No, no son suyas, son de *Mónica y Nora.*   3. Sí, es tuyo. / No, no es tuyo, es de *Pablo.*   4. Sí, son suyas. / No, no son suyas, son de *la profesora Martínez.*   5. Sí, es suyo. / No, no es suyo, es de *Esteban.*   6. Sí, es nuestro. / No, no es nuestro, es de *la profesora Martínez.*   7. Sí, son suyas. / No, no son suyas, son de *Lan.*   8. Sí, es suya. / No, no es suya, es de *Luis.*   9. Sí, es mío. / No, no es mío, es de *Pablo.*   10. Sí, son tuyos. / No, no son tuyos, son de *Luis y Nora.*   **Ejercicio 2** 1. Sí, (No, no) fui…   2. Sí, (No, no) cené…   3. Sí, (No, no) escribí…   4. Sí, (No, no) compré…   5. Sí, (No, no) leí…   6. Sí, (No, no) hicimos…   7. Sí, (No, no) vimos…   8. Sí, (No, no) ganamos…   9. Sí, (No, no) dimos…   10. Sí, (No, no) sacamos…   **Ejercicio 3** 1. —¿Vas a quedarte en casa esta noche?   2. —No, pienso salir al cine. ¿Y tú?   3. —¿Por qué no vienes conmigo?   4. —¿Qué piensas hacer después del cine?   5. —Dar una vuelta por el centro. ¿Quieres?   6. —¿Tienes coche?   7. —Claro que sí. ¿Qué dices?   8. —De acuerdo. ¿A qué hora pasas a buscarme?   **Ejercicio 4** 1. —¿Qué piensan hacer esta noche?   2. —No sé. ¿Qué quieren hacer ustedes?   3. —¿Qué les parece ir al cine? Hay una nueva película francesa que tengo ganas de ver.   4. —A ustedes les gustan las películas francesas, pero a mí no. Me aburren. ¿No les gustaría salir a bailar un rato?   5. —Pero si ustedes saben que soy el peor bailador en Santiago. ¡No, gracias! ¿Qué tal si hacemos una fiesta en casa?   6. —¡Excelente idea! Ustedes dos invitan a sus amigos y yo invito a los míos. ¿A qué hora?   7. —¿Qué les parece si empezamos a las diez?   **Ejercicio 5** 1. Los mexicanos ganaron la Batalla de Puebla en 1862.   2. Los bomberos apagaron el incendio.   3. Un loco atacó a Nora y a Pablo.   4. El arquitecto diseñó el edificio.   5. La profesora Martínez calificó los exámenes.   **Ejercicio 6** 1. b, c, d   2. b, c   3. a, b, c   4. a, d   5. a, d   **Ejercicio 7** 1. habíamos limpiado   2. habían subido   3. ha visto   4. había escrito   5. ha hecho   6. se había duchado   7. ha viajado   8. se habían acostado   **Ejercicio 8** 1. para: (9) *destination*   2. por, por: (6) (6) *transportation*   3. por, por: (3) (3) *movement along, through*   4. para: (12) *purpose*   5. por, por: (3) *movement through,* (4) *length of time*   6. para: (11) *deadline*   7. para: (10) *telling time*   8. para: (8) *employer*   9. para: (7) *recipient*   10. por: (3) *movement through*   11. por: (2) *in exchange for*   12. por: (2) *paying*   13. Para: (7) *recipient*   14. para, para: (9) *destination,* (11) *deadline*   15. por: (4) *length of time*   16. por: (1) *substitution*   **Ejercicio 9** 1. Mamá, hazme un sándwich, por favor.   2. Mamá, lávame el traje de baño, por favor.   3. Mamá, ponme música, por favor.   4. Mamá, cómprame una playera, por favor.   5. Mamá, dame la loción, por favor.   **Ejercicio 10** 1. No, no me lo arregles.   2. No, no me la abras.   3. No, no me lo prestes.   4. No, no me lo prepares.   5. No, no me lo enciendas.   6. No, no me la digas.   **Ejercicio 11** 1. Sí, pídaselos.   2. Sí, léamelo.   3. Sí, présteselo.   4. Sí, escríbamelas.   5. Sí, cuénteselas.   **Ejercicio 12** 1. Te la regalamos nosotros.   2. Raúl se las dio.   3. Papá y mamá te lo regalaron.   4. La abuela te las compró. / La abuela te las ha comprado.   5. Estela te la regaló.   6. Raúl nos las trajo.   **Ejercicio 13** 1. hubiéramos, habrían   2. hubiera, habría   3. hubiera, habría   4. habrían, hubiera   5. hubiera, habrían   6. habríamos, hubiera   7. hubiera, habría   8. hubiéramos, habríamos   **Ejercicio 14** **1.** has visto, he visto, hayas visto   2. has leído, he tomado   3. ha vuelto, ha hecho, haya hecho   4. has llegado, has dicho, hayas dicho   **Ejercicio 15** **1.** habían estudiado   2. había escrito   3. había visto   4. había copiado   5. te habías levantado; me había levantado, me había duchado   6. había terminado   **Ejercicio 16** 1. tenga   2. juegues   3. vayas, busques   4. lleguen / lleguemos   5. estés, te mejores   6. haya   7. tenga, encuentres   8. fuera   9. hubiera repasado   10. sepa   **Ejercicio 17** 1. vamos   2. tengamos   3. quiera, sea   4. puedo   5. pudiera   6. están, estén   7. saben   8. hubiéramos comprado   9. entregaran   10. resuelva, proporcione